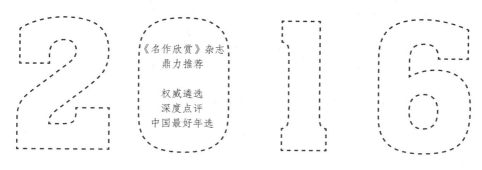

2016

《名作欣赏》杂志
鼎力推荐

权威遴选
深度点评
中国最好年选

+ 北岳中国文学年选 +

文化观察选粹

金浪 /主编

山西出版传媒集团　　北岳文艺出版社
BEIYUE LITERATURE & ART PUBLISHING HOUSE

图书在版编目（ＣＩＰ）数据

2016年文化观察选粹 / 金浪主编.—太原：北岳
文艺出版社,2017.1
ISBN 978-7-5378-5079-7

Ⅰ.①2… Ⅱ.①金… Ⅲ.①文化观察—中国—文集
Ⅳ.①G12-53

中国版本图书馆CIP数据核字(2017)第007126号

书　　名	2016年文化观察选粹	
主　　编	金　浪	
责任编辑	王朝军	
装帧设计	张永文	

出版发行　山西出版传媒集团·北岳文艺出版社
地　　址　山西省太原市并州南路57号
邮　　编　030012
电　　话　0351-5628696(发行部)
　　　　　0351-5628688(总编办)
传　　真　0351-5628680
网　　址　http://www.bywy.com
E－mail　bywycbs@163.com
经 销 商　新华书店
印刷装订　山西人民印刷有限责任公司

开　　本　710mm×1000mm　1/16
字　　数　303千字
印　　张　19.75
版　　次　2017年1月第1版
印　　次　2017年1月山西第1次印刷
书　　号　ISBN 978-7-5378-5079-7
定　　价　45.00元

序—2016：基于八个热点事件的文化观察

/ 金浪

在今天这个信息爆炸的自媒体时代，回顾过去一年的文化热点事件，并非一件容易的事情。一方面，相较于纸媒时代，当前文化热点事件不仅发生频率越来越迅捷，发生现场也越来越复杂，让人不免有应接不暇、望洋兴叹之感；与之同时，这些瞬息万变的热点事件又越来越难以让人留下深刻印象，一个又一个的文化热点被制造出来，甚至还来不及遗忘，就被另一个热点所覆盖。另一方面，这些文化热点事件的爆发又并非空穴来风，而是作为与当代中国政治、经济问题盘根错节的扭结点，构成了文化话语不断附着与反复言说的对象，其中自然也就深藏着当代中国人自我认识的文化密匙。因此，透过这些处于遗忘与再生机制中的话语碎片，去观察当代中国人文化意识的当下现状与历史轨迹，也就理所当然地成为一件必要的工作。本着这样的目的，本书并不打算对过去一年里发生过和正在发生中的文化热点事件进行事无巨细的记录，而是试图以八个主题为线索，力图透视2016年中国文化领域的大关切与新动向。

回顾2016年的文化热点事件，首当其冲的便是连续两年在春节期间引发争论的"返乡体热"。与2015年春节的"返乡体热"由上海大学博士生王磊光的返乡笔记引发不同，2016年春节"返乡体热"的导火索却是两篇后来被揭露为媒体炒作的新闻报道：《上海女因一顿饭逃离江西农村》与《春节纪事：一个病情加重的东北村庄》。虽然两则新闻都旨在通过对乡村的妖魔化来博取眼球，却也多少折射了当下中国社会关于乡村的刻板印象。尽管如此，2016年春节返乡体书写中却也不乏客观公允的叙述，黄灯的《一个农村儿媳眼中的乡村图景》从女性知识分子与农村儿媳的双重身份，对其夫家所在的乡村现状进行了观察与思考，而全桂荣《一位工友的返乡日记：春节过后，我为什么看到了农村的希望》则从一名打工者的视野看到了家乡这些年的变化与希望，两种叙述都补充了去年讨论中较为欠缺的视角。在连续两年春节"返乡体热"中，作为负面形象的破败乡村与作为乡愁的美好乡村，看似水火不容，却又共同构成了当下城市中产阶级投射浪漫想象的一体两面。不难揣度，作为城乡不平衡发展的文化表征，这一争论仍将持续下去。

　　与连续两年春节期间的"返乡体热"类似，科幻文学同样构成了从2015年一直延续至2016年的另一文化热点。2015年刘慈欣的《三体》荣膺第73届世界科幻小说大会雨果奖，点燃了国内的"科幻热"。2016年"科幻热"一直处于不断升温的状态，学术界举办了多场科幻文学的学术会议，各大杂志也安排了科幻文学的专栏，以至于国家副主席李源潮也以《三体》为例表彰科幻文学在科普方面发挥的积极作用。2016年郝景芳的《北京折叠》再次斩获雨果奖，这无疑对方兴未艾的"科幻热"起到了推波助澜的作用。然而，《北京折叠》战胜《三体II：黑暗森林》荣获雨果奖这一事件本身也在科幻迷中引发了争议，有论者便批评《北京折叠》并未达到《三体》的高度。相较于传统主流文学而言，科幻文学自晚晴时代起便以其另类想象力被运用于国家想象的书写，而当前的"科幻热"也恰恰构成了中国崛起的文化镜像。对于《三体》与《北京折叠》中深蕴的文化政治内涵，今年便有多篇文章进行了分析。可以肯定，在中国朝向科技与政治强国迈进的道路上，科幻文学必将大有可为。

　　网络的普及和自媒体的兴起作为近年来中国文化生活领域正在发生的重大变革，不仅改变了文化热点事件的爆发形态，也潜移默化地更新着年轻一代的政治表达形式，后者在2016年最重要的体现便是年初爆发的"帝吧出征"事件。1月20日，百度李毅吧（即"帝吧"）中的大量用户有组织、有计划地借助"翻墙"软件，"集体远征"至境外社交网站Facebook，在民进党主席蔡英文和《苹果日报》、"三立新闻网"等"台独"媒体的Facebook主页上，发布了海量反"台独"言论、图片与表情包，制造了极具声势的刷屏效果，成为 2016 年度引发各界关注的网络文化事件。然而，在回过头来分析"帝吧出征"这场网络爱国主义的文化政治逻辑时，各方评论却陷入众说纷纭的困境。持肯定态度的论者或认为其草根政治表达突破了精英视野，或称赞年轻一代找到了自己的政治表达方式和重新进入政治的契机；而持批判态度的论者，则或认为其作为国族主义与民粹主义的合流，需要引起警惕，更有甚者将之视作全球新右翼力量崛起的表现。究竟孰是孰非，只能留待读者自行判断。

网络的普及和自媒体的兴起所带来的更新，绝不仅仅体现在对年轻一代政治表达形式的重塑，同样也孕育出了文化与经济相结合的新形态，而 2016 年最能体现这种新形态的文化现象恐怕便非"网红"经济莫属。2016 年之所以被称为"中国的网红经济元年"，乃是因为无论是就大众关注度而言，还是就产业化规模而言，"网红"经济都迎来了一次大爆发态势，不仅大型网站推出了直播平台，各种手机直播的应用软件也都层出不穷。在这些网络直播平台上，大量主播纷纷涌现，以各种方式取悦看客，唱歌跳舞者有之，取笑逗乐者有之，乃至于吃饭睡觉也都成了直播内容。而在 2016 年数量庞大的各路"网红"中，Papi 酱这个"集美貌与才华于一身的女子"，恐怕是最引人瞩目的一位。正是通过网络视频点播所积累的巨大粉丝群，使得 Papi 酱成功获得 1200 万的投资和 3 亿的估值。在"网红"经济对普通人明星梦的满足和强大变现能力的双重吸引下，实体经济凋零的东北几乎摇身一变为盛产主播的大本营。当然，2016 年"网红"经济也曾因涉黄、涉暴等原因被推到官方管控的风口浪尖。

近年来中国经济的高速发展，虽然产生了一大批城市新中产阶级，但伴随寸土寸金的房价飞涨，频临的经济危机和日趋固化的社会分层，不仅底层的中产梦开始日趋迷蒙，中产与准中产也面临着变为"新穷人"的危险，为了维持住自身的阶层地位和实现向上流动的渴望，新中产也处在丝毫不敢懈怠的焦虑状态。这种焦虑状态也就构成了 2016 年各大影视剧持续不断地生产新中产影像中的重要内容，无论是在《欢乐颂》还是在《小别离》中，都能发现这种焦虑的身影。对于大城市中的上班族而言，他们在承受基层流动困难的绝望的同时，也还得承受劳动意义的虚无化所引发的焦虑。高度非人性化的科层管理和对时间的严格控制，使得年轻人在工作中感受到的仅仅是自身生命的无意义损耗。正是这种普遍心态的存在，使得网络神曲《感觉身体被掏空》和"葛优躺"迅速蹿红网络，成为2016年网络文化中最为热门的网络神曲与流行符号。然而，二者在宣泄不满情绪的同时又都暴露了自身在现实面前的无力和对真实问题的回避，"去云南"并不能获得真正自由，"葛优躺"也无法成为有效的抵抗形式。

如果说前述事件已然揭示了文化与政治、经济问题的紧密结合，那么，2016年年中爆发的"赵薇事件"则更加赤裸裸地揭示了资本力量在文化领域的巨大影响力。赵薇在其执导的电影《没有别的爱》中因为使用了"台独"演员戴立忍和"为辱华照片点赞"的日本影星水原希子，引发了网民的质疑，而她随后为二人所做的傲慢辩护更是激化了网民的愤怒，有人便开始深挖爆料赵薇背后的资本力量，由此引发了受资本力量控制的各大门户网站的删帖封杀。在这场网民与资本力量的较量中，"共青团中央"微博出面力挺爱国网民，竟然也遭到删帖，以至于不得不依靠中共中央国家机关工作委员会《紫光阁》杂志社的微博转发，才避免了被再次删帖的困窘。虽然新浪微博后来出面澄清了删帖是因为敏感词的缘故，但失去控制的资本利用媒体娱乐资源控制国内舆论，无疑成为"赵薇事件"背后最令网民细思极恐之处，而文化也俨然成为政治意识形态与资本角力的战场。同样体现为资本对文化事件的介入，加多宝在邱少云案中的失败营销策略，也暴露了资本的逐利性及其背后的历史虚无主义问题。

与前述文化热点事件所体现的新变不同，2016年围绕读经运动的争论则构成了自20世纪90年代末就开始在实践中缓慢酝酿的老问题的爆发。在"2016首届上海儒学大会"上，同济大学复兴古典书院院长柯小刚教授率先发难，指出对流行的读经运动与"国学热"中存在的僵化问题，其发言后来被整理为《当代社会的儒学教育：以读经运动为反思案例》一文发表。柯小刚的批评很快便引发了作为读经运动的参与者与捍卫者的刘小东的反批评，二人主要就以背诵方式读经的合理性问题展开了辩论。随后，一名化名"惟生"的读经少年以亲历者身份就自己读经经历的得失与柯小刚进行了通信。如果说争论一开始还是在特定人群中展开，那么，8月9日《新京报》上的一篇题为《读经少年圣贤梦碎：反体制教育的残酷实验》的报道，则将关于读经运动的讨论推及到普通民众中。今天究竟应该如何评价十余年来在大陆推行的读经运动？读经对于当代社会是否有其意义？而提倡传统文化又是否必须以读经方式展开？对于传统文化复兴潮流中的诸多问题，有关读经运动的讨论，揭开的也许只是其中一角。

上述八个热点事件，共同构成了本书观察2016年中国文化状况的主要线索。需要说明的是，虽然本书在选文上为求客观公允，力图还原争论的多方立场，但限于篇幅与目力，在选文上仍难免存在疏漏与不周全处。至于这八个热点事件是否能担起呈现2016年文化整体状况的重担，也还有待读者的检验。最后，我要对那些认识的或素未谋面的作者表达感谢，感谢你们慨然允许本书收录你们的大作。在文化热点事件的发生场域已越来越远离纸媒而转移至各种社交新媒体的时代，北岳文艺出版社仍然坚持以传统纸媒的形式来记录年度文化热点观察，这本身便体现出与时俱进的眼光和难能可贵的魄力。为此我也要特别感谢北岳文艺出版社的王朝军先生，正是他的策划才使得本书中原本散见于多种媒体的文字，有了落实到纸面上的可能。同时，我也要感谢我在重庆大学人文社会科学高等研究院的潘家恩、李广益、唐杰、陈颀等同事，他们为本书的选题定篇提供了宝贵的意见。此外，需要感谢的还有高研院的邹林、蔡东和吴平一三位研究生，没有他们的辛苦劳动，也就不可能有这本书的出炉。

2016年11月21日于文字斋

目 录

1

"帝吧出征"与网络爱国主义

"网红"为什么这样红?

新中产影像:从《欢乐颂》到《小别离》

今天如何读经?

资本介入下的文化政治：赵薇事件与邱少云案

工作无意义："被掏空"与"葛优躺"

春节返乡与
多样化的乡村图景

继2015年上海大学博士生王磊光的《一位博士生的返乡笔记》所引发的话题之后，2016年春节期间再次爆发了关于乡村问题的争论，而其导火索乃是两则新闻：《上海女因一顿饭逃离江西农村》和《春节纪事：一个病情加重的东北村庄》。虽然这两则新闻后来均被指出纯属于媒体炒作，却也多少折射了当下中国社会流行的关于乡村的负面想象。

韦星的《走出农村的读书人，请不要这样说农村》和陈柏峰的《"返乡体"再辟谣，乡愁经得起多少反转》针对这种流行的负面叙述进行了批判，指出了这种负面叙述不过是没有现实依据的刻板印象，而陈航英的《对"返乡体"笔记的批判，不要矫枉过正》则再次提出商榷，认为为乡村辩护不能矫枉过正地遮蔽乡村存在的真实问题。

与这三篇文章主要围绕乡村负面想象的真实性问题所展开的争辩不同，黄灯的《一个农村儿媳眼中的乡村图景》和全桂荣《一个工友的返乡日记：春节回家后，我为什么看到了农村的希望》两文则分别以知识分子和打工青年的视角，对乡村进行了充满正能量的叙述，让人看到乡村的变化与希望。

最后，潘家恩的《双面的浪漫与多维的乡愁》一文借助对雷蒙·威廉斯《乡村与城市》一书的分析，对当下乡村想象和乡愁问题做了更具学理性的总结与反思。

一个农村儿媳眼中的乡村图景

现实所有的触角都伸向了这个家庭

写不写这些文字，纠结了很久。哥哥、嫂子及其家人的日常生活进入我的视线，是在结婚以后。这么多年，日子对于他们而言是严酷、现实的存在，是无法逃避的命运和选择，我作为一个介入者，总认为文字是对其生存的冒犯。但正因为是一个无法回避的介入者，并已内化为家庭中的一员，我再怎么冷静，也无法还原到一种完全旁观的心态。多年来，我们共同面对、处理问题，甚至正遭遇很多家庭琐事，这些真实的处境和知识界、学术界谈论的农村养老、留守儿童、农村教育、医疗、农民的前景有密切关联。本文中，我愿意以一个亲历者的角色，尽量做到对事件的客观描述，以梳理内心的困惑，提供个案的呈现，并探讨回馈乡村的可能。

我丈夫家在湖北孝感孝昌县的一个村子。2005年，我第一次过年回到他家，印象最深的就是嫂子。嫂子个子矮小，皮肤黝黑，长相粗陋。我暗自问当时的男友："哥哥尽管算不上特别帅气，但为何找了这么难看的嫂子？"后来才发现，这种问题多么粗鲁无礼，对一个农村的贫苦家庭而言（更何况哥哥还有家族遗传病，后来才得知，父亲、二姐都因此早逝），能够找到一个适龄的女子组建家庭，已是万幸。事实上，美貌和帅气在农村的婚配关系中，其权重远远不能和经济条件、家庭地位相比。嫂子的家境

3

也不好，具体情况我不太清楚，我认识她十年来，发现她几乎很少回娘家，也很少谈起家里的事。嫂子性格开朗，简单没有心机，和我一见如故，她也只比我大几岁，因此，第一次去给村里老人拜年时，很自然，我们手拉着手。

当时，婆婆身体还不错，大约七十五岁，小侄子十四岁，小侄女十二岁。那几年，哥哥、嫂子一直跟着四姐、四姐夫在北京工地打工，四姐夫是一个包工头，从老家找了很多青壮年劳动力，乡里乡亲，干活让人放心，自然，乡里乡亲也能通过姐夫顺利拿到工钱，互相之间都很信任。后来才得知，四姐夫当时赚了不少钱，他甚至在20世纪90年代末期，就很有先见之明地在孝感市内买了土地，盖起了四层高的楼房。现在回忆起来，这几年竟然是全家最为安静、平和的日子，丈夫当时还在念书，无法给予家里更多的经济支持，婆婆因为身体尚可，主动承担了照顾侄子、侄女的重担，快八十高龄，依然喂鸡、做饭，做一些力所能及的家务活。哥哥、嫂子为维持生计（孩子念书、村里人情往来、家人生病等必要开销），一直待在北京工地，只有过年时才提前一月或半月回家准备年货。这样，侄子、侄女事实上就成为祖辈照顾的留守儿童，只不过，相比当下很多孤苦的儿童，因为能够得到祖母的爱，孩子倒也没有留下太多心理阴影。

情况到2008年发生了一些变化，哥哥、嫂子尽管在外打工多年，但年头到年尾的拮据状态让他们颇为失望，加上婆婆、公公年龄已大，无法照顾好进入叛逆期的孙辈，这样，嫂子就决定留在家里，一方面照看老人，更重要的是管教孩子。嫂子在家种种菜，喂喂鸡，养养猪，我们按时给家人寄生活费，一家人无病无灾，日子倒也过得去。这样，哥哥、嫂子同时在外打工的局面，就变成了哥哥一人外出打工的状态。哥哥身体并不好，并不适合外出在建筑工地干很重的体力活，但待在家里，几乎没有任何额外的经济来源，而孩子逐渐长大，老人年事已高，子女成家、父母善终的压力一件件摆在眼前。房子尽管在丈夫的资助下已经建起，但二楼几乎是一个空架子，没有任何装修，以致过年过节回去，都没有办法安置亲人过夜。但不管怎样，毕竟一家人还能过一种平平安安的日子，随着孩子们的成长，日子总是在走向好的一天。哥哥每次得知我们寒暑假要带儿子回去，总是提前从工地回来，杀鸡、宰鸭，用摩托车带儿子去镇上集市赶集，给儿子买各种夸张而廉价的玩具，公公、婆婆也极为开心，嫁出去的大姐、小妹，还有妻子早逝的二姐夫都会回来相聚，一家人倒也能感受到亲人相聚的温馨，只有四姐一家，因为姐夫常年待在北京，几乎很少回去。但这种平常、安稳的日子并未维持多久，就出现了一些意想不到的事情，并直接影响到了整个家庭的走向。

第一件事是四姐夫的工地出问题。由于政府拖欠姐夫承包的工程款，大量的工程欠款无法到位，直接摧毁了姐夫多年累积的家底，不但导致哥哥、嫂子跟随他们打工多年的工资不翼而飞（这笔钱几乎是他们整个的家底，有将近十万块的劳务费，哥哥、嫂子一直指望这笔钱给儿子娶媳妇），而且因为拖欠工人工资，欠下大量无法逃避的债务，最困难的时候，甚至找我们借钱。大约2009年临近春节的一天，丈夫接到四姐夫的紧急电话，说有人用刀架着他的脖子，逼他必须在当天还钱，求我们帮他解燃眉之急。姐夫在我印象中，经济上一直算是宽裕，穿的衣服也挺光鲜，很有农村成功人士的派头。几年以来，这是姐夫第一次向我们开口，但当时我确实不愿借钱，一则手头并没有多余的闲钱帮助他们，而买房欠下的首付还等着年底归还，当时我们的经济状态几乎处于最紧张的阶段；二则也因为他们拖欠了哥哥、嫂子将近十万块的血汗钱，我因此对他们心生嫌隙，总感觉他们没有保障亲人最基本的利益。我向丈夫讲明了我的意思，丈夫也没有吭声，四姐被逼无奈，再次向我们打电话求助，面对危急情况，她也没有任何办法，事情明摆着，我们已没有任何退路，也没有任何选择，只得厚着脸皮找一个经济条件尚可的朋友借钱。尽管四姐当时承诺几个月以后还钱，但我知道，还不还钱不是她的主观愿望说了算，从借出那笔钱开始，我们就没有期待有还钱的那天。事实证明也是如此，此后几年，四姐一家的经济状况没有任何好转，她甚至几年都不敢回家，害怕村里那些曾经跟随姐夫打工的乡亲讨要工钱（我后来才意识到四姐一家命运的转变，对我们此后几年经济状况的直接影响，因为他们无法归还哥哥、嫂子的工钱，哥哥、嫂子再也没有别的储蓄，随着儿子、女儿的长大，他们结婚成家的大事，通过婆婆的叮嘱，就责无旁贷落到我们身上）。2015年，我在北京访学，曾经和丈夫去看过四姐一家。他们居住在北京一个极其混乱的城中村里，村子里污水横流，垃圾遍地，两间逼仄的平房在一条弯弯曲曲的小巷尽头，为躲避别人逼债，几年来他们几乎和外界断绝联系，四姐夫更是几年都不敢回家，作为独子甚至无力照看家中的老母，也不敢公开找工作，一家人的生活全靠四姐在咖啡厅洗碗、两个女儿当导游来支撑。想到20世纪90年代，四姐一家最辉煌的时候，一家人的日子红红火火，没想到现在最需要经济支撑时，却因为政府拖欠工程款，不得不躲在一个隐匿的角落里生活。

第二件事，也是更大的打击，则是妹妹的出家。在整个家庭中，妹妹的生活最让人舒心。她生得漂亮，又兼具湖北姑娘的泼辣能干，初中念完后，去武汉打工，在工厂做临时工，认识了本厂一个正式工并与之结婚。两人发展不错，因为结婚早，在房价还不到一千元时，就买了很大的房子，女儿也聪明可爱，妹夫后来还当了副厂长。事实上，多年来，除了丈夫，妹妹同样承担了照顾家庭的很多重任。侄子、侄女、婆婆、公公的衣服及日常用品，几乎全都是她从武汉带回，哥哥、嫂子在武汉打工的几年，住房问题也是她帮忙解决的。但最近几年，妹妹信佛，开始吃素，2012年暑假，她带外甥女去广州玩，也时常和我们宣传吃素的好处。仅仅一年后，2013年9月的一天，丈夫忽然接到哥哥的电话，说是妹妹已经出家，并且离婚，没有给自己留任何退路，就此遁入空门。尽管从信仰的角度，完全能理解她的选择，但事实上，当这种事情落到身边家人身上时，还是无法接受。妹妹和我同一年出生，正处于人生和家庭压力最大的阶段，妹夫工作繁忙，外甥女刚上高一，她婆婆年事已高，自己的父母也是八十高龄老人。妹妹突然做出出家的决定，让全家人如坠冰窖。丈夫为了说服她还俗，连夜请假从广州赶到武汉，又从武汉赶往庵里，但终究妹妹不为所动，一直到婆婆去世，我也未能在葬礼上再见妹妹一面。直到现在，那个热爱世俗生活的妹妹为何突然放弃红尘，始终是萦绕在亲人心头的不解之谜（我只是偶尔听起妹妹讲起她丈夫家复杂的情况，讲起公公对她的冷暴力，讲起懦弱胆小的婆婆对她的依赖，无助时总是抱着她哭），但既然她做出了决绝的选择，家人也没有任何办法。妹妹一走，直接受影响的就是外甥女，外甥女原本内向的性格变得更为孤僻，仅仅念到高一，迫于社会舆论压力，就草草休学。想起2006年春节一家人的团聚，外甥女在田野采地菜时，跟随其他的表哥表姐在田野疯跑，红色的蝴蝶结在脑后摇曳生姿，一副活蹦乱跳的模样，那时，她是所有孩子中唯一在大城市出生、集万千宠爱于一身的小公主，没想到七年以后，因为妈妈的执意出家，竟然变成最可怜的孩子。除此以外，伤害最深的就是婆婆，婆婆因为女儿出家一事，怎么也想不明白，家里只要有人来，就开始念叨，原本硬朗的身体一蹶不振，在摔了一跤中风后，一直卧床不起，去世前也未能见上小女儿一面。公公（继父）更是变得木讷，妹妹是他唯一的亲生女儿，女儿的出家也让他彻底失去了最重要的情感寄托，终日在村子里漫无目的地荡来荡去，脸上很难看到往日发自内心的笑容。

四姐夫的破产、小妹妹的出家，直接碾碎了两个家庭的希望，也波及到其他兄妹，尤其是哥哥一家，原本经济基础就相当脆弱，五六年的劳务费泡汤后，更是毫无根基。自此以后，全家兄妹再也没有像2006年春节那样，有过真正的欢聚。以前还有妹妹帮着分担家庭的重任，妹妹出家后，我们就不得不承担更多。

除此以外，隐匿于家庭暗处的悲伤随处可见，我每次回到婆婆家，在和哥哥、嫂子或者大姐的聊天中，总能听到一些让人压抑的事情。2013年年底，侄子和本县一女孩网恋后闪电结婚，哥哥、嫂子极为高兴，但女孩嫁过来后，总是和嫂子闹别扭，性格也极其怪癖，后来才得知，她的家境也极为不幸。听说她妈妈在生下她后，被乡政府抓去结扎，一回来，就变疯了，根本就没有任何能力照顾孩子，而且还暴力打人，总是将身上穿的衣服撕破，没有办法，家人只得将她关在一间房子里，谁都知道这种惨剧和结扎有关，但没有任何人有力量去申诉惨剧的真相，而是任由命运的安排以最残忍的方式对待一个受害者。我曾经问过侄媳妇："有没有到乡政府反映情况？"她一脸的茫然，并未意识到一次失责的结扎手术对她的生活到底产生了多深伤害。只说她小时候从来就没有人抱，都是在房中爬大的。我一直向她打听更多情况，看能否帮他们维权，没想到前一段得知，她妈妈在疯病中已经去世，年仅四十多岁。

平心而论，哥哥、嫂子一家都是最普通的农民，也是最老实本分的农民，他们对生活没有任何奢望，也从来没有想到通过别的途径去获取额外资本。他们所能做到的就是本本分分劳动，过一点安生日子。而在农村，像哥哥一家的情况非常普遍，守在乡村，没有任何收入来源，外出打工，有可能连工资都拿不回，但全家的基本开销，诸如孩子念书、成家、房子的修缮和更新、老人的生病善后，一样都不能少。尽管农村免除了农业税，近几年也推行了合作医疗，但和水涨船高的支出比较起来，实在是杯水车薪。可以说，中国无数的财富、希望没有多少途径流向他们，但社会的不良触角，诸如政府拖欠工程款、信仰危机所导致的价值观混乱、基层执行计划生育的粗暴和失责，却总是要伸向这些普通的农家，种种无声的悲剧最后总是通过各种渠道渗透到他们的日常生活，唯有认命，才能平复内心的波澜和伤痕。

看不到前景的家庭命运

2015年7月13日，卧床将近一年的婆婆去世，走完了她八十六岁的艰难人生。

在忙乱、悲伤、空落中给婆婆办好丧事，我突然感到维系整个家庭最牢固的纽带轰然断裂。尽管和婆婆在一起居住的日子并不多，但她的慈祥、宽厚还是让我感到一个老人的亲切和温暖，丝毫没有婆媳相处的尴尬和芥蒂（我对她的感情认同更像自己外婆）。我们每次回家，她都极为开心，对于年幼的孙子尤其喜爱，孩子刚出生，她便买了很多糖果招待村里乡亲，并且总是将我们定期寄回的照片分给村里老人看。婆婆最大的心愿，就是儿子能当官，最好当大官。在她眼中，再也没有什么比家中拥有当官的子女更能改变家族的命运，儿子、媳妇空戴两顶博士帽子，甚至比不上一个乡镇干部或赚钱的包工头更能解决家庭其他成员的实际难处。老人卑微的心愿更让我感受到她一生当中所遭遇的痛苦、屈辱，还有无穷无尽生存的折磨和厄运。我知道，像丈夫这种家庭出生，通过念书得以改变命运，最后在城里找到一个安居之所的人并不少见，他们身后因为承担了共同的家庭负重和压力，从精神面目、阶层气质上甚至具有某种共同的特征，以致在各类社交群中，被城里或者家境优于配偶的女人冠以一个"凤凰男"的群体标签，并作为轻易不能下嫁的目标进行讨伐。我丝毫不否认作为个体的选择，与这种男人的结合意味着要面对更多，但这种来自社会单一舆论的道德优势，还是使我感受到掩盖在这个标签背后所蕴含的歧视、无奈和漠然以及城乡二元结构给农民造成的不可逆式的生存劣势，怎样通过代际传递一直作用到婚恋层面，从而导致不可排解的天然矛盾。可以说，尽管农村出生的读书人通过个人努力得以改变身份，但只要和出生的家庭还依存各种血肉关联，那份深入骨髓的卑微、渺小和人格的屈辱感，就会渗透到生活的方方面面。逃出泥坑的幸运者尚且如此，留在故地的坚守者又怎么可能有更好的命运？

事实就是如此，冷静下来想想，哥哥一家确实看不到太好前景。

首先是代际的贫穷已经开始轮回。在体力最好的时候，哥哥、嫂子丢下孩子外出打工，现在侄子、侄女长大成人，结婚生子后，随着生存的压力变为现实，也不可避免地要重复父辈的命运，踏上下一轮的打工生涯，哥哥、嫂子像当年公公、婆婆一样，要承担起照看孙子的重任。2013年年底，侄子结婚以后，为偿还债务，过完年就离开新婚妻子，跟随村里去外省打工的队伍，成为泥水匠中的一员。运气好时，一年能够攒下一万多元，运气不好，或者多换几个工地，可能就只够买一张回家的火车票。毕竟和父辈比较起来，侄子不可能像他们那样严苛节约，二十出头的年龄，和城里的年轻人一样，他迷恋各类智能手机，或者一些时尚的行头，光是这一笔开销，就足够家里开支半年。他也曾经考虑在附近的镇上找个事做，或者开个店，但不是没有成本，就是没有过硬技术，始终难以做成。客观而言，农村自身的生产已经难以形成良性循环，更多时候，获取基本的家庭开销，还是不得不以肢解完整的家庭结构为代价。这样，结婚、生子、外出打工、制造留守儿童，就成了事实上的轮回。对哥哥而言，新的挑战在于，他老了以后，甚至会面临老无所养的境地，毕竟他的子女，没有一人通过读书得以改变命运，而他在半生的劳作中，也仅仅只是维持了一种最简单的生存，并没有给自己留下半点养老的资本，贫穷和贫穷的传递，已经成为这个家庭的宿命。

其次是留守儿童的后果开始显现。侄子、侄女作为第一代留守儿童，已经长大成人。侄女通过网恋，十九岁那年就结婚，二十岁就生了孩子，丈夫是一个比她还小一岁的本乡男孩。尽管已身为母亲，但侄女根本就没有做好为人母的心理准备，更感受不到母亲身上沉甸甸的重任。她在怀孕期间，依旧维持以前的生活方式，猛吃方便面和猛喝饮料，手机更是二十四小时不离身，床头柜前堆满了方便面盒子和饮料瓶。孩子生下来后，甚至连棉纱的尿布，都不知道在哪儿买。我暑假看到她带着一岁不到的女儿，大热天里，就让她光着大半个身子，一身的泥巴和脏污也不管。我告诉她应该给孩子备用一点棉纱尿布，她开始一脸茫然，随后便很开心地告诉我，她让女儿几个月就开始吃冰棒，拉了几天肚子后，现在不管吃什么都没关系，但事实上，她女儿一直不明原因地高烧不退。这和城里刚做母亲的女性的谨慎、细致比较起来，侄女的无知、粗糙着实让我吃惊不小。她原本就是一个孩子，一个二十岁就做了母亲的孩子，爱玩的天性和母亲沉重的责任放在她身上，显得尴尬而又刺眼。我叫她买两本书看看，或者上网时，顺便看看育儿专栏的内容，她青春勃发的脸庞再一次转向我："我明年就出去了，带娃是奶奶的事情。"侄子的情况也好不到哪里去，他妻子因为自小没有母亲的滋养和教导，也不懂得怎样对待孩子，孩子一哭闹，她就将几个月大的孩子丢在床上，要么不理不睬，要么大喊大叫，很难有平和情绪，更不要说一个理智妈妈应该具有的淡定。加上侄子终年在外打工，她整天和婆婆相处，两人难免因为家庭琐事磕磕碰碰，因此，也难以有好的心态对待刚出生的孩子。

不得不承认，和哥哥一代被逼外出的心态不同，侄子、侄女外出打工的心态已经发生了很大改变。相对贫穷固然是其选择外出的理由，但对于年轻而又过早当妈妈的女孩而言，很多时候，外出打工是她们逃避养育孩子的最好借口。在她们的思路和情感发育中，养育孩子的烦琐让她们苦不堪言，而过早外出对另一个孩子的伤害，根本就没有进入她们的意识中。留守儿童缺爱的童年，让他们从小难以获得爱的能力，当他们长大到做父母时，这种爱的缺失，并不会随身份的改变，有如神助一般地得以弥补，爱的荒芜的代际传递，才是真正让人担忧之处。对比城市正常家庭孩子获得的关爱和良好教育，不可否认，另一种看不见的差距，已经将城乡差距的鸿沟越拉越深。但另一方面，因为多年在外的打工经历，侄子、侄女一辈的价值观念已经根深蒂固植入当下的消费理念。不论是穿衣打扮、结婚置业，还是日常起居，其风向标已经和城市孩子没有差异。侄子尽管婚前没有赚到过什么钱，但换智能手机的速度远远超出我们的预期。结婚典礼甚至还请了乐队、车队，更不要说农村流行的三大件金饰（项链、耳环、手镯）。其所营造的气氛，和城里任何一个高档酒楼举办的婚礼没有本质上的差异，唯一的不同就是婚礼的背景是在一个并不富有的农家。面对如此的场景，他们几乎没有任何抵抗的余地，婚礼的排场，婚礼给女孩的彩礼和装备，在他们彼此暗淡的一生中，几乎就是仅有的一次出彩机会。而为此背上的债务，顺理成章成为一个新家庭的沉重起点。

再次是传统乡村结构已经失去内在的坚韧扭结，经济的脆弱加速了乡风乡俗的凋零。以养老为例，尽管几千年来，养儿防老一直是农民最为坚定的信念，但这一朴实愿望，在严酷的生存现实面前受到了极大挑战。贺雪峰团队曾提到湖北农村老人自杀的现象非常严重，"笔者所在研究中心调研表明，两湖平原（洞庭湖平原和江汉平原）及其周边地区，是一个自杀率极高的地区，尤其是老年人的自杀率，已经远远高于正常自杀水平"。（《试论农村自杀的类型与逻辑》，《华中科技大学学报》第116期）。陈柏峰在《代际关系变动与老年人自杀——对湖北京山农村的实证研究》一文中，再次强调了这一事实："老年人高自杀率、高自杀比重，以及自杀率、自杀比重的高速增长，这都是不争的事实。这种事实的残酷性令人震惊。"（《社会学研究》2009年第4期）若不是亲眼所见、亲耳所闻，几乎很难相信这么残酷的情况如此普遍。在婆婆生重病期间，不时有村里乡亲过来看望聊天，总是提到，农村老人得了病，总是拖着，能得到及时救治的情况很少（嫂子因为每天细心护理婆婆，及时帮她翻身、换药，得到了村里人一致好评，成为全村媳妇的典范），如果得了绝症，一般就是等死，有些老人不愿拖累子女，很多都会选择自行了断，有些儿女实在无法忍受这种长期的折磨，也会选择逐渐减少给没有自理能力病人的食物，最后活活将其饿死。以写作底层文学著称的作家陈应松，在其小说《母亲》中，以冷静、严苛的目光直视这种生存的真相，对此做了入木三分的叙述，我在阅读这部作品时，眼前总是浮现那些老人的身影，感受到他们面临生命终点之时的坦然和冷静。生命在他们眼中，并不具有特别珍贵的意义，活着，是卑微而麻木地活着，能够感受到的幸福纯粹来自生命本能和惯性；死去，也是理所当然地死去，在一个日渐寂寥又没落的村庄，这种无声的悲剧并不会引发人们心中太多的波澜。悲苦农民与生俱来的天聋地哑的悲剧命运，从来就难以从根本、整体上得到任何改变，多年经济发展的光鲜，除了让他们吃饱饭，并没有让其享受到和国家整体实力相当的体面和尊严。大城市的光鲜、城市有钱人的奢靡、成功人士的高大上生活，和同一片国土上的农村悲惨的处境无法产生太多关联。

最后，农村面临资本的侵蚀，虎视眈眈的社会游资通过官商勾结，已经盯上了农村最后的资源——土地。尽管关于农村土地私有化仅仅停留在讨论阶段，但在实际情况中，农村的土地已通过资本的运作被兼并。丈夫所在的村子在丘陵地带，风景算不上太好，几个并不太高的小土包，村里一条小河蜿蜒流过，为全村的农田提供基本灌溉。但近两年，不知哪里来的人，将村子里的土地圈起了一大块，河流也被迫改道，流入私挖的池塘里面，模仿经济发达地区的度假村模式，修一些和整个村庄根本就不搭调的亭台楼榭和供城里人享乐的房子。事实上，因为周边旅游资源欠缺，并未有多少游客带动村庄经济发展，倒是因为河流的改道，已经直接影响到了农田的供水，农田被占，最后到底会导致什么后果，现在根本无法预料，而村民对此也漠不关心。对侄子、侄女一辈的孩子而言，反正种田已不可能给他们提供出路，农田被装扮成度假区的模样，反而能给他们一份心理幻觉。

若不是和丈夫结婚，作为家庭中的一员，亲身经历各类无法逃脱的日常琐事，亲眼看见各种让人无语的真相，旁观者几乎很难体验到一个普通的农民家庭，在具体的生存和抗争中，到底面临多少先天的劣势，他们的实际生活，和整个社会发展的大势到底要断裂到何种程度。种种真实的痛楚总是让我追问：造成这个家庭天聋地哑的困境，问题到底出在哪个环节？回馈乡村，又何以可能？

回馈乡村，何以可能

平心而论，尽管进入到理性分析，哥哥一家的前景充斥着灰暗和绝望，但每次回乡，哥哥、嫂子的精神状态还是让人放心、安慰。尽管手头总是缺钱，哥哥也患有先天的遗传病，但他们的精神比我们要愉快很多，哥哥从不失眠，嫂子也从不唉声叹气。哪怕在婆婆卧床最艰难的阶段，嫂子还是毫无愠色地去干该干的一切，家里丝毫没有危重病人的压抑、郁闷。他们越是活得坦然而毫无欲望，越是对个人命定的困境毫无感知，越是对生活没有过多的奢望，我就越感到这种命定的生存是多么残酷，感到这个世界为什么总有人要占有如此之多。而如何回馈家庭，对跳出龙门的家庭成员而言，几乎成为一种天然的情感选择。

冷静下来想想，关于对乡村的回馈，哪怕在国家经济实力如此强大的今天，在农村的家庭模式中，从古至今，其实一直停留在家庭之间的互助阶段。我父母辈如此，到我这一辈还是如此，这一点，我的感受实在是刻骨铭心。我想起我的父母，半生以来，仅仅因为爸爸是一名乡村教师，有一份公职，妈妈因为能干，家境比别人稍稍好点，就不得不接受无止境的帮助亲人的重任，几十年中，他们几乎有大半的精力都用来应对亲人的求助。妈妈一辈子对自己人生的总结就是"帮忙的没一个，麻烦的一大堆"，简单的一句话，实在是她几十年来面对两边穷亲戚所发出的真实感慨。我童年的整个印象，不是爸爸的同母异父的哥哥坐在家里不动，不拿到钱绝不出门的身影，就是妻子早逝的叔叔一有事情就来找爸爸的理所当然，要不就是多病的小舅舅腼腆但又坚决的求助，更有同父异母的姑姑过一段时间就会定期来娘家的诉苦。这些亲人善良、淳朴、温情（姑姑临死前，知道爸爸去看她，都挣扎着要去抓她养的母鸡，让他带回去给小孩吃），他们并非要故意麻烦亲人，占到多少便宜，实在是生活在农村的悲苦命运，让他们一碰到麻烦几乎就找不到任何出路，向家里情况好点的兄妹求救，就成为唯一的途径。父辈的命运如此，几十年后，尽管改革开放的大旗已经招展几十年，国家的财富已获得巨额增长，亲人中间也不存在解决不了温饱问题的成员，但随着新的困窘的出现，我和丈夫所面临的情况和父母并无二致。

摩罗在《我是农民的儿子》一文中，曾经感叹："所有的农民都本能地希望通过儿子进城改变家族的命运，可是所有这些努力都不过是复制电影上流行的'你撤退，我掩护'的故事模式，留下来作为后盾的不堪一击，固然难免一死，逃脱者面对亲人的沦陷更加无能为力，也只能痛不欲生地仰天长号。"我作为一个农民家庭的儿媳，身处其中，实实在在能体会到这种痛楚中的无奈。丈夫和任何一个通过求学改变命运的农村孩子一样，在城市的生活从来就不以追求享受为前提，甚至用在他身上的正常开销，在他看来都是一种负罪，与生俱来的家庭阴影深深地渗透到他的日常生活中。他不抽烟、不喝酒，也没有多少交际，更谈不上有特别的嗜好，唯一的兴趣就是看书，过着一种在别人看来寡淡无味的简单生活。他性格沉默，不爱多言，他愈是沉默，我就愈能感受到过去家庭所施加给他的痛苦和压抑的深重，他像一条运气很好的鱼，通过自己的努力，终于游出了这个令人绝望的家庭；但这种逃脱的幸运并不能给他带来发自内心的快乐，他所出生的原生家庭就像一个长长的阴影，只要还有家庭成员处于不幸和痛苦中，逃脱的个体就不可能坦然享受生活本该具有的轻松、愉悦，一种血肉相连的痛楚，总是无法让他对有着共同成长记忆的亲生兄妹的困境视而不见。尽管自身背负房奴、孩奴的压力，但他觉得回报原生家庭是义不容辞的责任，更何况，家中老父老母的日常起居事实上也是留守家园的兄妹照顾更多。因此，家里任何人在经济上求助于他，除了默默接受，他从来就没有任何回绝的念头。结婚多年以来，在捉襟见肘的经济状况中，我也时时为丈夫背后的庞大家庭感到压力沉重，有时甚至有一种深不见底的绝望感，但相比经济的困窘，更让人难受的还是情感折磨。我难以回避一个基本事实，如果连我们都不去管他们，连最亲的人对他们所遭受的痛苦都能视而不见，那还有谁会对哥哥、嫂子一家伸出援手？可是，逃出乡村在城市立足的人，同样面临各种实实在在的困境。杨庆祥在《80后，怎么办?》一文中，认真剖析了"80后"中逃脱农村在城市打拼一代知识精英的深刻困境，对"70后"一代而言，尽管情况没有如此惨烈，但实际上也仅仅只是抓住了房价刚刚失控之初及时当上"房奴"的幸运，当中年困境如期来临时，他们所面对的生存、事业压力从来就没有减轻半点。所能给家里的帮助，也无非是从有限的工资中省出一部分开销，如此微薄之力，到底又能多大程度改变家庭的命运？摩罗十一年前提出的问题："改变农民的命运究竟是靠应急的政策还是更需要社会体制、政治体制的配套改革？如果农民享受不到更好的教育资源，如果他们不能在一个平等的政治构架中享受到所谓国民待遇，如果他们不能在一个开放的社会体制之中以自己的声音和力量来维护自己的权利，那么，谁能保证他们的命运能够得到改变？谁有那样的能力和良知成为他们的救世主？"（《我是农民的儿子》，《天涯》2004年第6期）这个问题直到今天依然没有答案，而且也看不到答案能够兑现的一天。

我由此想到这样一个群体：通过个人努力，进入城市，得以改变命运，并拥有相应权力，在现实诱惑下，最终走向贪腐之路。我想，对一个从小物质匮乏到极致的人，必然在拥有机会以后滋长更为膨胀的欲望，因为他深知一种来自身份差异的残酷真相，有作家通过文学作品，曾表达了这种人物的真实想法："既然机会这么多，那么赶紧捞上几把吧，否则，在利益分化期结束以后，社会重新稳固，社会分层时期结束，下层人就很难跃上上层阶层了。"事实就是如此，逃出来的家庭成员，若无法通过个人力量改变家族命运，那么，此生便几乎永无可能。我在村子里，也常常看到一栋栋废弃的房子，一打听，这种情况一般都是举家搬往城里，再也不可能回到乡村生活的家庭。我所出生的湖南老家，也有一户仅仅是通过参军得以改变命运的军官，利用各种关系将两边兄妹的子女全部送出去，甚至二十七岁初中都未毕业的小舅子都能弄到部队当兵，转业后再通过关系，安排到公安局。与他们相比，我和丈夫实在是为家庭贡献最小的人。几乎没有任何契机和资源可以从根本上改变亲人的命运，甚至大外甥女大学毕业，连给她找个好工作都帮不上太多忙。正因为意识到权力的重要，婆婆生前最大的遗憾就是他的儿子没有当官，她老人家凭借想象，将博士的头衔兑换为看得见的官职，却不知道这个群体的实际生存境况。无力帮助亲人的内疚，越发让我感受到农村家庭难以改变命运的结构性困境。在这一点上，摩罗的感慨让我深深共鸣："在所谓现代化过程之中，农民已经付出了非常惨重的代价。我再也不敢指望那些兄弟姐妹能够在继续现代化的过程中改变自己的命运，他们明天的命运只会跟昨天的命运一样严酷。在大政府、小社会的境遇中，成为卑贱的垫脚石是弱势群体的唯一宿命。"

　　既然家庭成员之间的互助，无法达到帮助弱势家庭过上更好的生活，改变留守乡村哥哥一家的命运，从国家和政府层面而言，最好的途径自然是通过教育。而摆在面前的事实是，乡村的教育资源已经凋零到无法直视的程度，侄子和侄女在条件极为简陋的乡村中学，连初中都没有办法坚持念完。丈夫曾历数过和他同龄的读书人，在村里上过大学的就不下七八个；但到侄子、侄女辈，和他们同龄的孩子，如果父母不早早将子女送往县城或孝感的初中，连高中都很难考上，就算农村的教育条件能够和城市媲美，留守儿童的先天缺失，父母素质的差异，都让他们仅仅在起点就构成了无可挽回的劣势。社会的结构性差距已经在这个家庭显现，对哥哥、嫂子、侄子、侄女和他们的后辈而言，除了通过念书，社会再也不可能给他们提供如丈夫一般改变命定人生的机会，逃脱乡村、跻身城市的简单而朴素的愿望，在下一代的身上终将如海市蜃楼般缥缈。不从根本上促进一种更为持续的发展，和我们曾经同呼吸、共命运的亲人必将在撕裂的社会较量中，被彻底抛入尘埃中生存，无从反抗，也毫无声息。

最后，我想说，尽管对于底层的书写，我一直心生警惕，但刻骨铭心的感受，还是让我担心这个世界的声音将变得无比悦耳，当像哥哥这种家庭的孩子、孙子再也不可能获得任何发声机会，关于这个家庭的叙述自然也无法进入公共视野，那么，关于他们卑微的悲伤，既失去了在场者经验的见证性，也永远丧失了历史化的可能。而我今天所写下的一切，不过以一个亲历者的见闻，以一个农民儿媳的身份，记载我与他们之间偶遇的亲人缘分。

《十月》2016年第1期

走出农村的读书人，请不要这样说农村

/韦星

和想象中的一样，春节前后，各类充满情怀的纪念乡村题材的文章，纷至沓来。

这些题材以"关心、爱护和负责任记录故乡"的名义，高调进行。

记录者，多为在读博士生或记者返乡的点滴感悟……在"知识分子"和"城市小资们"的眼中，一些曾经养育着他们以及他们祖祖辈辈的淳朴故乡，如今变成了"风气极为败坏、人与人之间没有平等感、金钱利益至上、没有任何是非观"的场域。

这些文字，在互联网的不断放大作用下，想象式地给农村贴上了"村妇微信约炮、准备集体逃离农村"和"春节期间，妇女们累死累活，却不能平等地上桌吃饭"等标签；子虚乌有的"上海女"和"江西男"，更是将城乡冲突，赤裸裸地呈现出来。

在他们笔下，从思想到故土，农村几乎成了"脏乱差"的代名词，"农村衰败，农民愚昧"的言论，充斥在互联网的角落。

借着痛惜故乡，一些人从批判农村、农民和农业中，获得了他们长期卑微存在于大城市里所没有过的成就感。

那些无情的批判，在无限放大和丑化故乡的背后，是多年来，一直隐藏在一些农门学子内心里的弊病，里面有着深刻的心理因素使然，但现实中更需要矫正的，往往不是他们的故乡，而是他们本身——

我们知道，在农村，在曾经极为贫穷的乡村里，走出来的读书人，可谓当地的"天之骄子""人中龙凤"。从小学到中学，再到大学，他们曾风光无限地一路过关斩将，他们一直都是考场上的成功者，他们也是村民眼中的"佼佼者"。

不过，当他们离开学校踏入社会，由于没有关系，没有人脉，加上城市本来就竞争激烈，这样，过去"众星捧月"的感觉消失了，村民眼中的"佼佼者"，也自踏入社会后，就开始苦逼地工作和生活着，他们不过是都市白领里的一份子，不再有任何的优越感。甚至在故乡，他们居住的房子和出行的车子，也远没有其他全家外出打工的村民家庭富有，不满情绪在"佼佼者"中不断生长、增长，也滋生了深刻的偏见。这种不满和偏见，在可以不被具体地指名道姓的故乡面前，是容易被无情放大批判的，因为这既满足了他们批判后的释放快感，如果出了事，也没有来自故乡的压力。

"村妇集体约炮"也好，"妇女不能上桌吃饭"也罢，都没有足够的说服力，即便有这样的极端个案，但真实的、客观的中国农村，不是批判者所诠释的那样。

提到妇女不上桌吃饭的话题，我忍不住插一句：这种现象在春节是有的，而且常见，但只要了解农村现实，这是应该被理解而不是被批判的。

我老家也在农村，逢年过节，我母亲、嫂子、姐姐确实有"不能上桌吃饭"的经历——比如这天，我的很多朋友来了；这天，很多亲戚来了……因为农村常年就一张饭桌，平时一张饭桌也完全足够，毕竟只有逢年过节或特殊的日子，才有很多人聚在一起吃饭。当家里来的亲戚或朋友较多，而饭桌最多只能坐下十个人的时候，让朋友和亲戚上桌吃饭，自己家人晚些吃或是在临时的小矮桌吃，甚至蹲在厨房吃、站在客厅吃，那都是很正常的事。这也是对来访客人和亲戚尊重的体现。

假如我的朋友来，难道我不需要上桌陪，反而是我妈妈或姐姐上桌陪吗？她们如何和我朋友围绕同样关心的话题聊天？另外，喝酒也是一种文化，会喝酒的男人上桌陪客人亲戚，也是很自然的事。这其中没有上升到男权、女权这么复杂的论争，没上桌吃饭的妇女，也不会因此感到委屈。如果农村这种尊重客人和朋友的传统和礼节，也不能被"知识分子们"理解和接受，需要反思的恐怕不是农村人吧？

一些被贴上离奇标签的农村镜像背后，我们也注意到：几乎没有详细和可靠的信息源，更多的只是写作者个人的回乡感悟和道听途说，没有任何证据证明这些事正在真实地发生着。

当然，这种非常个人化的体验和感受，作者可以以"保护隐私"的名义隐去关键信息，其中有几分真实性，只有他明白。但在农村生活过和有过农村生活体验的人都知道，自己所熟悉的农村并没有他们说的那么不堪，而城市也远没有他们笔下那么美好。

那种对乡村的不足刻意丑化和放大的背后，是在"关心和爱护"的名义下，对自己的故乡进行一场赤裸裸的公开歧视，而这种根深蒂固的歧视和偏见的背后，往往就是刚刚跳出农门或是压根就没打算回农村的人所做出的。

走出农村的读书人，请不要这样说农村，不要这样谈农民，千万不要把自身在城市的失败带回农村，让自己在对故乡无情和无底线的批判中，再次丧失自我尊严。

当然，即便你们这么干，绝大多数农民依旧沉默，不会回应，也不需回应。但我们不能因为他们不会回应、不能回应，而放纵了自己——让失败的自己回到农村后，因优越感的即刻泛滥，而翻脸对昔日的乡亲进行无情和无厘头的批判——你的故乡已经很不容易了。

说到农村衰败，你们往往只看到农村老房子的破旧不堪，却看不到新安置地的崛起，比如在沿街的地方，重新建起了一栋栋的楼房或干脆在县城买了房。农村城镇化是个趋势，我们不能只从他们过去的老宅里看到衰败，而更应看到他们在新安置地重生的当下。

农村即便有诸多不足，但苦逼的城市人，在成为"房奴车奴"后，也不见得就比农村人强到哪里去。你们在说村妇约炮，在抱怨妇女不能上桌吃饭，在说农村好面子而互相比拼去买车的时候，有没有考虑过：就在你生活的城市里，这样的情况其实有过之而无不及。

说到底，我们生活在同一个中国，"关心、爱护和负责任记录故乡"不是一个缥缈的借口，而是沉甸甸的责任。

《南风窗》微信公众号 2016 年 2 月 26 日

"返乡体"再辟谣，乡愁经得起多少反转

/陈柏峰

最近两年，返乡笔记颇为流行，已经成为春节前后微信刷屏的主要内容。返乡笔记在表达乡愁的同时，揭示了农村的诸多问题，引起社会和舆论的广泛关注。其中热度最高的是去年春节期间上海博士生王磊光描写鄂东农村的《一位博士生的返乡笔记：近年情更怯，春节回家看什么》和2016年春节前夕湖北媳妇黄灯博士的《一个农村儿媳眼中的乡村图景》。两篇返乡笔记有着共同的特点，即揭示农村家庭的困顿现状，揭露农村社会的种种问题，表达对乡村未来的迷茫情绪。大量的返乡笔记都有类似的内容和情绪，只是文笔和表达手法上逊色一些。

这种状况引发了一些批评。有人认为，返乡笔记中的唱衰论并没有真实反映农村现状，农村社会其实一直在进步，返乡笔记戴着有色眼镜看农村，没有看到农村发展的积极面向。甚至有人以"返乡体"来指称返乡笔记的这种消极内容和情绪倾向。媒体则从不同方面切入，寻找"返乡体"的原因。有人认为，"返乡体"的作者大多是通过高考走出农村的高学历者，在城市辛苦打拼而又不能安身立命，故乡便成为心理寄托，他们实际上对农村十分生疏，却又将过去的农村当成黄金时代，因此一旦看到现实存在的问题时便慨叹今不如昔。也有人说，农村过去崇拜知识，其实是崇拜知识所带来的权力，村里出了知识分子，大家以为他将来会飞黄腾达，

于是前呼后拥，如今读书未必能腾达，腾达的也不只靠读书，于是博士回乡也就遭受冷落，从而写出了"返乡体"文章。甚至有人将"返乡体"的渊源追溯到"华中乡土派"，认为其关注、研究乡村问题的传统才是始作俑者。

上述看法不少似是而非，有必要予以厘清。目前，返乡笔记的作者主要有三个群体。一是文学和文化研究者，王磊光博士和黄灯博士都属于这一群体。上海大学文学研究系一直关注乡村文化，间或有相关回乡笔记发表。二是乡村研究者，以华中科技大学中国乡村治理研究中心为典型代表。乡村调查随笔是华中村治研究中的一种常见写作方式，而大约从2013年开始就有春节返乡笔记陆续在媒体上发表，2014年6月还编辑出版了《回乡记》（贺雪峰主编，东方出版社出版）一书。2015年、2016年春节期间，媒体上也不断可见源自该研究机构的返乡笔记。三是记者群体，散见于不同媒体。例如2016年春节期间，《财经》杂志记者连续发了多篇回乡随笔。

这些作者群体所写的返乡笔记针对的都是乡村社会能够引起关注和思考的现象或问题，但由于不同群体的知识储备和兴奋点不同，还是有较大差异。

文学和文化研究者的笔触往往更加细腻，饱含人文主义情怀，关注点大多放在农民的生存处境上以及作者对这一处境的理解。其写作方式和关怀比较契合都市中产阶级的思维偏好，加上文笔细腻，因此往往更具有传播效果，成为市民消费文学的新题材。

乡村研究者较多从学术视角去关注社会变迁及其肌理，在描述能够调动人们兴趣的现象后，力图解释这种现象。如果现象涉及政策的，往往还会对当前政策做出评论，甚至探讨相关政策的改进。当然，既然是返乡随笔，也会考虑受众，力图浅显而贴近读者，而不会完全在学理层面讨论。

记者群体多少受到市民消费文学的影响，其写作方式其实有些文学化。不过，与文化研究者相比，其写作又不够细腻，而且，受记者工作思维的影响，他们的返乡笔记写作往往带有更高的价值性判断，更加容易做出"问题化"的判断。

一篇好的返乡随笔，当然是既能描述现象，又能分析问题，还能有一些延伸，比如提出对策性想法，但这是比较高的要求。大多数随笔，往往只是随想的记录，是一些观感和发挥。如果这些观感契合了人们心理上的某根弦，就可能取得广泛的传播效果，而那些既有现象描述又有深刻分析的返乡笔记传播未必广泛。举个例子，张晓波先生2016年的返乡笔记《浙江海宁，一个县城的地产困局》对问题分析极好，不但描述了现象，还通过广泛搜集数据分析了现象。这篇返乡随笔的核心观点在一些圈子内被热烈讨论，得到了较为普遍的认可。不过，与那些能广泛触及城市市民心理的随笔相比，这篇随笔的传播终究是非常有限的。

在传播甚广的返乡笔记中，大多数似乎是"负能量"的，都是唱衰乡村的，描写农民的困境，揭示乡村存在的问题。这有多方面的原因，首先是受众心理和传播规律的作用。在传播上，负面的信息更能引起人们的关注，而所谓的"主旋律"，如果没有传播形式的创新很难引起人们关注。如果一篇回乡随笔讲述村里路修好了，人们的打工收入增加了，生活质量有了提高，这几乎不会在自媒体上得到广泛传播。人们想知道这些信息，翻翻《人民日报》，看看《新闻联播》就可以了。新闻界有个说法："狗咬人不是新闻，人咬狗才是新闻。"这虽然是对传媒的批判，但也有其基础，即"人咬狗才会引人关注"。在此情况下，"负能量"的返乡随笔写作往往是返乡者的主动选择。因为"正能量"的写作不会引人注意，也不会被认为有所创新，除非在表达方式上有重要创新，而表达方式的创新比内容的创新更加困难。面对同等分量的积极题材和消极题材，写作者会自觉不自觉地选择描写消极面。正因此，从整体而言，返乡随笔中揭示消极面的篇章更多，"负能量"更多。

"负能量"随笔写作也受写作者知识结构的影响，这在记者中表现得最为突出，在其他群体中也有所表现。在城市工作的中产阶层大量是从农村走出来的，他们往往自以为很了解农村，我常常可以听到有人说，我老家是农村的，我了解农村；也有人说，我在农村插过队，我了解农村，其实这些人真的不一定了解农村。老家在农村的，虽然村里人他都认识，但他们的人生经历都是从学校到学校，未能深入到农村生活内部，他们对于农村而言常常是浮在水面的油。而且，当前农村正在发生着全方位的变化，与几十年前的情况大不相同，甚至与十年前相比都大不相同了。他们所认识的农村，往往是在自己的农村印象基础上不断想象的产物，这种想象可能是媒体强化的，也可能从类似《乡土中国》这种描写农村理想型的著作中得来的。一旦返乡，发现农村现实与自己想象的理想型不同，他们就很容易产生消极情绪，进而认为农村病了，需要改造治疗。而且，这种治疗论的写作颇为符合城市小资阶层对农村的想象，因此格外容易得到他们的认同和点赞，从而在这个阶层中得到广泛传播。

目前，"负能量"的返乡随笔写作，在某些群体中甚至发展成了一种"时尚"，返乡随笔因此有了这种倾向："谁能写出更惨的故乡"。文本生产者与消费者之间也形成了负面的反馈和强化，越惨的家乡描述文本越能吸引读者。这一倾向在媒体和新闻记者群体中最为明显，因为琢磨"吸引眼球"本来就是他们的职业习惯。"负能量"的返乡体写作因为有广泛的读者群和传播量，不少媒体甚至给记者员工布置回乡笔记的春节作业。记者的返乡随笔大多对问题并无深入思考，往往"一触即跳"，抓住一点经验现象即迅速跳入已有的价值框架中，做出符合自己想象却未必符合现实的判断来。

这种写作走向极端，就发展成了作假，编造故事来迎合想象，甚至为了写"惨"蓄意编造各种烂事。正在这一背景下，2016年春节期间，出现了两篇影响极大、负能量极足的回乡随笔（和事件），一是《财经》记者高胜科的返乡日记《春节纪事：一个病情加重的东北村庄》，二是所谓的"上海女跟男友回家乡过年"事件。作假各有不同目的，记者返乡日记作假，也许只是想写出"无法更惨的家乡"，"上海女事件"作假更可能是为进一步营销服务的策略。这些作假行为吸引了大量的关注，制造了广泛的讨论，也对社会构成了巨大的撕裂和伤害，对媒体公信力、新闻记者的形象、网络舆论环境都造成了伤害。

记者的这种思维模式不是一天形成的，城市中产阶级和小资的农村想象也不是生来如此的，而是经过了长期的累积和濡化。很多年前，网络上、媒体圈就开始延续"每个人的故乡都在沦陷"这一调门，媒体人和文化批评者对此"贡献"巨大。在长期而持续的这种调门下，一般受众看问题的视角因此受到了影响，逐渐形成了"刻板印象"，他们习惯性地相信那些"沦陷故乡"的描述，反而将正能量的返乡写作视作"宣传"和造假。

其实，在既有的返乡随笔写作中，也有大量不属于"负能量"的写作。例如"华中乡土派"的返乡随笔中，大量篇章都是对农村现状的客观描述，其中有讲述农村一般性现状的，如描写农民婚丧习俗的，刻画农村土地现状的；也有描述如何改良农村生产生活环境的，如2015年杨华就在其春节返乡随笔中记叙了他带领村民集中处理垃圾的故事；当然，也有揭示问题的，这些问题既有政策不当导致的，也有农村发展过程中出现的，例如外出务工常态化后农村老年人的照料问题以及与此相关的自杀问题。

可以说，在传播因素和作者因素的综合作用下，人们熟知的"返乡体"写作并没有客观全面反映当前农村社会现实。但这并不是说，返乡随笔的写作就没有意义，而只是说，我们对返乡随笔应该有全面稳健的认识。

"返乡体"写作即使有其偏颇之处，但仍然有非常值得肯定的地方（当然，作假的篇章除外），它确实揭露了农村当前存在的诸多问题。最近两年传播最广的两篇随笔，其实都映衬了城乡二元结构中存在的深层次社会民生问题。以中国之大，区域发展之不平衡，农村阶层分化之广泛，这两篇随笔所揭示的问题在当地都不一定是全面的、准确的。然而，即使这些问题是个别性的、片面的、区域性的，仍然非常值得重视，而"返乡体"写作的广泛传播无疑为人们重视这些问题提供了民意基础和经验基础。更多的人对问题有了初步了解，就可以引发更多人的严肃思考，引导更全面的调研，进而让这些问题进入公共政策议程。

中国的知识分子向来有关怀天下的传统和志向，而随着社会进步和知识传播的全民化，可以说如今已经迎来了知识分子全民化的时代。城市中产阶级返乡，关怀家乡，关心农民，关注乡村问题，这种态度本身就是积极的，而且总会有其积极作用。不过，知识分子向来也有不接地气、爱好空谈的毛病，随着社会的复杂化，人们对自身工作之外的广泛领域越来越陌生，这种空谈倾向甚至越来越严重，因此难免有人自以为是，基于错误经验对农村指手画脚、发表偏颇意见。对此，应该有理性的认识。"返乡体"写作，其实就是城市知识阶层关怀天下的优点和不接地气的毛病在当下的综合体现。对待这种写作，既不要一味相信，也不要一棍子打死，它只是认识问题、解决问题的一个起点，也只可能是起点。

"观察者网"2016年2月26日

对"返乡体"笔记批判，不要矫枉过正

/陈航英

近日网上两则假新闻倒是把颇为流行的"返乡笔记"又炒了一把。这两则假新闻，一则是《上海女因一顿饭逃离江西农村》，另一则是《春节纪事：一个病情加重的东北村庄》。被爆出来之后，先有《南风窗》记者韦星发表的《走出农村的读书人，请不要这样说农村》一文指责写作这些返乡笔记的"走出农村的读书人"（以下简称"韦文"）；后有中南财经政法大学教授陈柏峰发表《"返乡体"再辟谣，乡愁经得起多少反转》一文（以下简称"陈文"）对"负能量"返乡笔记的写作和出现的原因进行了批评和探讨。

毫无疑问，对于作假这一行为，我们是要进行批判的。但我认为对"返乡体"笔记的批判也应当止于此，而不应"一叶障目而不见泰山"。当然本文提出商榷的主要目的是在于让当前农村地区存在的诸多问题得到实事求是的揭露，让无论是政府还是普通社会大众对这些问题都引起重视，从而促进这些问题的有效解决。

这里先将上述两篇文章的主要观点概括一下。韦文指出："那些无情的批判，在无限放大和丑化故乡的背后，是多年来，一直隐藏在一些农门学子内心里的弊病，里面有着深刻的心理因素使然。"而在韦星先生/女士看来这一所谓"深刻的心理因素"就是某些农村读书人从乡村到城市、从学校到社会失去"佼佼者"光环之后产生的不满和偏见。通过对农村的批判，他们释放了自己的不满、偏见以及"Loser"心理，从而获得了"长期卑微存在于大城市里，所没有过的成就感"。韦文最后批评这些读书人没有看到农村城镇化的大好趋势，并认为这些转变为"城市人"的读书人其实自己也没有好到哪里去。

与韦文不同，陈柏峰教授的文章则相对严谨和深刻。陈教授首先指出，当前返乡笔记"大多数似乎是'负能量'的，都是唱衰农村的，描写农民的困境，揭示乡村存在的问题"。对于这一现象的原因，他认为主要有两个，第一个是"受众心理和传播规律的作用"，第二个是"写作者知识结构的影响"。但实际上归结起来还是一个原因，即新闻媒体和记者的问题。也就是说，"负能量"返乡笔记之所以出现主要是因为媒体和记者为了"吸引眼球"的职业习惯和"一触即跳"的写作习惯所致。当然陈教授并没有一棍子将返乡随笔这一写作打死，他也指出了其正面的意义，即"它确实揭露了农村当前存在的诸多问题"。最后，陈教授进一步将"返乡体"写作，归结为是"城市知识阶层关怀天下的优点和不接地气的毛病在当下的综合体现"。对于陈教授文中的观点，我既有同意的地方，也有不同意的地方。

先来谈谈对韦文观点的看法。我不认同韦星先生/女士将一个社会现象产生的原因完全归结到一个（或许不存在的）个人层面的心理问题之上。如果按照这一逻辑，那么我们难道就可以说，多年前大量出现的农民工堵路等事件，是因为他们个人层面的心理原因？显然不是的，真正的原因恰恰是他们的工资得不到按时支付。更有极端如不久前发生的宁夏小包工头马永平制造的公交车纵火一案，我们确实可以在事后指责马永平个人层面的问题，但细细思量之下，真正造成这一惨案的根本原因难道不就是因为工程款被久拖不付吗?!

即便我们退一步承认韦文所言的观点，即一些心理存有不满和偏见的"走出农村的读书人"肆意丑化和无限放大农村问题，那么，难道我们就可以无视当前中国存在着的城乡差距日益扩大、妇女权益保障缺失等客观现实了吗？我想显然是不能的。或许我们还可以进一步反问，造成这些"走出农村的读书人"心存不满和偏见的原因又是什么呢？为何他们努力拼搏跃出农门之后，却因为没有人脉关系而无法获得成功，只能在城里"苦逼地工作和生活着"呢？请不要用"优胜劣汰，适者生存"这套新自由主义的话语来敷衍我们。我们也承认，如"上海女""江西男"这样的假新闻是极为不妥的，不仅动机不妥，表达方式也不妥，但仅仅就因为表达方法的不妥，我们就可以完全否定其背后所真正存在的城乡差距日益扩大这一客观事实吗？我想显然也是不能的。

韦文最后"洗地"式的让读者放眼农村城镇化的大好趋势，却没有看到一个普通农户家庭是否能够买得起沿街的楼房和县城的房子？也没有去问问他们在新安置地的日子是否过得舒心？毛主席说，"没有调查就没有发言权"。或许韦星先生/女士先应该到农村地区扎扎实实地做几年调查研究，再来高人一等地批判那些"走出农村的读书人"吧。

再来看看陈文的观点。如果仅仅就新闻造假这个问题而言，陈柏峰教授的分析是极为到位的。他深刻地指出了新闻造假背后所存在的根源，即为了达到传播效果或者营销目的而刻意追求甚至制造噱头。诚如陈教授所言，这样的造假如果过多的话，不仅对社会会构成巨大的撕裂和伤害，而且对媒体公信力、新闻记者的形象、网络舆论环境也都会造成严重的伤害。无疑，这样的现象和行为我们是必须要反对的。

但当陈教授把新闻传媒界存有的这一普遍性症结，放入到对当前"返乡体"笔记大都是"负能量"这一具体事件的分析中来时，就产生了问题。因为他和韦文一样也未能切中问题的要害所在，甚者产生了同样的缺憾，就是把问题归结到写作者身上，无论是"走出农村的读书人"，还是"城市知识阶层"。但当前"负能量"的"返乡体"笔记大量出现，难道真的仅仅是导源于媒体和记者为了"吸引眼球"的职业习惯和"一触即跳"的写作习惯以及"每个人的故乡都在沦陷"这一调门吗？显然不是的。

在我看来，陈柏峰教授的分析之所以出问题显然是因为他混淆了两个问题，即"返乡体"笔记的写作手法本身和"返乡体"笔记想要揭示的客观真实。前一个问题也就是陈教授文中分析透彻的新闻造假问题，媒体和记者为了吸引眼球刻意制造噱头，让"返乡体"笔记写作变成"比谁惨"的游戏，这是我们必须要反对的。而后一个问题则是我们不得不承认，也美化和修饰不了的当前中国农村地区真正存在的客观真实的问题。可以这么说，只要照实写作，这些客观真实问题无论是在新闻、还是在报告中所呈现出来的必定是"负能量"的。但显然，这些新闻和报告中存在"负能量"的原因并不在于写作本身，而在于中国农村发展落后的现状本身。换句话说，不解决中国农村发展落后的问题，"负能量"的"返乡体"笔记还会大量出现。即便是在《春节纪事：一个病情加重的东北村庄》这一造假的新闻中，除掉"村妇组团约炮"这件事，诸如老年人问题、赌博问题、炫富问题、子女教育等问题，难道在中国农村地区就真的不存在吗？

　　显然，在对当前造假新闻的批判中，我们不能混淆这两个问题，如果混淆，那么产生的结果就是将"返乡体"笔记原本想要揭示的、存在于中国农村地区的客观真实问题给遮蔽掉。这样"返乡体"笔记也就真正丧失了其正面意义。因此，在我看来，当前"负能量"的"返乡体"笔记大量出现的原因主要并不在于媒体和记者群体的"坏习惯"，而在于"返乡体"笔记所要揭示的问题在当前中国农村地区原本就存在。所以，当前对"返乡体"笔记的批判也应当是止于造假新闻事件本身，而不能是因为其呈现了"负能量"，否则就会矫枉过正。当然，我也赞同陈柏峰教授的看法，即"返乡体"笔记最好"既能描述现象，又能分析问题，还能有一些延伸"。但更为重要的是要客观全面地描述和切中要害地分析，这样才能真正有利于现存农村问题的解决。

"澎湃新闻网"2016年2月29日

一位工友的返乡日记：
春节回家后，我为什么看到了农村的希望

/全桂荣

近年来，每年春节前后，关于乡村的话题就会多起来，论点大都是乡村"沦陷""凋敝""逃离""留守儿童"等字眼。今年尤甚，先是年前《一个农村儿媳眼中的乡村图景》在网络疯传，接着由上海姑娘到江西农村的男友家过年，看到了第一顿饭后就后悔，决定和男友分手事件引爆这一话题。接着又先后有《安徽老农借10万高利贷为儿子娶妻，曾有老人被逼自杀》《农村新春"豪赌"背后是怎样的故乡沦陷》《如果故乡"沦陷"，每个在外的人都是"帮凶"》《春节纪事：一个病情加重的东北村庄等文章刷屏。

这些文章对农村问题的挖掘与思考，有助于社会对农村问题的关注与解决，按理说，我应该高兴才是。可是我回老家后，老家农村存在的问题我感受到了，但另外我也看到一个生机勃勃的村庄、一个充满希望的村庄。回到工作的城市后，我在跟小伙伴们交流回家的感受时，感到很不好意思，因为大家都感受到了农村的重重危机，而我，却看到了好的方面，有个小伙伴说："你如果在家里待久一些，你可能就不会这样想了。"

我想，也许吧！不过，我在老家农村的确感受到了一些"正能量"的东西，也许这些东西还不够深入，也许这些东西在中国广大的农村中没有

代表性，但希望分享出来供大家拍砖。

一个南方农村的民主选举

我们村在广西桂林西南部约二十五公里，村里约有七十户、三百多口人，每人约有两亩的水旱田、若干亩山地。全村只有两个姓，主要是三个家族。村子在附近只是一个小村庄，大的村庄有一千多人。

我是2月4日（农历腊月二十六）下午回到家的，回家后父亲杀了只鸡，我负责拔鸡毛、剁鸡块，父亲煮了火锅一家子吃！在吃饭的时候，有人在外面吹哨子，大喊"晚上在文化室开会"。

往年，村里年底开会都是在小年前后——农历二十三或二十四，今年往后拖了两天。

晚上八点左右我们到了村子中心的文化室，文化室只有一层，约六七十平方米，里面杂乱地摆满了由村里年轻人在外面创业或公司转行后弃置不用捐赠的办公桌椅。主任和村里人在忙活着招呼来的人围着炭火坐下烤火（我们那边有个习惯：冬天虽然不算冷，但没有农活时，大家都会围着炭火或柴火烤火、聊天），已经有三十多人了。村里买了些瓜子、花生、糖果，供参会的人吃。

在文化室的白墙上，粘贴着村里一年的财务收支状况，财务显示2015年的总收入125472.5元，支出是78651.32元，加上2014年结余的54533元，总计结余101354.18元，这是两年村里的集体收入。可见我们村的集体收入很少。

等到八点半，有些村民还没来（个别村民见迟迟不开，烤了烤火就走了），村会计——一个三十来岁的年轻人于是汇报起一年的财务情况（看起来没啥开会经验），村民们围着五盆炭火叽叽喳喳，几乎只有会计旁边的两圈人能听得清楚。坐在我旁边的一个常年在深圳打工的年轻人很不满，说"财务在今天下午才粘贴出来，开会的人有多少看过？现在让人家提意见，都没看过，怎么提得出来？"其他村民虽然没有公开附和，但貌似也默认了。

会场一片乱糟糟的，五盆炭火圈各自开小会，谁都听不进他人的意见。主任是个内向的中年人，除了张罗村民们围坐在炭火旁并不时加炭外，自始至终都没说话。后来村会计看镇不住场面，就撺掇主任说几句话，但主任就是不出来。有些村民就抱怨这一届村干部很差劲，比如说几个月前村里人去附近的"老表"村喝喜酒，村干部居然没有安排车子接送，年轻人还罢了，老人怎么办？让他们怎么回去？还有灌溉水利的水电站，往年承包都要开会商量、由村里人投标的，2015年居然由村干部几个人说了算……

我们这圈里的一个叫智华的中年人实在看不下去了，就跨过火堆，跑到财务的红纸下方，向大家解释起来。他以前也当过主任，很务实，得到了村民的认可，他父亲在二十多年前也是村里挺有威望、负责任的老支书（可惜因病早逝）。也许大家都讨厌了这一锅粥的混乱，加上智华也有些威望，所以他一发言，全场居然奇迹般地安静下来。他主要讲了去年村里的一些事情和财务情况，算是代替了主任发言。

一会儿，又有村民不耐烦了："都这样了，还有什么好说的？现在主任不出来主持，群龙无首，怎么搞？先选主任吧！"然后高喊"先选主任"！

其他村民也应和起来"先选主任"！

这回主任又很积极地张罗起来，找些空白的纸裁成小纸片，再把纸片和笔发给大家，每人写两个人的名字，得票最高的是主任，第二名是村会计。

纸片一共发出去四十九份，收回四十八份，其中有个村民坚决不投，说自己弃权，有一票字迹不清楚，算是无效。现场计票由原老主任，开始是一个村民自告奋勇唱票，但他有些人的名字不认得被村民起哄，后来由大队支书唱票，另外一个村民验票，有个别村民就站在大队支书旁边监督他一张张打开票。

最后是一个叫保友的得了二十二票，智华得了十七票，其他的就没有人能超过十票了，原主任只得了一票，搞笑的是原主任就是新当选主任的亲哥哥。当选的两人原来也当过主任，两人的务实作风应该还是得到相当一部分村民认可的。因为在我们村，主要有三个大家族，这两个人都是另外一个家族的，我问了几个我们家族里的人，他们投的也主要是公认的几个人，并不是本家族的。

正当大家认为实至名归的时候，突然有个人在一边大喊："我不同意智华当选！"众人一看，很快明白了是怎么回事。原来前几年智华当主任时，该村民把村里的集体放牛场的草地占用了一些种水稻，作为主任当然得去阻止，与该村民有过争执。于是村民们纷纷表态："这是大家投票决定的，你一个人反对无效！"大家私下里对该村民也有意见：这样的事主任都不管，那还怎么搞！

最终保友和智华当选，村民们纷纷鼓掌，要求新主任发表当选感言，不知道是什么原因，新主任不愿当晚发言，说过年后再说。几番邀请被推辞后，村民们也不再勉强。

接着是村民小组长，有的说要主任直接任命，村民开玩笑说就像总统任命自己的内阁成员；有的说按每组人员的得票多少来定，众说纷纭。最终还是按每组里个人的得票情况来定。之后不少人就散了，有些人留下继续烤火聊天，村干部们就在炭火旁讨论村务、财务的交接问题。

富农的产生：超级勤劳肯干，少有赌博、酗酒等不良嗜好

这次回去过年，我特别留意了村里的房子，发现一个挺有意思的现象：房子在一定程度上代表了之前与现在村民的经济实力，而这些房屋主人的主要经济来源也很值得注意。

如以建了三层楼房的为例，只有一幢楼房的主人是一家几口常年在外打工，靠打工挣的钱盖的，且该楼房常年无人居住；有一幢三层楼的家里的一个孩子据说挣了不少钱，但另外两个孩子一直在家务农；有一幢是一对常年在学校当老师的夫妻且丈夫一直是校长的家庭所建的；另外的八幢几乎都是在家务农，农闲时节要么做些小生意，要么在附近打零工，要么是靠种植、养殖来增加收入的家庭。

当然，不容小觑的还有二十多年前的几家"富农"：现在已经是老旧了的一到两层平房。这几家"富农"当年都是种田（我们当地对种水稻的俗称）的好手，也是村里勤劳肯干的楷模！我们村很多水田一年都可以种两季稻。

有意思的是其他八幢三层楼的主人的情况都有些相似：在种田上都是行家里手，在农闲时也都有各自的一套。我们家族里的一个叔叔，夫妻俩以前常常种二十来亩水稻田（有的是租种外出打工的亲戚、村民的田），是

种田好手，每年稻谷快收割时村民们私下里都比较：看来又是XX家的水稻最好、产量最高；他们农闲时还开拖拉机运送货，做过稻谷的收购批发生意，种植过辣椒、生姜等经济作物，养殖过鱼、鸭子等。这三层楼，花了二十多万，他们还供两个孩子都上了大学。可以说，叔叔一家是非常拼的。

另外一家新贵"富农"也是如此：夫妻俩在肩挑手扛的年代曾经种过三四十亩地，要知道以前干什么都要靠人力，不像现在，犁田、爬田、插秧、运肥料、洒农药、收稻谷、运稻谷、晒稻谷等，几乎都可以半机械或完全机械化了。早先他们还开了村里唯一的碾米加工厂，开过拖拉机，做过稻谷买卖，养过很多猪，等等。

还有一户就有些不一样：男的年轻时去外面打过工，没挣到钱。回乡成家后就不再出去，在家种田种西瓜、养鸡养鸭养鱼等，近几年还和其他村民组织了建筑队，农闲时去周边帮建房子、装修，等等。

考察这些新旧"富农"的"发家史"，都有共同的特点：超级勤劳肯干，几乎都是种田好手，少有沉迷赌博、酗酒等不良嗜好。这也与一些学者对20世纪50年代初"富农"的评论相似：新富农是在新中国土地改革后，最早响应中国政府的号召，辛勤劳动，努力经营，积极进行财富积累，在新的社会条件下最先富裕起来的农民。（陈胜辉：《新中国成立初期富农问题研究综述》）新与旧之间有些不同的是，除了年龄上的差异外，新"富农"多了收入的来源，脑瓜子更灵活！

村民的文化生活：村民们不打牌、赌钱，还有其他选择吗？

往年我回老家，也常感叹农村的文化生活荒漠化程度比较严峻：村民们没事就泡在村口的小卖部里打牌、赌钱，甚至在农忙时节也有人打牌，这种现象以前从没有过。

我不由得想起小时候。那时候，村里不是这样的！

二十多年前，村里有一张水泥砌成的乒乓球台，这张乒乓球台造就了村里的一拨拨乒乓球高手。平常没事大家就来打乒乓球，大人小孩只要会打都可以参与，只是小孩子往往被虐得很惨，每年村里也会组织乒乓球比赛。有一年，村里甚至组织几员干将，去挑战附近小学里的老师，比赛结果是小学的老师几乎全军覆没，只有一个高瘦的教务主任的旋球和扣球很刁钻，最终让他夺了冠。

村里的木制篮球架、泥土地面的篮球场也往往很热闹，闲暇时也有很多人带着篮球来回跑。我们小孩子常玩一种用篮球砸人的游戏：几个人投二分球，谁没投进去，就得在二分球线处撅起屁股，让投进篮的孩子用篮球砸到篮球架上，篮球反弹下来，如果砸到了谁谁就算倒霉（砸到了是很疼的）。

村里的象棋也斗得很狠。村里有几个年轻人下象棋很厉害，一步能算到八九步之外，在老村支书还没过世时，常有一帮人泡在他那里下象棋，吃午饭、晚饭找不到人，去那里准能找到。

老一辈的人还组织过地方戏曲——桂林彩调剧的学习小组，记得很多人眼红一个老头捏着年轻漂亮的姑娘的手教她如何做手势，等等。

当然，这都是十几二十年前的事了！这些年来，乒乓球台没了，篮球架坏了，象棋没人下了，铜锣铜鼓没人敲了，彩调更是连视频都很少人看了……

今年回家过年，我的想法是足不出户或者偶尔去村里两年前新建的篮球场锻炼锻炼！因为这些年过年，村民除了打牌赌钱，就是赌钱打牌。

但腊月二十九那天，艳阳高照，新主任在文化室门口贴出迎新春初一、初二进行篮球比赛的通知，并且要分成青、中、老不同级别的组别比赛，还有奖品等候，且凡参与者都有纪念品赠送。

初一下午拜完年后，篮球比赛如期举行，村里不少的男女老少都在球场边观战。但让人大跌眼镜的是，不是中年人或老年人组不起队，而是年轻人组不起队！除了几个年轻大学生会打篮球外，去外面打工或在村里种田的二十五岁以下的年轻人，几乎都因篮球技术太差而不敢上场，可笑的是一班年轻人经过球场时还嘴硬："等我们上场时，他们啥都不是了。"有一个三十多岁的常年在外打工的人感叹："又不会打。在外打工每天十二小时，下班了就想睡觉，哪里还有时间、精力打球！"三四十岁甚至五十岁的村民反而成了主力！

初二打篮球的时候，来村里给亲戚拜年的人如果也想试试身手，可以临时加入，篮球就有了另一层待客的意义，这种待客方式让我有些感动！

文化室里还有村里的乡村打击乐队"四件套"：牛皮大鼓、铜锣、军鼓镲和青铜钹。上了年纪的老一辈想再整起来，但"叮叮咚咚"响了一阵，发现太久没练，都有些配合不起来了，即使有年轻人一再怂恿，最终也没整起来。有些年轻人也想试试，但只能是胡敲乱捣。

值得一提的是，今年过年，打牌的人还有，但明显比往年少了很多，往年文化室不给打牌，今年可以，但打牌的人必须出份子钱，份子钱用来给村里的孤寡老人买慰问品！

村民的组织形态：有吵闹甚至打架，但遇到威胁整个集体的外来力量时，村民们还是一致对外

也许是因为我们村交通、农业资源等各方面没有什么优势，大资本入侵的不多，村民的、宗亲意识、集体意识还是挺高的。如家庭、亲戚、村民间平常吵吵闹闹甚至打斗都有，但遇到威胁到整个集体的外来力量时，村民们还是一致对外的。

记得十来年前，邻县的村子欺负我们村小，想占我们村靠近该村的一块飞地，村里的人传出话来，如果要打架，在外面不管是打工还是上学的成年男子都要回来助阵，否则在村里要被除名。当时两个村几百名村民已经在一个大丘陵上拿着刀枪对垒过，后来是有人报警，县里来了特警才作罢。我在广东东部打工的一个小城市里纠结了好一段时间：真要打起来，我要不要回去助阵？我这么弱不禁风、瘦得皮包骨的能起到作用吗？且这样做是对是错？

最终这事是以我们村与附近一个较大的村结盟、拜了把子，邻县邻村有所忌惮才结束。至今我们结盟的两个村子还保持紧密联系，村民的红白喜事都要请对方村民代表参加，且互称兄弟；如果某个村遇到威胁，另一个村会义不容辞去助阵！

记得十多年前村里有一户人家条件还行，几个孩子都挺有出息，都受到了较好的教育，基本可以不用再从事农业生产（第二个孩子还是我的小学同学），后来不知是损害了村里的集体利益还是怎样，应该是比较过分的事情，被村民一致同意"绝交"，该户也觉得没法在村里待下去，举家迁出去了。

这两年有些村民靠种砂糖橘赚了些钱，于是有人牵头成立了砂糖橘合作社，合作社能做些什么，社员们并不是很清楚，但都希望在成立后能得到上面（指政府）一些实实在在的支持。

新"三农"问题的探讨

我一直觉得我们村庄在中国的农村里没有代表性，一个是农民的田地好像很多地方都没有我们村那么多（但如果按中国十八亿亩耕地，近九亿农民来计算，我们村只能勉强达到平均值）；第二是好像没有穷到一无所有，举村青壮年外出打工的地步；第三是随着近十年来农业机械的普及，农民们没那么苦了，反而是我们在外面打工的人天天上班苦逼得一塌糊涂；第四是农业危不危险农民们并不清楚，只要收成好、农产品卖出好价钱就可以（但粮食，特别是稻谷可以说从来没卖过好价格，2015年还比2014年每百斤少了二三十元，只有一百六十元左右）；第五，留守儿童、流动儿童问题不是特别突出。全村三岁以上、高中以下的孩子有四十多人，其中约有十个孩子的父母有一人或两人在外面打工，只有几个孩子跟随打工的父母在外面。

李昌平老师在2000年提出"农民真苦、农村真穷、农业真危险"，那时候套在我们村上，完全适用。近十六年过去了，这个帽子还不能完全摘掉，有些村民在温饱线上挣扎，有些村民在小康线上努力，完全靠农业可以衣食无忧的几乎没有。从近来媒体报道来看，似乎"三农"问题在很多地方有更严峻的趋势。

从比较实际的农村角度出发，我觉得有几个很值得重视的问题：农业补贴少、农民的社会保障太低、农村的文化生活荒漠化、性别平等任重道远，等等。

一、农业补贴少。以2014年为例，我们村每人每亩的补贴是一百元，以每人两亩计算，则每人可以得到两百元的农业补贴，2014年我们县农民的人均纯收入是一万一千三百三十元（《临桂县2014年国民经济和社会发展统计公报》），也就是说农业补贴只占农民收入的1.7%，几乎可以忽略不计。

"日本农户收入的60%主要来自于政府农业补贴……美国产业化农民收入的三分之一来自于政府的补贴，显著地提高了美国农民的收入"（冯强：《中外农业补贴政策的比较研究》）。这说明不论是东亚小农生产模式，还是北美的大农场生产模式，农民要想有较好的收入，便离不开政府的高额补贴。所以我们会看到我们村的新贵"富农"，除平常种田外，还得从事其他经济收益较好的种、养殖产业和做小生意、打零工等，才能有维持生产生活所需的收入和进一步改善生活的资金累积。

农业或主粮生产补贴太低，直接影响农民的种粮积极性、国家粮食安全和年轻一代从事农业生产的意愿。像过年时邻村一个表姐说去年她家种砂糖橘挣了些钱，今年打算把全部的田地都用来种砂糖橘，而以前他们家可是种粮大户。

我们村的粮食生产一直没有凋敝，但年轻一代从事农业生产的意愿度越来越低。以种稻为例，即使种两季稻，每季亩产平均净产八百斤稻谷，按2015年的价格计算，每亩地两季也就毛收入二千五百六十元，再扣除每亩地每季种子、肥料、农药、请机械种/收等成本约四百元/亩（还不计算农民的人工费用），一个人两亩地没有其他收入的话全年也就三千五百二十元。这还是在稻谷生产顺利、长达九个月精心种植的基础上，远远不如在城市打工一到两个月的收入。

二、农民的社会保障太低。在2009年前，老家农村还没有养老金的概念，虽然这几年农村老人即使以前没有缴农保（因为以前压根儿没有）也能领到一部分养老金，但这些养老金只能给农民塞塞牙缝。像我爷爷八十八岁了，一年领到的养老、高龄补贴只有一千六百元，我父母分别六十六岁、六十四岁，每人每月只能领到九十元钱，一年只有一千零八十元。如果老年的、高龄的农民不再从事农业生产，没有积蓄，也没有儿女养老，靠这一丁点儿养老金生活只能是杯水车薪。要知道现在农村的物价，几乎已经向城市看齐。肉类就不必说了，连蔬菜也接近了，在过年时附近集市上的青菜就要三块钱一斤，金针菇居然要十二块一斤。医疗保险能报销的比例也过低，低的30%都不到，最高也只有70%。

三、农村的文化生活荒漠化。浙江师范大学农村研究中心教授鲁可荣表示，当前农村文化"荒漠化"主要表现在：传统农耕文明逐渐消失；传统家庭亲情及熟人社会的情感被过度商品化的金钱关系所取代；黄、赌、毒糟粕文化及陈规陋习等不同程度存在；传统乡村文化被城市电视文化和

网络游戏等占领。（《警惕农村文化"荒漠化"，为乡村文化注入新鲜养分》，中国社会科学报，2014年2月第559期）

过年后回到苏州，我向在山东、江苏苏北、陕西、安徽、河南、四川、江西、湖南等地的工友打听农村老家过年的文化生活状况，除了安徽的工友说今年村里请了当地的类似舞狮队的地方戏演出队到每家每户门前表演几分钟外（每户还得付一百元），其他的都说只有走亲戚、看电视、打牌、搓麻将、赌钱等"活动"。有个工友还说今年太倒霉了，输了两千元。

当我跟周边的工友说起以前我们村有乒乓球比赛、篮球比赛、象棋比赛、猜谜语、学戏曲（彩调）等文娱活动时，基本上所有工友都觉得有些不可思议：一个又破又穷的小村庄，居然还有过这么丰富的文娱活动。但其实以前在我们村庄周边，除了乒乓球、象棋我们村有些能手外，篮球、彩调、乡村乐队等高手都在附近的村子，可见其他村庄的文化生活应该也不会太单一。但是这将近二十年，农村的文娱活动的确"沦陷"了：以前丰富的文娱都没有了，农村文化生活陷入吃、喝、赌的风气中。这一方面需要硬件如场地、设备的支持，另一方面需要软件——人的组织、参与。这次回去，发现年轻一代没有在二十年前感受过那种氛围的人，对乒乓球、篮球、象棋、乐队等文体娱乐都不是很擅长，只会当专注的"低头族"。

农村文化生活的荒漠化会直接影响农民的精神面貌、进取心甚至经济状况等。以前有夫妻俩，每年也种四十来亩地，超级辛苦，但丈夫好赌，常把辛苦挣来的钱赌个精光，导致夫妻俩每到年底几乎天天吵架。

四、性别平等任重道远。"农村至今有两点仍维持未变：一个是从夫居和父权制家庭依旧；一个是村庄权力的男性绝对主导依旧。妇女尽管在经济参与方面获得了较大的进展，但不仅在家中依然处于从属地位，且在公共领域也仍受到排斥，部分农村甚至'集体失语'"。（金一虹：《主体的寻找——新农村建设中的农村妇女》）

在乡村里，以家庭为单位时，女性的权利与男性的权利貌似差别不大，在对待生男生女时，有些家庭还必须有一"子"才行，有些家庭已经不那么注重了，但一旦遇到外部事务或公共事务时，这种差异就凸显出来了。村民大会时，有约五十户的代表出席，其中只有三名女性参与，且整个过程几乎没有发言的机会，会还没完全结束，三名女性就都齐齐离开；篮球比赛时，也没有一名女性上场；列祖列宗的墓碑上，女性的名字也不会刻上去；如果是集体干架，当然女性也不会出场。这些公共空间女性被默认地屏蔽，也让女性缺少了娱乐的渠道，所以村里的女性只有以打牌小赌怡情，消遣农闲时间。

结语：我还是看到了一些农村的希望所在

中国地域广阔，注定了不同区域的农村未来的发展也会有很大的差异。近来"供给侧改革"很时髦，李昌平老师也写了篇关于"三农"供给侧的文章——《关于三农的供给侧改革之1-5》，文章总结道："从增加农民收入的角度看供给侧改革，最重要的是四条：第一，大力扶持农民村社组织内部的合作互助金融发展；第二，大幅提高农民基本国民待遇；第三，扶持小农高度组织化，自主主导农业产业化，发展一村一品现代农业；第四，组织和培训农民，有组织地进入劳务市场——最大化地给予市民化待遇。"

农村确实还有很多这样那样的问题，特别是根源性的户籍制度问题，但是从今年回老家过年所看到和感受到的，除了以往的老问题，我还是看到了一些农村的希望所在：农民可以不用背井离乡、妻离子散、受尽歧视与屈辱地外出谋生，农村物质、精神生活条件与城市差距逐渐缩小，农业在这片古老的土地上展现出新的勃勃生机。这些希望建立在城市不再像蚂蟥一样从农村吸血的基础上，而且要有些许良知，逐渐加大反哺已经苍老农村的力度。在思考农村问题时，我想现在的新"三农"问题是否得改为"农业补贴少、农民社会保障低、农村文化生活荒漠化"？如果这些问题能得到较好的解决，建设新农村才会从硬件、软件上实至而名归吧！

"澎湃新闻网" 2016 年 3 月 1 日

双面的浪漫与多维的乡愁

/潘家恩

2015年初上海大学博士生王磊光的"春节返乡笔记"引发热议，重要的不是笔记及所描绘的乡村本身，而是其升级为公共媒体事件后所反映出的一系列问题。同年10月，习主席访英时被东道主安排住"乡间"，以体现昔日工业文明之都的最高规格，在微信朋友圈中引发关于"打翻了多少中国人的乡愁"的对比和讨论。实际上，面对全球金融危机的深刻影响，乡村一直作为过剩资本新的增值空间而引发关注。就在2014年2月召开的"第十四届亚布力中国企业家论坛"中，华远地产董事长任志强、万通集团董事局主席冯仑等商界大佬们就以"我们的乡愁"为主题围炉漫谈。如何理解错综复杂条件下的多维乡愁及其内在张力？被誉为"20世纪中叶英语世界最重要的马克思主义文化批评家"的雷蒙·威廉斯以自己所熟悉的英国文学作品为例，四十三年前完成的《乡村与城市》可以为我们提供充满洞见的启示。

雷蒙·威廉斯作为文化研究的奠基人之一，除了《文化与社会》《漫长的革命》《关键词》等作品是获得广泛讨论和引证的经典外，《乡村与城市》这部饱含深情的著作，虽然中文版直到2013年才问世（商务印书馆2013年6月出版，韩子满、刘戈、徐珊珊译。下引标页码者，均出自本书），却及时为我们打开传统文化研究中的"城乡面向"，打破我们长期以来的"文化研究无农民"盲区。作为一位当时即已享誉世界的学者，为何威廉斯要写这样一部风格独特的书，因为其不仅联系着作者身为"农二代"的切身经历——他出身于威尔第边境乡村的工人阶级家庭，现在依然生活在村子里，书中隐约可见作者对祖父及家乡的记忆与理解；同时还有其对当时主流城乡论述所产生的包括纳闷、愤怒、不平等在内的真情实感。

《乡村与城市》通过梳理英国文学中有关乡村与城市的各种论述，重点不在于揭示乡村或城市是什么，而希望挑战各种"半是想象出、半是观察得来的缩减惯例"。对于威廉斯来说，这样的定型化认识与偏见常常是成组出现的，并在论述实践中被不断地强化与凝固。因此需要"左右开弓"，并对各种可能的陷阱保持充分的自觉。

这种拒绝与反思首先体现在分析视角上。在威廉斯看来，居高临下的眼光以及"将乡村理想化、使之与城市对立"的潜在逻辑与思维习惯是我们最需要挑战的。看似区分对立的两种主导性观点："怀旧且多愁善感的田园主义"与"生机勃勃的城市进步主义"同样需要警惕。前者视野下的乡村常带有选择性美化与静态孤立处理的手段，删除了生活张力，只留下精致意向和"纯真的替换物"，在浪漫化与理想化中人为制造城乡二元对立。实际上，乡村既不等同于愚昧和落后，也不是欢乐的故园，而是在工业和城市发展的压力和阴影下充满着变化与复杂性。与此相对，"城市进步主义"视野下的城市，常被作为进步、启蒙和力量的象征，在资本主义体系中拥有不容置疑的优先权。而实际上，现实都市既存在道德意义上的孤独、罪恶等，还包括巨大、冷漠、污染、原子化、石头迷宫、断裂性、个人主义、流动性、风险集中等可能将人类引向更危险境地的元素。

类似的"浪漫化"处理看似截然二分，实则一体双面。为展开对这两种主流论述的批判，威廉斯通过对前后跨度数世纪的文学作品进行文本细读和爬梳比较，让我们看到在包括小说、诗歌等文学表达中，乡村与城市在存在形态和功能意义上的多样性、差异性和复杂性常常受到遮蔽，所建构呈现的多是"精心挑选"过的单一面向，同时作为被论述对象与空洞能指，被现实的意识形态与政治经济力量所填充和改写。按照作者的话说："不仅真实的土地和土地上的人遭到了伪造；而且一个传统的、幸存下来的乡村英格兰也被草草创作出来，几乎被一种实际上属于市郊的、半文盲式的胡乱描写遮蔽起来。"（354页）而实际上，即使对于英国这样一个高度工业化的国家，我们既可以发掘出包括"城市互助组织"和有利于新式社会组织成长的"新城市"，还可能重新发现内涵多种功能和动态变化的"新乡村"。因为，"乡村和城市自身以及它们之间的关系都是不断变化的历史现实。"（393页）

如此简单化和静态论述既不利于城乡间复杂现实与互动关系的展开，同时还掩盖了乡村社会向资本主义转变这一重大历史脉络及过程中的内在张力，消解乡村和城市本身所蕴含的丰富可能性。比如：传统乡村秩序的消解失效，原有生产生活方式的改变皆非自然意义上的式微，同时联系着资本主义全球扩张下的线性发展观对多元化文明形态的排斥。

为了让这些复杂性和可能性重新进入视野，威廉斯提醒我们首先需要跳出就事论事的一般分析，将乡村与城市放置于资本主义历史进程中进行讨论。因为"它（资本主义）是被抽象化了的经济驱动力，它在社会关系中的基本优先权利，它衡量增长、利益和损失的标准，几个世纪以来改变了我们的乡村，创造了我们这种类型的城市。"（407页）这些改变既有效形塑了乡村与城市的当下形态，更主导了我们对乡村和城市的现有认识与观念。正是资本主义体系为城市和工业赋予了"绝对优先权"，在这种优先权所主导的强势逻辑面前，乡村除了被边缘化的处境和位置，似乎只能与过去或遥远的地方发生联系，进而被等同于仅具有怀旧与道德抚慰等抽象价值的"田园诗"。而真实的城市同样也被抽离出包括环境污染、交通堵塞、食品危机等现实顽疾，净化为进步主义意识形态下充满期盼却不无臆想的"理想状态"。为威廉斯所更担心的是：这种优先权及对单一线性现代文明的过度信心常会发生一种奇怪的辩证性扭转，"不仅会伤害'愚昧的农村人'和'未开化和半开化的'殖民地人民，还会最终伤害城市无产阶级自身以及发达和文明的社会。"（409页）

如果说"城市无法拯救乡村，乡村也拯救不了城市"可以理解为威廉斯对过度乐观之问题分析与对策方案的清醒与拒绝。那么"从19世纪晚期开始，乡村不列颠就处于从属地位"则表明作者尝试以历史化处理与政治经济结构作为文化分析的基本前提与内在自觉。当我们身处割裂矛盾的城乡现实之中，乡村的加速度消失与城市化进程的摧枯拉朽互为因果，从容地回归复杂多样的现实状况反而成为不无奢侈的"幻想"。双面浪漫化及各种刻板的定型化认识之所以能够产生效果，与其说是人们的被动与盲目，不如说是乡村与城市形态本身及其关系正在发生全面改变。城乡二元对立背后无疑是资本和权力多种形式的渗透扩张，而相应的支配性文化正支撑着各种偏见的生产与流通。

四十多年前，威廉斯就预见到该书可能会被解读成"另一首唱给乡村的挽歌或是一种愤世嫉俗的宿命论"。因此，理解作者真实的写作动机与对话对象，回归英国城乡关系的实际脉络，拒绝陷入该书所尝试挑战的常见陷阱是当下读者特别需要小心的。比如，正拥有着洁净空气与诗意田园、让雾霾笼罩下无数国人所向往羡慕的今日英伦，是否正在以事实反证威廉斯之忧虑的多余？当然不应这么简单，其仍需放置在全球政治经济版图中进行动态分析，因为在长期殖民主义与污染产业向第三世界转移的大背景下，越来越多的偏远国家成了工业英国的乡村地区，其巨大代价正由发展中国家和广大乡村承担。这不仅遮蔽了事实，同时还不利于人们对更重要问题的思考——实际上，农业本身具有独特价值和重要意义，对于任何国家和文明体来说都不可或缺，应是"最中心、最迫切、最必要的活动之一"，绝非包袱负担而可以"一转了之"的。

初版于1973年的《乡村与城市》，写的虽然是文学作品中16至20世纪的英国，却可为当下处于"乡愁热"纷扰中的我们打开更多的反思空间。面对新意识形态、时尚元素和经济增长点互动角力的多维乡愁，我们既不该简单地各打五十大板，也需要随时警惕以一种形式的"偏见"代替另一种形式的"偏见"，而必须直面各种遮蔽与陷阱，理解乡村的真正困境与张力所在。与其在焦虑中纠结滑动于那无处安放的乡愁，不如认真从容地反思"愁从何来，通往何处"？当食品危机、雾霾和蜗居蚁族等残酷现实无情扯下"城市浪漫化"面纱，我们如何能够自觉于另一种正在发生的"乡村浪漫化"以及由此产生的静态处理与常见割裂？

正如上文分析，在全球资本主义的洪流面前，主流论述对乡村和城市的二元割裂与简单化处理，中国和英国存在着一定相似性。然而，由于文明方式和资源条件的差异，特别是近代以来两国在殖民化与全球资本主义进程中角色和位置的根本区别，让近代中国的"浪漫化"内容方式都有别于"日不落帝国"这一老牌帝国主义。

作为饱受屈辱的第三世界国家，面对巨大的生存压力与竞争焦虑，近代中国工业化的"优先权"和"进步性"除上文所论外，还内在于民族自强、自我保护和独立自尊的脉络之中。而在现代化主流论述与"百年乡村破坏"（梁漱溟语）的现实状况面前，"乡/土"更多作为问题来源和必须克服的对象本身。因此，"问题化"比"浪漫化"发挥着更为主导性的影响。

正因为这种差异性，当下中国的"乡愁"论述不宜进行简单的对错评判。如果回到本文开头所讨论的"多维"乡愁，这些包括"农二代""城市中产""资本精英"等不同角度和诉求的"乡愁"论述，一方面折射出正在积聚的集体性情绪与社会心理，其背后是复杂的城乡历史与社会经济现状——"去农/进城"正成为一种主导性趋势，随着乡村及其所承载的物、景、情的逝去，安土重迁的祖训愈发显得无效可笑，城市化已经成为裹挟绝大多数中国人的巨大势能。而城市自身也在大规模改造扩容中面目全非，乡愁不仅发生于某个具体乡村，其也是当前这种剧烈城市化和城市升级运动中人们普遍而又自然的反应。无论是否来自乡村，我们往往难以对这种身处其中的巨大变化无所知觉，失落和怀旧、惆怅和无奈常常复杂地纠缠在一起。

另一方面，其所表征的绝不仅是乡村困境或"农二代"的个人焦虑，同样呈现着当下主流城市发展中的内在困境——雾霾与"蜗居—蚁族"现象的同步突显不合时宜却恰逢其时地显影出"全面都市梦"之裂隙与虚幻。曾经的美好愿景与自圆其说也将捉襟见肘，和"回不去的乡村"同样真实的还包括"留不下的城市"。面对这样的严峻现实，略显浪漫简单却饱含深情的"田园梦"可能有利于打破长久以来的城市霸权与定型化想象，成为重新发现"乡/土"价值与多样空间的难得机会。

但这种"有效"同时又常是"有限"的，特别对于当下由"小资""小清新""小确幸"等所构成的"小"时代。回到现实，只有乡村的整体性消失才可能引发"乡愁"，而在多维"乡愁"之中更具有传播力和话语权的常是中产阶级的"乡愁"论述。对于他们来说，与其说是对严峻"三农问题"的改变动力，不如说更是在保证既有生活方式不减损的状态下，对已经或正在消失事物的怀旧与惆怅；与其说是对现实中不合理的"城乡关系"展开质疑和挑战，不如说是以"乡村"为名、在主流框架内十分安全且不失优雅优越的修饰与抚慰。这些想象性解决不仅携带着更加隐蔽的偏见，同时还构成了一种新的坐标与意义系统，让真正的"三农"被挤出"乡愁"论述，乡村被抽象为无"人"的风景与新的欲望空间。

好在，对于近代以来的中国城乡来说，不仅有着关于乡村与城市的多元化论述尝试，还存在着进一步迈开双脚，解放双手的"百年乡村建设"实践。晏阳初、梁漱溟、卢作孚、陶行知等先贤就是其中的代表。除出发时的乡愁乡恋外，乡建实践者们还对以破坏乡村为代价的激进现代化、以城市为中心的现代教育、以脱离底层民众为常态的现代知识分子进行着深刻的批判。并以此为突破点，再生产出真正有利于乡土和大众的新知识，改造出平视"三农"的新坐标，互动出知行合一的新知识分子，进而促进包括人、财、物、价值、眼光等要素的回流与意义的重估，从根源上缓解"三农"问题与城乡对立问题。

具体到笔者参与的当代乡村建设，十多年来我一直努力引导大批学生"眼光向下、脚步向前"，无论下乡还是返乡，都希望可以在关注"三农"中重新塑造"自我"。除此之外，当代乡建还通过包括"市民下乡""农业进城""爱故乡行动"等方式，多途径地为乡愁提供一个积极且有建设性的安放之地与发挥空间，并在此过程中让更多参与者改变视角，重新发现充满多样性和复杂性的乡土社会与草根民众——虽然在"掐草尖"的城市化进程中可能败落，但没有条件或闲情去悲情矫情的他（她）们，毕竟属于那片土地。广大"草根"与更为宽广的土壤融为一体，顽强坚韧地存在着，可能性和建设性一直辩证无声地存在其间。

从个体、感性、短暂、遥望的乡愁，到集体、行动、多样、融入的乡建，既希望挑战由"悲观—乐观""情怯—自信"所构筑的二元对立与浪漫化想象，还希望把"我"放低放回，自省于挥之不去的自怜自恋，对精英立场所主导的价值坐标与意义系统，做出进一步改变。

《读书》2016年第6期

"科幻热":从《三体》到《北京折叠》

2015年刘慈欣的《三体》荣获国际科幻文学最高奖雨果奖,继此一年之后,郝景芳《北京折叠》再次荣膺此奖项,这对于方兴未艾的科幻热可谓是添柴加薪之举。大量研究者开始纷纷涉猎科幻文学领域。

姜振宇的《为何中国科幻缺乏特征?——关于中生代科幻作家群》与王德威的《史统散,科幻兴;中国科幻小说的兴起、勃发与未来》两篇文章便从不同角度切入中国科幻文学的历史脉络,梳理与考察中国科幻的发展生态。姜振宇着重关注"中生代"科幻作家群的创作与中国经验的关系以及他们的现状,指出中国科幻文学是偶然中的必然性成熟,但其中却也不能掩盖中国科幻文学文化发展的历程中表现出的明显缺陷。王德威则发掘出中国小说中的政治潜意识,以及作为非主流文学潮流所独具的"另类想象力",而在这种幽暗意识的引领下,中国科幻文学可以开启我们重新看待未来世界的方法。

王洪喆的《冷战的孩子——刘慈欣的战略文学密码》揭示了《三体》中的冷战意识,使"文革"历史中长久缺席的、尚未被命名或获得承认的部分中国经验得以被书写。陈颀的《〈三体〉:分裂的大众与孤独的精英》认为刘慈欣《三体》暗含着"为科幻而科幻"的"硬科幻"写作理念与现实社会政治的批判意识之间的矛盾。

林品与陈经的文章都围绕《北京折叠》展开,林品指出《北京折叠》是一则关于阶层固化和失业危机的社会寓言,拥抱与反思了现实社会的真实境遇;而陈经则在考察《北京折叠》获奖背后的故事。

为何中国科幻缺乏特征？

——关于中生代科幻作家群

/姜振宇

中生代科幻作家群成分相当复杂，在某种程度上，这一名称的提出，应当被视为在20世纪90年代前中期开始创作或发表作品的一批新作者们，在面对此前国内科幻传统之时，所主动选取的一种标榜自身存在的姿态。

如果必须要给这个群体寻找一个真正的最大公约数，大致上只能指向两个方向：第一，"科普""社会责任"不再成为他们科幻创作的第一原则。尽管对70年代末80年代初的这一批科幻作家来说，要摆脱"科普"的标签是一种极为普遍的内在冲动，但正是因为长期处在科普话语的强大影响之下，他们的探索即便确实展现出了多方面的潜力，却仍不能说是成功的。对于中生代作家来说，历史包袱也远没有那么严重。此时我们便看到了中生代作家们的第二个共同特征：他们所效法的对象、所能够汲取的创作资源，远远超出了80年代的先辈。作为创作者，整个世界科幻史，是以共时性的状态在他们面前呈现的，因而形成了个体风格极为鲜明，题材、方向也相当纷繁复杂的科幻创作局面。读者时常可以或多或少地觉察到这一批作家的灵感来源——有时甚至是直接效法的对象——例如星河、杨平的网络科幻之于"赛博朋克"；潘海天之于博尔赫斯；赵海虹《伊娥卡斯达》之于《俄狄浦斯王》。

中生代与中国经验

在中生代科幻作家当中，韩松是最早登上文坛的作者之一，也是在文类探索方面走得最远的一位。他在21世纪初出版的《红色海洋》《火星照耀美国》，近年问世的《地铁》《高铁》《轨道》三部曲以及散落在网络和纸质刊物上的大量短篇小说和随笔，共同构成了他奇诡的创作风格。死亡与虚无是贯穿韩松整个创作历程的基本命题，同时我们也可以从他的作品中读出某些鲜明的民族心态及寓言意味，文本也因此具有了多层次的可阐释性。

对于科技，韩松极少做直接的批判或正面的描绘，而是在极力渲染科技"演化"的后果。自晚清以降，"进化"一词已经被晕染上了太多的意识形态特征，在科幻小说当中，它则时常体现为对种族、文明以及科技发展的信心，而人类文明的历史也因此具有了明确的方向性：这显然与达尔文的生物演化理论相去甚远。韩松书写的故事，则几乎总是在强调一种缺乏明确方向性的科技与历史发展进程。我们在《红色海洋》中可以见到过去、当下、未来构成了莫名的混乱；《火星照耀美国》中的角色，在身体形态和文化选择上有着种种截然不同的演化方向，但拯救却依赖于外星人"福地"——甚至福地本身也并非最终的归宿；而《再生砖》所描绘的那个地震重建所依赖的"低技术产品"当中，将物质尸体的改变与记忆、关系的再生融为一体，其现实面目也因之模糊不清了。

与韩松相比，王晋康、何夕、刘慈欣这些"理工科大叔"们，则有着截然不同的内在价值导向。王晋康是国内最为勤奋的科幻作家之一，他对于科技的力量、人类历史的进化发展有着类似于晚清知识分子般的迷恋，只是彼时中外对抗、救亡图存的时代主题，在王晋康这里转变为人与科技之间的复杂关系。在他的眼中，科技对人类进化过程的促进作用，类似于一种技术过程，几乎不涉及道德，但在颂扬其正当、绝对与不可逆转之时，又对拒绝被改变或被"异化"的"自然人"保有深切的同情。

近年来，科幻小说的国家民族特征开始成为他作品当中刻意强调的一个新的主题。王瑶认为，王晋康敏锐地察觉到，西方科幻中那些看似代表普遍性的"人类"，其本质上是"白皮肤"的，而他自己则有意无意地将上帝刻画为"一位曾饱受苦难、满面沧桑的黄皮肤中国老人"，因此作者在处理"超人类"题材时，也总是反复回到中国人的情感伦理、文化传统与身份认同等问题上来。

相比于生于40年代的王晋康，生于1971年的何夕，在创作主题方面与其有着某种共通之处，但也有着更为浪漫的情怀。何夕善于将人物的某方面特征推至极致，从而塑造出个人化的悲情英雄形象。何夕的《盘古》《光恋》《伤心者》《六道众生何夕》等，都是脍炙人口的作品。2015年他还出版了第一部长篇小说《天年》。这些小说的主人公往往掌握了某种技术发明或科学真相，他们尽力不让这些强大的力量破坏社会现状，进而导致个体的悲剧结局。有意思的是，越到后来，作者越倾向于有意安排对主人公之天才能力的确认，这就使得天才的个体悲剧，往往从一开始就获得了某种阿Q式的精神胜利：在某种程度上，天才式主人公的悲剧所具有的感染力，似乎仍然需要后人对其"天才"的承认作为支撑，否则似乎就会失却其力量。

刘慈欣或许是中生代当中创作开始得最早，成名却最晚，名声也最大的作者。回顾他的创作历程，可以发现，在《三体》问世之前，他实际上已经经历了将近二十年的创作实践与文类探索过程。与王晋康着迷于书写时代变迁中的个体、何夕注重讲述超绝个体与外部环境之间的悖谬不同，真正唤起刘慈欣兴趣的是宇宙、真理、探索这些宏大叙事本身。刘慈欣本人甚至创造了"宏细节"的概念来指称"短短二百字……却在时空上囊括了我们的宇宙自大爆炸以来的全部历史"。这种纳须弥于芥子的手法，实质上来源于科学发展所带来的视角变化。在科学的话语体系当中，人们得以直截了当地与"真理"本身进行接触，进而在刘慈欣的笔下，宏大叙事成了幻想与刻画的对象。作者甚至并不关心科技所带来的可怕的力量会给"普通人"带来什么，而仅仅是在想象科技层面的可能性。

在上述作家之外，同属于中生代的科幻作家，还有星河、杨鹏、柳文扬、杨平、潘海天、凌晨、赵海虹、苏学军、刘维佳等人，他们几乎都是70年代生人，创作高峰一般出现在90年代中后期，在进入21世纪之后则多有沉寂。

星河、杨平和柳文扬都有不少书写网络时代的作品。与刘慈欣那样精确预言当下现实网络生存状况的作品不同，这些作家更加偏向于美国"赛博朋克"的路径，强调对网络经验及其对生活之改变的展现。星河作品中的人物时常以"星河"或"张星河"为名，他的《决斗在网络》影响较大，吴岩认为："《决斗在网络》让中国读者第一次真正通过视觉看到了互联网风行的世界将是一种怎样的模样。"

潘海天在暂离科幻创作、从事"九州"世界开发近十年之后，在近几年又有短篇故事《桶盖侠与熨衣魔》和长篇小说《24格每秒天堂》等作品问世。在这些作品中，博尔赫斯式的对不同话语体系或概念系统的并置依旧得到了延续，但更值得注意的是在《桶盖侠与熨衣魔》《春天的猪的故事》等作品以及今何在的《中国式青春》和"国产怪物"系列小说当中，作家以科幻形式叙写"中国经验"的方式，得到了多维度的拓展。

科学之外视野的狭窄

总体而言，随着中生代科幻作家们逐渐成熟，中国科幻在经历了一百年的发展之后，也确实到了收获的季节。刘慈欣的《三体》就其文本影响力而言，在很大程度上属于偶然，但站在国内整个文学发展脉络的角度，却又隐隐可以见出其中具有必然性的一面。问题在于，如果将这一群作家放置到整个世界科幻文学文化发展的历程当中来看，其缺憾还是较为明显的。

首先，中生代科幻作家主要以理工科背景为主，仅有韩松、赵海虹等寥寥数人接受过较为系统的文学、艺术训练，这使得他们的大部分作品始终难以突破"科幻"这一相对狭小的话语体系。与此同时，即便是王晋康这样在其专业领域颇有造诣的工程师，一旦涉及其他学科的书写，或者开始讨论相关的重要问题，难免时常受到专业人士的诟病，但作为创作者，在书写时又不可避免地扮演创世者或上帝的角色，这就导致以中生代科幻作家为核心的整个科幻粉丝群体当中，时常有严重的科学主义倾向。刘慈欣、潘海天等作者显然对此有所察觉，并且也在系统而广泛地接触科幻之外的文化资源。但一方面，既有的亚文化特征已然形成，如何改变"科幻"的标签化面目，是更为年轻的迟卉、拉拉、陈楸帆、宝树、夏笳等作者的任务；另一方面，中生代科幻作家在坚守"科学"意涵的同时，确实能够从中发掘出某些为科幻所独有的审美特征与文类价值，但恰恰是由于长期缺乏与文学理论、批评体系的对接，他们不得不重新发展一套孤立、粗糙却有效的术语系统，来阐释作者们试图表达的审美和价值观念。这就是科幻研究者们必须面对和解决的问题了。

其次，中生代科幻作家们有着明确的精英倾向。虽然科幻小说及影视作品时常被归入大众文化市场的领域，但这一群作家们显然更加倾向于自我表达而非迎合读者。尤其是网络语境下，读者或粉丝群体所直面的，主要是极少数有连贯性的文本以及这些文本所构成的共同想象。由于成熟商业模式的缺乏，在短短数年之内，这些已然聚集起一定人气的作家几乎都被资本方抢掠一空，成为后者所熟悉的文化产业链条当中的某个环节——这对于科幻本身的发展无疑是一种伤害。

最后，在师法、模仿、致敬国内外前辈科幻作家作品的同时，中生代科幻作家虽然一直在摸索各自的创作风格，从整体上却依旧并未形成具有影响力的中国科幻特征，这也是为何中国科幻研究者在面对"什么是中国科幻的中国性"的问题时，时常无言以对的原因。贾立元将中国科幻描述为当代文学里的"一支寂寞的伏兵"，这或许是在科幻作家们将视界扩张到民族、文化、文明与种族之后，试图在国内外文化领域中彰显自身存在时必须面对的现实问题。当王晋康试图以七八十年代工程师的人生阅历与中西方三五千年的文学文化传统对抗时，他遭遇了必然的失败；当刘慈欣极力调和卡夫卡与量子论的审美时，却被"文革"叙事和技术奇观淹没；当潘海天、韩松将中国社会的春天、桶盖与地铁纳入观察视角，粉丝对隐喻解读的狂欢也遮蔽了文本的自身。

好在大多数中生代科幻作家尚处壮年，在各自科幻内外的人生中也经历了种种沉浮。现如今科幻内外都涌动着变革的力量，作为生活在他们自己描写过无数次的21世纪的个体，科幻支撑着他们，他们也支撑着科幻。

《文学报》2016年2月4日

史统散，科幻兴

——中国科幻小说的兴起、勃发与未来

/王德威

  我以"史统散，科幻兴"作为起点，其实渊源来自明清文学研究者所熟知的"史统散而小说兴"说法。17世纪上半叶，晚明末期的中国传统白话文小说的重要作家以及编撰者冯梦龙有感世事纷纭、历史动荡，认为当史统不再是人们判断各种价值的唯一标准时，小说反而取而代之，成为看待古往今来、衡量人世变动的重要源头。冯梦龙写下他的感叹，其实仍是借小说表达对道统的寄托，但无形中也为小说打开了方便之门。"史统散而小说兴"观点到了19世纪末20世纪初，在晚清时代又出现了另外一波建设，那就是晚清小说的兴起。

  我们都知道，晚清小说的出现和当时政治以及其后的历史现象息息相关。而在晚清各种文类中，科幻小说尤其是值得我们关注的一个话题。我在1980—1990年阅读了大量晚清科幻小说，也以文字表达过我个人对于这些小说的观察。所以，今天用三个方式说明我的看法。第一，我想做一个双重回顾：从幻想/传奇和写实/现实的辩证关系谈现代中国小说叙事模式的转化；从乌托邦/恶托邦/异托邦的辩证关系谈现代中国小说愿景的转化。第二，对当代科幻小说做出三点观察：历史政治语言的塑造，认识论和情动力的启动以及后人类的想象。第三，对科幻小说的过去和未来做出判断和提议；尤其相对耳熟能详的忧患意识的提法，着重发掘科幻小说人

性与宇宙"幽暗意识"的能量。

双重回顾：科幻何以出现政治潜意识

我们都知道 20 世纪的第一个十年，晚清处于政局动荡、历史纷扰的时期，各种各样的小说文类同时兴起。无论是谴责还是狎邪，无论是公案或是官场，这些小说捕捉到林林总总的现实现象，也对中国的现代性何去何从做出了最精彩甚至是最惊心动魄的观察。在这许多文类里面，我个人以为科幻文类独树一帜，它是晚清小说文类最重要的贡献之一，而这一贡献却在五四以后的传统中逐渐被淹没了。诚如陈思和教授所提到的，当现实主义以及写实主义成为新文学的主流，科幻所铺演的各种奇幻的空间以及时间的想象，各种可能与不可能的人生境况，基本上被存而不论。

事实上，我们都知道奇幻想象和现实主义的对立是一种非常武断、简单的对立，如韩松先生所说，其实我们生存的现实往往比科幻更科幻。的确，有时候我们甚至觉得现实场域如此不可思议，也许不再需要科幻小说作家带领我们到另外一个所谓更为超现实的时空里。比如，上海迪士尼乐园开幕，世界迎来了第六座迪士尼乐园。在白雪公主和七个小矮人等众多童话人物的簇拥之下，我们展开又一段欢乐奇幻之旅；但也就是在上海迪士尼乐园开幕的同时，当一家三口正在佛罗里达的迪士尼乐园里的河边散步时，突然从河里跳出了一条大鳄鱼，把两岁的小孩拖进了河里，两天之后才发现尸体。我们看到的迪士尼世界真的是一个能够让我们回到最纯真、最童真的欢乐的奇幻世界吗？我们的迪士尼世界是不是永远隐藏着一条看不见的"大鳄鱼"，随时准备扑出来毁灭我们对于世界最童真、最纯真的幻想？什么样的世界是真正的科幻，而什么样的世界才是现实？这一类问题不断困扰着我们。

在回顾20 世纪的科幻传统中，乌托邦、异托邦以及恶托邦之间的辩证关系一直是我们大家所关注的。在这里我只用最简略的方式回顾从1902 年梁启超的《新中国未来记》以来，我们所看到的对于中国的小说实践，既有国家的、历史的、人文的，也有伦理的。梁启超的《新中国未来记》，吴趼人的《新石头记》，碧荷馆主人在1907年、 1908 年的《黄金世界》和《新纪元》，或者陆士谔在 1910 年所作的《新中国》，这些作品都以最神妙的方法引导我们进入对未来乌托邦的想象。而为了这个乌托邦想象，我们要花费一个世纪的时间来寻觅、来定义，或再一次地推翻，再一次地建立。1903 年，当鲁迅翻译儒勒·凡尔纳（Jules Verne）的科幻小说《月界旅行》和《地底旅行》的时候也提出了对乌托邦的想象："凡事以理想为因，实行为果，既莳厥种，乃亦有秋。尔后殖民星球，旅行月界，虽贩夫稚子，必然夷然视之，习不为诧。据理以推，有固然也。如是，则虽地球之大同可期，而星球之战祸又起。呜呼！琼孙之'福地'，弥尔之'乐园'，遍觅尘球，竟成幻想；冥冥黄族，可以兴矣。"对于鲁迅来讲，当整个世界在变动的时候，他感叹的是"琼孙之福地，弥尔之乐园"，"遍觅尘球，竟成幻想"；而在世事纷扰的时候，"冥冥黄族，可以兴矣"，这正是中国这个所谓黄种人的民族再一次证明可以崛起的契机。

其实，在中国现代文学的开头，科幻已经不断给予我们许多想象。但到了1919 年"五四"运动之后，这样一种乌托邦的想象在文学的领域里逐渐消失了。我们在文学里所看到的关于广义的乌托邦叙事，其实是被恶托邦所取代。当沈从文写出《阿丽思中国游记》，张天翼写出《鬼土日记》，老舍写出《猫城记》，甚至在抗战时间张恨水写出《八十一梦》的时候，这些作家笔下的中国不再有可以艳羡的、可以期望的乌托邦的未来。相对于此，我们看到的是恶托邦。

就我个人研究所得，我认为所谓的乌托邦论述逐渐式微，当然是和当时写实主义的信条有关，也和中国当时的政治情况发生紧密的连带互动有关。少数作者，如顾均正在 1949 年写的《和平的梦》，有一点受乌托邦的影响，但真正的乌托邦论述事实上出现在政治领域。1913 年康有为《大同书》第一次以书面形式部分刊行，所投射的乌托邦愿景到今天仍然魅惑了许多读者。1925 年张竞生提出《美的社会组织法》，以纯粹的审美和身体的重新再造，想象出一个最健康、最健美的社会，这是从身体出发的审美乌托邦。或者像毛泽东在1949 年革命成功前夕，提出《论人民民主专政》的时候，强调未来的中国民族如何发扬民主、如何安居乐业等，无一不投射了那个时代的革命分子以及政治领导者的寄托。但乌托邦想象很快融入充满政治化的预言以及文学操作里。而在20世纪五六十年代，事实上有许多广义的所谓乌托邦或是科幻文学出现，如叶永烈1961年写的《小灵通漫游未来》到了 70 年代末期才得以第一次出版，成了新时期非常重要的畅销书以及电影《十三陵水库畅想曲》中有许多关于科幻乌托邦的场景。

也正是在这个意义上，德国重要的汉学家瓦格纳 （Rudolf Wagner）教授曾经提出，科幻小说在很长一段时间内，尤其在 20 世纪五六十年代，几乎成为一种所谓的为政治背书的文学（Lobby Literature），它和政治纲领或教条相互呼应，成为一种僵化的写作方法。但事实果真如此吗？或许在一个全民充满了政治激情的时代，乌托邦写作的存在或者消失，提示乌托邦或更广义的科幻叙事建构，其实是我们政治潜意识的一部分。而如何看待以科幻出现的政治潜意识，在任何一个时代、任何一个社会环境中，永远是一个值得挑战的话题。这是我个人对于所谓广义的科幻文类传统的回应。

"边缘"视野：科幻激发时代的另类想象力

我对于当代科幻作者写作的姿态或题材甚至风格有三种观点。首先，我认为是一个入门级的观点，即所谓历史政治的预言。我们总是在科幻小说里去找寻国家的预言，找寻历史的预言，从不可能的、匪夷所思的语境里，想象历史和国家的过去与未来。这当然是一个重要的虚构方式，科幻小说的魅力在此得到淋漓尽致的发挥。从梁启超的《新中国未来记》到老舍的《猫城记》，从旅美作家张系国的《城》到刘慈欣的《三体》，都有意无意投射了国族文化寓言和预言。

其次，我们也看到了这些科幻作者如何发挥认识论（Episteme）的能量。王晋康先生所一再强调的在科幻领域里，无论论述的可信与否，你必须给出一个知识体系，一套言之成理的说法。在一个看似荒诞不经的情境里，展现出一个前所未闻的，但又自成一格的知识论新构造。这在刘慈欣《三体》这样的硬科幻作品里，尤其看得清楚。构筑知识论之余，作家也操作情动力（Affect）——就是喜怒哀乐的情绪，或者经过喜怒哀乐的媒介化，呈现出的人与人之间交往、互动的文化制作和效果。在这个意义上，情动力和知识论相互作用，塑造了我们对于中国国体或中国主体的想象。不论是刘慈欣的壮丽雄浑，韩松的诡异沉郁，台湾作家纪大伟、洪凌的"欲"想天开，当代科幻作家的理念铺陈、情感投射如此变化多端，这是以现实主义为基准的主流作家所难以望其项背的。这也是最让我们艳羡的部分。

再次，当代的科幻作家对于什么是"后人类"也做出反思。"后人类"听起来好像不过是后学的流风余韵，事实上，它一方面当然有后学论述的根源，解构文艺复兴以来西方人文主义对于"人"的论述；但是这"后人类"并不代表我们人类到此就告一段落了，而是在我们现在约定俗成的人文观点，或者已经习以为常的想法之外，对人之所以为人，人所创造的文明，人所能够形塑于生命情境的各种可能再一次做出反思。而所谓"人"的观点，西方的文艺复兴以来已经有过几次重要论述，当代中国作家也参与了后人类的反思。不论是宇宙的探险，星际大战的大灾难、大胜利，各种人工的智慧所产生的机器人，或者人与人、人与世界关系的另类塑造，一种新的"人"的观点逐渐浮现，让我们重新进行思考。

这三个观点其实并没有轻重或先后之别。以下，我以这三个观点形成的复杂脉络来回顾我所敬重的科幻作家的作品。比如，香港作家董启章的《繁胜录》《梦华录》以南宋的《西湖繁胜录》和《东京梦华录》这样的遗民写作来投射1997年香港回归前后民众暧昧的情绪反应。他的《地图集》则重新塑造或虚构香港了地理疆界。又如陈冠中先生，也是一位带有科幻意识的香港作家，他的《建丰二年》写出了他所谓的"乌有史"，重新叩问历史，重新推演了另外一种时空的顺序。经过时空穿梭的旅行，我们习以为常的各种各样的历史观点似乎在这里被打乱了。

在种种政治或历史的感叹之余，这些作家也同时在发问中国的一代又一代人，在写作的时候，他们用什么样的身体能量，用什么样的深情来看待历史。张系国是旅居美国的台湾作家，20世纪80年代以来，他以三部曲来反思国民党统治之下台湾的命运何去何从，写出一系列史诗般的小说。就像陈思和教授所说，科幻曾经是台湾风云一时的文类。除此之外，科幻女作家洪凌几乎有与刘慈欣《三体》般庞大的"太空歌剧"式的气魄，但是作品却雷声大雨点小，她的兴趣转向了对身体，尤其是情欲所激发的能量和宇宙交会所形成的奇观上。同样，台湾作家纪大伟的《膜》从当代同志世界的角度，对人工人、自然人之间所产生的不可思议的生理、伦理关系做出想象。这些科幻作品穿梭在不同的人类情感领域，询问身体的疆界在哪里以及知识体系之间的互动产生怎样的效应。

另外，像骆以军——台湾最重要的作家之一——除了《西夏旅馆》之外，在 2014 年写出了作品《女儿》，向我们最亲近、最亲爱的女性对话：他的角色到底是不是人，到底是机器人还是人造人？看看我们周遭，我们所亲近所熟悉的"人"的疆界在哪里？骆以军在这里灌注了千万柔情，他的抒情笔法是我在阅读大陆科幻作品的经验里所没有看到过的。在这个意义上，《女儿》是一部处理人工智慧和情动力之间张力的佳作。

当重点回到中国内地的时候，我们发现另外一种风景，再次说明不论是政治或历史的预言，不论是情动力或者是知识体系的再一次组合，还是对后人类文明的思考，内地三位重要的科幻作家——王晋康、韩松、刘慈欣以及一些年轻一辈的作者，都有可观成绩。王晋康的惊悚作品《蚁生》，刘慈欣的《三体》等，成为塑造21 世纪现代中国经典的最重要的代表。

我们都知道当代中国最杰出的作家，如莫言、王安忆、苏童、余华等。我们当然都尊敬他们的写作成就，但就21 世纪第一个十年而言，谈大的突破，大的创造力，我个人以为科幻作家的成绩超过主流作家。他们写出了让我大开眼界的作品。除了大家最为推崇的刘慈欣，还有供职于新华社的韩松，他白天报道人生的光明面，晚上书写人生的黑暗面，最近的苦恼是白天越来越长，黑夜却越来越短。他的《地铁》《2066 年之西行漫记》等作品把人类文明最黑暗的、最不可思议的面向导向深不可测的深渊。而刘慈欣则完全面向宇宙星空的"终极爆炸"（套用王晋康作品名），这两种极端的辩证的拉锯，产生了当代中国小说和论述最令人惊心动魄的时刻。

除了这些我们都熟悉的中国作家和作品之外，我还特别想提到香港作家董启章的《时间繁史》，他以五十万字的篇幅讲述人工智慧如何应付香港的历史僵局；还有台湾作家吴明益的《复眼人》，讲述人与生态环境之间的搏斗；或者像伊格言《零地形》讲述了核子战争之后，在一切的人类文明毁灭之后，人类何去何从的问题。这些话题都再次显示科幻小说的作家碰触了主流作品所未曾注意或不敢书写的话题。这种自愿站在边缘，甘居异端的能量和想象力，我以为是让中国当代文学，甚至广义的政治历史的想象力，得以前进、展开创造力的一种契机。

幽暗意识：科幻开启重新看未来世界的方法

我个人曾做过一项观察，即在过去，尤其是以五四新文化运动为基准的一个文学书写的传统，特别强调感时忧国，特别强调文学反映人生，甚至创造和改造人生。在这样的意识之下，所谓的忧患意识，常常是大家毫不怀疑的创作焦点。我无意否定忧患意识，这是现当代中国文学非常重要的一种思维方式以及写作态度，但是我在这里更要提出，相对于忧患意识，"幽暗意识"可能是当代中国科幻作家们所给予我们最好的、最重要的一份礼物。沿用张灏教授的看法，幽暗意识不仅指的是各种理想或是理性的疆界以外的不可知或不可测的层面，同时也是我们探触和想象人性和人性以外、以内最曲折隐秘的方法。想想在国族论述之外，庞大的宇宙星空所展现出种种不可思议的能量以及文明存亡的抉择，我们就可以理解人之所以为人的局限性，幽暗意识不再被简单地规范为"五四"以后感时忧国的传统，它引领我们思考、反省一个更广大的、更深不可测的生命领域。

幽暗意识当然有论述的渊源，我想说的有三点。第一，科幻小说教给我们重新看世界的方法。或用宋明炜教授的话来讲，在似乎什么都看不见或看不到的时候，它又看到了新的不同的东西。用鲁迅的话来说，是"在天上看见深渊，于一切眼中看见无所有"。第二，科幻作家也提供了一种新的"梦的解析术"，教导我们如何入梦，也教导我们如何惊梦。第三，科幻作家用他们的作品营造了无数特别有趣的、各种各样奇怪的知识，而这些知识有的像密码，在读者的眼下自然就可以传递出一个庞大的、不同于你我一般所知道的知识，而这些密码用最简单的方式，往往可以用数字来表达。熟悉最近这些年科幻作品的人，可能可以理解我现在发射出去的密码，像是2044代表什么，2047代表什么，2066代表什么，或2185代表什么（指夏笳著《2044 年春节旧事》、韩松著《2066年之西行漫记》、刘慈欣著《中国2185》等以数字为名的科幻文学作品——编者注）。这些密码形式的东西，让我们了解到在所谓的国家、民族、历史之外，还有一个最广袤的、最深不可测的境界。而这个境界是想象力驰骋的境界，也是创造文明的一个契机。

而什么样的世界是我们愿意去驰骋的世界呢？或者什么样的世界是我们希望离开的世界呢？1907年，碧荷馆主人在《黄金世界》中，想象着新中国一切最美好的时候；但我们不曾忘记鲁迅在《影的告别》里面所告诉我们的："有我所不乐意的在天堂里，我不愿意去；有我所不乐意的在地狱里，我不愿意去；有我所不乐意的在你的将来的黄金世界里，我不愿意去。"

我用这样的话来表达对于当代科幻小说的最深敬意，因为他们是一群自甘于站在各种各样疆界的边缘，做出自觉和自为选择的作者，是一群不只具有幽暗意识，更充满了不可思议的想象力的作者。

《探索与争鸣》2016年第8期

冷战的孩子
——刘慈欣的战略文学密码

/王洪喆

德国汉学家瓦格纳（Rudolf G. Wagner）在1985年提出一个假说，认为中国自1978年以来爆发式流行的科幻小说是一种知识分子群体的"游说文学"。瓦格纳发现，不像同时期外国科幻小说常呈现未来社会的各个部分（阶层），中国改革开放初期的科幻故事重复讲述的是在远离了"阶级斗争"和"生产斗争"的边疆飞地，科研工作完全不受政治干预和资源限制地开展，同时在科学家主人公以外，政府、党、军方、工农都未扮演任何角色。因此瓦格纳认为，新的科幻文艺是这样一种文学：通过描绘科学家在未来社会中所扮演的主导角色，来展现知识分子群体对科技兴邦的诉求。

然而在20世纪80年代，科幻文艺作为"游说文学"的矛盾在于，一个知识分子从政治运动中解脱出来的时期，也恰恰是国家科技预算大幅削减，尖端技术项目纷纷下马，武器和战略工程的"飞地"难以为继、逐步瓦解的时期。换句话说，使得科技工作者告别革命、挣脱政治枷锁的游说力量在带来"科学的春天"的同时，也带来了"买导弹的不如买茶叶蛋的""脑体倒挂""以市场换技术"等说法。

因此当《三体》这样的故事，想要在现实历史的时间轴中检索出一块资源无限供给的飞地以安放一个地外生命搜寻项目，并以此开启另一条时间线时，这个另类历史的现世接口便只能安放在20世纪六七十年代。而现实历史也正好终止在红岸基地的解体，即刘慈欣所提示的80年代国防预算的削减。其后，故事就进入了与现实平行的另类未来。

冷战与"文革"，这段20世纪内部尚未被充分书写和打开的时空褶皱，在刘慈欣的科幻文学中向我们展露了其危机与可能性并存的复杂面貌。不同于80年代的科幻小说与过往的诀别，《三体》作为一个架空历史故事，从一开篇就是一段从冷战与"文革"中派生出的替代性未来史，就其对我们原有历史和文化经验的搅动而言，《三体》可算是一部十足的"冷战朋克""文革朋克"——在传统的建制性"文革"叙事中插入冷战元素，将历史的主舞台从城市政治运动转向大兴安岭深处的战略飞地和异端个体。沿着这条线索，由"红岸"和"地外生命搜寻"入手，考察这些冷战年代的科幻设定在21世纪的起源，为我们提供了一条打开《三体》的知识图谱和文化感觉结构的可能路径。

与地外文明接触的尝试，串起了从古代通灵术到现代射电天文学的隐秘联系。在19世纪末，叶芝所在的秘密会社"黄金黎明隐修会"，已有借助"以太"和塔罗仪式进行太阳系通讯和旅行的活动，而剑桥大学卡文迪什实验室在当时已经聚集了一批研究以太和灵媒的物理学家，在"二战"后成为射电天文学的重镇。可见在利用无线装置从噪音中搜寻交流的可能性这一点上，维多利亚时代的灵媒学与20世纪的地外智能搜寻具有亲缘性。二者都希望和他者的接触是可能的，两种研究的对象都是人最痛切的关怀：哀悼、孤独、与死者和远方的接触。

与异类交流的渴望折射出人类对自身群体中异质性的焦虑，而这种恐惧恰恰在冷战的阴影中达到高潮，事实上NASA生命科学部门地外生命搜寻（SETI）的第一波浪潮"奥茨玛（Ozma）工程"的历史基本与冷战重合（1959至1978）。而为了保证项目的国会预算，在冷战战略部门和科研机构中拥有多重身份的科幻、科普作家卡尔萨根起到了关键的游说作用。他描写SETI的科幻小说《接触》获得1985年全美畅销书排行榜第七位，小说1997年由导演罗伯特泽米基斯搬上大荧幕，成为与同样出自他手的《回到未来》《阿甘正传》并称的主流美利坚故事。

相应地，对于地外生命可能存在形式的探索，也就逻辑地派生自应答、安置和驯服他者的帝国知识。正如扬梅杰（Jan Mejer）在他1985年的文章《迈向宇宙社会学：异形的构造》中写道，最早有关异形的接触经验可追溯到欧洲殖民者对"第三世界"的扩张，对于欧洲人来说，土著是一种非人（Non-human），建立在这种框架下对于原始人的初民想象，反映了欧洲帝国文化的宗教哲学，进而将自身的社会问题投射到神话学式的解决方案中。因此，对冷战两大阵营而言，外太空既是充斥黑暗他者的未知领域，也是可能取得资源、治愈旧症、重获文明生命力的"新边疆"。

"红岸"与"新边疆"同源的证据，来自冷战时期阵营另一侧的苏联。在20世纪60年代的苏联学界，宇宙社会学的最早建构是多个有社会科学取向的地外文明研究方向的统称，比如地外文明的形成条件与可能形态、与其接触的预期情景及其后果、未来太空殖民中人类如何与地外文明共存以及星际旅行和空间研究对人类社会自身的影响。苏联天体物理学家卡普兰（Samuil Aronovich Kaplan）于1969年编写了这一领域的首部文集《外星文明：星际交流问题》，后由专门为美国翻译苏联科技情报的"以色列科学翻译计划"在NASA内部出版。卡普兰在开篇的导论中将宇宙社会学与宇宙生物学进行了对照性定义：如果宇宙生物学研究生命在地外环境下的起源和进化，宇宙社会学则研究智能文明在此条件下的起源和发展，这一方面要借助对地球文明起源和成长的认识，另一方面要借助地外文明搜寻所可能获得的数据。

可见，地外社会学从一开始的主要目标，就是帮助理解和解决冷战时期的地球事务。早在1961年美国首席智囊布鲁金斯递交给NASA的报告中，就提出了空间探索对于美国战略研究可能起到的广泛推动作用，报告建议NASA考虑开展关于和平利用空间的社会、经济、政治、法律和国际影响方面的广泛研究。在报告的最后专设一章梳理地外文明接触对人类社会的可能影响，报告认为：地球人是否可从此种接触中获益是个悬而未决的问题，文化人类学的大量案例显示，当一个社会被迫要与一个完全陌生的、持有不同价值观的文明接触时，往往发生的是自身的崩解，而另一些在此种经验中能够幸存下来，也总要付出惨痛代价，导致文明价值观、态度和行为的剧烈转变。

报告认为要通过持续的历史和经验研究，考察不同国家人民及其领袖在面对突发事件和完全陌生社会压力时的应对行为，哪些因素会影响到原始社会暴露在先进文明面前时如何招架之术，而这些不同会导致其中一些文明更加繁荣，一些苟延残喘，另一些直接灭亡。这类研究会给未来与地外文明的接触和斡旋提供对策，同时将帮助美国决定如何将这些信息透露给公众，或在多大程度上有所保留。

在20世纪70年代，美国人类学会牵头召开了多次以"地球以外的文化"为主题的会议来讨论地外生命搜寻的文化效果，卡尔萨根和阿西莫夫等科幻作家和他们的作品深度卷入了这些讨论。这些跨学科对话重点研讨与不同地外文化间的接触对于人类社会的可能影响以及对"费米悖论"的各种解释路径。面对浩瀚星空中的"电磁静默"，学者们需要对"智能生命为何不与地球联系"给出合理推论。其中"动物园假说"认为地外文明已经在使用微型探测器观察地球，就像在观赏和研究动物园里的动物，这一情景从阿瑟克拉克的小说《童年的终结》中获得启发，在这部1951年的作品的开头，外星文明对人类持续了数千年的观察，在人类即将飞向太空时降临地球，终结了意识形态对峙、军备竞赛和冷战。而另一种"死亡探测假说"则认为，具有猜疑和惧外特征的文明为了创造生存空间，可能一直在使用星际级武器系统性地消灭宇宙中的其他高等文明。这几乎是萨博哈根在60年代《狂战士》系列故事的升级版，小说创造了一种可以自我迭代的人工智能，在宇宙中巡航猎杀智能文明，而飞出地球的人类后裔"太阳系人"成为宇宙中唯一具有情感、终结狂战士的正义种族。

这些宇宙社会学和人类学模型与其说在研究外星人，不如说是冷战军事对峙博弈的外太空操演。事实上在核威慑的暗影下，自50年代针对"核冬天"的情景战略工作，科幻作者跟国防部门、工业界人士、社会科学家已经被组织在一起，进行预测未来的跨学科对话和实验，其后衍生出大量如《疯狂麦克斯》的"废土文学"。而坎贝尔主编的科幻刊物《惊奇故事》在"二战"中一度遭到国防部门的严密审查，因其在1945年8月前刊登了一篇精确预言广岛原子弹打击的作品《死线》。可以说，作为在战争中针对未来的情景写作者，科幻作家堪称不确定时代的面壁者和破壁人。

因此，后世的未来学者认为，以阿瑟克拉克为代表的美国黄金时代科幻写作，实际上是一种"应用文学"，因为它们不仅启迪了军事技术创新，还引发了关于未来朝向的社会对话。这不是对文学本体的缩限，而恰恰是对文学边界和社会功能的延展，科幻作家和他们的作品曾经占据了一种非同寻常的社会位置，沟通了通俗写作、纯文学、国防政策、科技创新和社会科学等多个场域。

被称作"中国克拉克"的刘慈欣，以宏大三部曲向我们展开人类与三体人之间的千年战争史诗，不经意间成为20世纪冷战这一段特定历史时段的政治和文化逻辑在未来舞台上的再次展演——三体游戏是一个反复进行的多人情景创建，而四个"面壁人"就如同四个战争替代方案的科幻写作者，未来史学派则几乎复制了冷战中的跨学科战略智囊工作。纵贯全书的主线，外星人既是挑战人类本性的终极他者，也可能触发救赎人性的未来通路——这正是冷战构造的核心特征，在危机四伏的"黑暗森林"中反求诸己。

作为冷战与"文革"的孩子，借由"东方红"与"煤油灯"、"红岸"与"地外文明"的寓言，刘慈欣从20世纪的动荡、匮乏与超越性中开掘出的科幻道路，始终是一种在不连续时代试图书写和把握历史连续性的努力。而成就这个中国幻想故事的社会心理和文化记忆，是在"文革"历史中尚未被命名或获得承认的部分，在这歧义丛生、晦暗不明的地球往事里，长久缺席的中国经验被得以书写。

阅读《三体》的快感带给我们一个可能的思考，个体的想象力从来都是具体的、历史的产物，生成于特定时代的感觉结构和知识谱系中。由此，激活社会想象力的工程，即是激活一个社会自身历史与文化自觉的工程。

在一个健忘的时代，重新接续历史和未来的引线，20世纪的丰饶正待叩访。

《读书》2016年第7期

《三体》：分裂的大众与孤独的精英

/陈颀

科幻与现实

作为一种想象现代社会的未来图景的文学形式，科幻小说与现实社会的关系历来是科幻研究的焦点问题之一。 可能是20世纪最具影响力的科幻小说家艾萨克·阿西莫夫曾指出，科幻小说的悲观主义和乐观主义与作家所处的社会状况有着紧密联系，因此科幻想象力的上限必然受制于作者所经历与了解的社会生活。

在2012年的一个访谈中，当被问及如何看待"科幻与现实"的关系时，当代中国最著名的科幻作家刘慈欣回答道：

> 我本身对现实不是太感兴趣，对用科幻来隐喻反映现实也不感兴趣。我并不想把科幻作为批判现实的工具……我比较倾向于……把现实作为一个想象力的平台，从这个平台出发……我其实是从科幻来，回到科幻去……

在2014年新年自述中，他继续谈道：

> 中国作家缺的是想象力和更广的知识。我们的文学是根深蒂固的

现实主义传统，我们的文学理念也是基于现实主义的，认为文学就是反映现实，反映人和人之间的关系。在这种理念之下，作家把描写的主要注意力都集中在现实层面。

从上面两个表述看，刘慈欣坚持"为科幻而科幻"的"硬科幻"写作理念，反对把科幻作为批判或反映现实的工具。然而，奇怪的是，就在同一个访谈中，他却明确表达对托尔斯泰式的文学"现实感"的欣赏，并认同科幻文学是一个国家社会状况（包括经济、政治状况）的敏感指针的说法。 表面上看，这两种说法似乎自相矛盾，不过，如果阅读刘慈欣的更多作品和访谈，可以发现上述两个看法其实是一以贯之，因为反对科幻文学成为"批判现实主义"的工具，与从"现实感"出发用科学理论和知识想象人类未来并不矛盾。由此出发，有必要进一步讨论刘慈欣对科幻与现实的关系论述。

首先，科幻小说与现实主义的观察"现实"的视角不同。在科幻中，人类整体和一个世界常常作为主要文学形象出场。"人物形象"并不必然是科幻的核心要素，而当代文学常常被表述成一种"人学"。以"人与人之间关系"为中心的"批判现实主义"关注的"现实"，并不等同于科学视角关注的工业化、现代化的社会变迁观以及人与自然、人与宇宙之间关系的"现实"。 传统文学对科技发展带来的现实变化可能并不敏感，而科幻文学则恰恰相反：当下已经进入未来。每一年、每一天、每一刻都有科学技术缔造的奇迹正在发生，身处其中的普通中国人不可能对身边发生的这些奇迹一无所感，这是工业化和科技发展的"时代精神"。 刘慈欣曾说，从北京到太原的高铁有全国最长的铁路隧道，可没什么人知道，也没什么人关注：人们对（科学）奇迹已经麻木了。 与此同时，"抛弃了时代和人民的文学却抱怨自己被前者抛弃"。

其次，科幻的存在不是为了描写现实，而是为了科学幻想。在这个意义上，非要让科幻反映现实，就等于让飞机降落在公路上，与汽车一起行驶和遵守交通规则。刘慈欣曾说，如果科幻是一种能飞起来的文学，人们为什么偏偏喜欢让它在地上爬行呢？ 在中篇小说《乡村教师》中，刘慈欣用神奇的科学幻想将沉重的现实与空灵的宇宙联系起来。 在一个类似《平凡的世界》般写实的贫穷落后的小山村里，李老师用尽最后一口力气给学生们讲完牛顿三大定律，就永远闭上眼睛。这时候，"中国科幻史上最离奇最不可思议的意境"发生了：一场延续了两万年、跨越大半个银河系的战争波及地球，李老师的学生们被选为决定地球命运的"文明测试者"……

最后，正如刘慈欣总结的，从科幻世界看现实，能使我们对现实有更真切、更深刻的认识。想象和思考人类文明在不远的将来甚至更远的未来会变得怎样，是更好还是更坏，是科幻的使命。在这个意义上，从社会科学方法论角度看，关于未来的科幻思想实验与反事实的历史研究类似，都源于对各种版本的历史决定论的怀疑，也都基于对形形色色的历史进步主义或悲观主义的拒绝：反事实的历史研究从现在思考过去的人思考过和可以探索的可能结果——我们的过去就是我们的未来，而科幻是基于当下思考未来可能性的思想实验——我们的未来决定于我们当下酝酿的各种可能。正如历史上实际发生的事情可能超出当时大多数见多识广之人的预料结果，未来将要发生的事情或许往往超出当代主流精英的合理想象。生活在当下的人们，却容易习惯性地认为当下的文明及其"进程"是唯一的，不会再有别的选择；而科幻却为人们创造种种不同于"当下现实"的文明进程，通过虚拟历史让人们能够跳出"当下现实"的纠结和束缚，体会到许多深藏在现实之下的东西。

总之，关于未来的科幻是当下正在酝酿的诸多历史可能性之一。通过科幻，我们穿越到未来，又穿越回来，对当下的处境有了更深刻的把握。在这个意义上，从文明存亡和人类未来的思想维度出发，我们得以理解刘慈欣所说的"科幻文学是唯一现实的文学"。

本文讨论的《三体》三部曲，是刘慈欣最富想象力的一次科幻思想实验，不仅让众多读者如痴如狂，而且不少人还基于"黑暗森林"状态的"宇宙社会学"提出宇宙文明的各种理论假设，其中包括严肃的学术研究。

毫无疑问，《三体》系列的绝大部分科学和思想观念、人名、地名包含着丰富的隐喻、暗示和象征，每本书的任何一个主要情节和关键人物都可能而且已经存在许多不同的解读，而且每种解读都有一定的道理和依据。从"左派"到"右派"，从强国派到自由派，从新古典主义到后现代主义，从科学崇拜到生态主义，从男权主义到女权主义，从影射历史到创造未来，可以说，《三体》文本构成了一个神奇的场域，其中的解读路径包含几乎所有当代中国的主流思潮。形形色色的批评和解读让刘慈欣感慨："科幻文学和批评似不在同星球。" 其实，《三体》的解读困境正如《死神永生》中的云天明为人类创作的三个童话所面临的解释困境：谁都知道这不仅仅是三个童话，然而云天明通过童话传递的信息到底是什么？或许他早已自觉或不自觉地意识到"作者之死"的尴尬境遇， 刘慈欣如此描述云天明故事的解读困境：

> 各个政治实体和利益集团的影子开始在解读工作中显现……都在按照自己的政治意愿和利益诉求解读故事，把情报解读变成了宣传自己政治主张的工具。一时间，故事像个筐，什么都能往里装，致使解读工作变了味。不同派别之间的争论也更加政治化和功利化，令所有人灰心丧气。

在《死神永生》的文本中，刘慈欣提供了云天明故事的成功解读模式：双层隐喻和二维隐喻。双层隐喻是指故事中的隐喻不是直接指向情报信息，而是指向另一个更简单的事物，而这个事物则以较易解读的方式隐喻情报信息。 而人们陷入困惑的一个重要原因，就是按单层隐喻的习惯性思维解读故事，认为故事情节直接隐喻情报信息。二维隐喻是用于解决文字语言所产生的信息不确定性的问题。在一个双层隐喻完成后，附加一个单层隐喻，用来固定双层隐喻的含义。 含义坐标单独拿出来看是没有意义的，但与双层隐喻结合，就解决了文学语言含义模糊的问题。

按照双层隐喻和二维隐喻的解读方式，解读《三体》首先应避免将具体情节和人物解读为历史或现实事件或人物的简单影射。比如，有人认为的《三体》系列是一部"批评西奴（带路党）的文学隐喻"说法，可能紧紧抓住前两部的某些关键情节和人物，不能很好地囊括第三部的故事设定和矛盾冲突。 又如，有人认为的《三体》的主旨是落后国家与先进国家之间的民族主义竞争的解读，这或许低估了大刘的思想野心，忽视了大刘对中国文明和西方文明的双重反思。 再如，有人认为《三体》系列是为"独裁统治和道德丧失"辩护的"科学加社会学的社会达尔文主义"的观点，似乎忘了《三体II：黑暗森林》（以下简称《黑暗森林》）中刘慈欣借罗辑之口说"人性的解放必然带来科学和技术的进步"，因此可以判断刘慈欣对科学与道德之间关系的思考，肯定比简单对错是非更为复杂。

为了尽可能地避免误读（尽管不可避免），也为了更好地理解《三体》的科学幻想与现实社会的关系，本文也采取类似于双层隐喻和二维隐喻的解读方式。首先，《三体》三部曲"双层隐喻"，力求用同一个标准和理论解读《三体》三部曲的整体结构。其次是，《三体》每一部各自的"双层隐喻"，尊重三部曲的文本自身的叙事方式，力求更为深入地从《三体》的故事背景设定推导和想象特定的叙事结构。第三，以刘慈欣解读刘慈欣的"二维隐喻"，从《三体》的创作札记以及刘慈欣的科幻研究和其他作品的线索和坐标，锚定《三体》基本情节和人物所代表的特定立场和价值观。

在《三体I》的《后记》中，刘慈欣交代了创作《三体》系列的初衷：

> 如果存在外星文明，那么宇宙中有共同的道德准则吗？为什么人类至今没有发现其他智慧文明？相对于有道德的人类文明，零道德的宇宙文明完全可能存在，那么有道德的人类文明如何在这样的一个宇宙中生存？

《后记》中所谓零道德的宇宙文明，并不是说三体人为代表的宇宙文明没有一套文明内部的是非标准或价值观，而是说三体文明与当下人类文明在道德观上是异质的，甚至两者存在着生死存亡的残酷斗争。面对三体人的入侵，是坚持现有的道德标准，还是生存第一？这些由科学幻想驱动的人类道德命题构成了《三体》系列的主线。

在2011年的一个访谈中，面对圈套重重的提问，刘慈欣坦然交代了《三体》系列的创作意图："《三体》想说的，就是人类目前的道德体系和大灾难来临时人类自救行为之间的矛盾。" 在2013年10月的一次访谈中，刘慈欣认为《三体》电影改编的主要阻碍不是拍摄技术问题，而在于"主题太复杂，而且偏离主流价值观，这点最糟糕。" 可见，刘慈欣对《三体》系列对人类主流价值观完全具有自觉的反思和批判。《三体》第一部发生在地球上，对人类文明和道德实践绝望的人类精英向三体人发出地球的坐标，第二部上升到两个文明间的碰撞，第三部达到整个宇宙的高度。为了"把最空灵最疯狂的想象写得像新闻报道一般真实"，刘慈欣从《三体》第一部开始详细描写人类得知三体文明的存在后的一系列道德行为。这里的道德行为包括个人和组织的道德选择和道德行动（如叶文洁与地球三体组织希望三体文明降临以拯救地球），更是作为整体的人类文明在遭遇异质外星文明后进行的价值选择和政治决断（如对付三体人的"面壁者"计划，太空舰队计划）。从文化异同的意义上而言，人类与三体的道德冲突，其实是一场文明冲突。而笼罩在文明冲突之上"黑暗森林"理论，用现代学术分析可以视为一种国际政治或国际关系的理论假设。在更广阔和长远的宇宙时空中，人类在《死神永生》中因为坚持现代社会的普世道德，引发未知文明的攻击而最终导致文明和历史终结。在这里，刘慈欣的反思和批评就不仅仅限于特定文明——无论是中国文明还是西方文明，而是着眼于整个现代社会的道德体系在未来可能遭遇的整体性灾难中如何生存和发展的问题。

刘慈欣的"文化自觉"

在2011年《死神永生》的完成札记中，刘慈欣表达了他对科幻与现实关系的"盛世危言"，同时对"急功近利"地完结《三体》系列做了一个委婉的自我辩护：

> 说科幻是一种闲情逸致的文学，他们都不以为然，但这是事实。只有在安定的生活中，我们才可能对世界和宇宙的灾难产生兴趣和震撼，如果我们本身就生活在危机四伏的环境中，科幻不会再引起我们的兴趣。事实上，中国科幻的前三次进程中的两次，都是被社会动荡中断的，社会动荡是科幻最大的杀手。现在，平静已经延续了二十多年，感觉到在社会基层，有什么东西正在绷紧，压垮骆驼的最后一根稻草随时都可能出现。但愿这只是一个科幻迷的杞人忧天，但愿太平盛世能延续下去，那是科幻之大幸。

从这段自述可见，刘慈欣清醒地认识到科幻与社会现实之间的"辩证关系"：兴于安乐，衰于忧患。社会安定和发展是科幻繁荣的前提，因为安定的社会才会促使人们思考世界和宇宙的可能灾难，从而居安思危，进而改善现存社会。相反，如果社会本身动荡不安、危机四伏，那么忧患之中的人们不会对预言和描述世界和宇宙灾难的科幻文学感兴趣，因为人们本身就生活在更真实因而必然更有感染力的动荡现实之中。而且，为了防止人心不稳或过于悲观，动荡社会一定会有意无意地限制科幻对未来社会的负面想象，甚至质疑或否认科幻文学的创作动机本身。刘慈欣表达了对"太平盛世"延续的期待，但字里行间透露出一种悲观主义。

一直强调科幻与现实的区隔，为什么刘慈欣在《死神永生》的《后记》中开始"批判现实"？在我看来，答案在于《死神永生》的基本线索，文明终结的末人叙事。纵观《三体》三部曲，刘慈欣认为，在极端灾难来临之际，造成人类社会悲剧的是人类社会本身的道德体系。因此，《后记》里批判的"社会现实"，不是特定的政治制度，也不是具体的某个统治者，而是人类自己。这是科幻作家刘慈欣的反思和介入现实的自觉意识，在我看来，可以用"文化自觉"加以总结。

结合《三体》三部曲以及刘慈欣的其他作品，本文尝试总结刘慈欣在科幻与现实之间的"文化自觉"。

第一，"硬科幻"是中国科幻作者介入现实的最佳方式。

刘慈欣曾说，科幻文学相对于主流文学的主要差异是主流文学描写上帝已经创造的世界，科幻文学则像上帝一样创造世界再描写它。科幻是用文学塑造种族形象和世界形象的最佳方式。唯有在"创造世界"的意义上，科幻文学才具有超越一般类型文学甚至主流文学的独特价值。反之，如果科幻文学丢掉科学设定和推理，这种文学不仅不可能因此融入主流文学，而且必然在成熟的主流文学面前瑕疵毕见、自暴其短。

从国家经济和社会发展背景出发，欧美科幻特别是硬科幻近三十年的衰落，与欧美国家去工业化的社会背景不无相关。而近几年以刘慈欣为代表的中国科幻作家的崛起，与中国六十年来特别是近三十年来的全面工业化的大时代背景有关，也跟刘慈欣本人的理工科背景和所具备的真正人文精神有关。从中国已经成为世界第一制造业大国的工业背景而言，真正的问题不是中国科幻为什么涌出一个刘慈欣，而是为什么中国（科幻）文学暂时只出现了一个刘慈欣？

第二，如果未来（必然或很有可能）发生文明冲突和宇宙灾难，知识分子/精英需要反思和推进自己现有的道德、文明和历史观。

刘慈欣曾说："在整个文明史中，道德和价值体系也是在不断变化的。现代价值观的核心——珍惜个体生命和自由意志，其实是很晚才出现的。"因此，人类不能傲慢地相信和坚持所谓的永恒人性或道德法则，应当从科学和理性思考当现有文明遭遇灾难之际的应对逻辑和可能结果，再从未来的多种可能性中反思当下人类文明。因此，"道德的尽头就是科幻的开始"。

《三体》三部曲中有许多关于现代道德的反思叙事，的确涉及当下中国社会的某些核心道德争议。刘慈欣最为熟悉和关切的是《三体I》中汪淼视角的知识分子叙事，他最崇敬和高扬的是《黑暗森林》中罗辑的英雄叙事，而他最思索和担忧的是《死神永生》中程心视角的末人叙事。这三种视角代表的人类群体构成了当代社会的整体群像。

在《三体》每一部的结尾中，主人公都获得了某种"文化自觉"。汪淼觉悟到，面对"落后文明"与"先进文明"的文明冲突，知识分子必须明白文明的科技水平与其道德水平并无必然联系。"落后文明"的真正问题不在于科学技术的差距，而在于对本文明的历史和传统有无信心以及有无决心和能力反抗和追赶"先进文明"。罗辑觉悟到，社会精英无权用自己的道德标准去要求和支配全体人民的生死存亡，一个真正的人类英雄应当秉承"信念伦理"，因此，政治行动的后果和责任高于个人的道德信念。程心觉悟到，末人们自以为发现永恒人性和道德法则，然而结果却导致人类文明和历史的终结，因此，人类应当摆脱末人时代的诱惑和束缚，勇于继续创造历史。这不仅仅是因为人类社会还存在如此多的不完善之处，而且意味着人类的征途是星辰大海。

第三，英雄主义与历史必然性之间的纠结及克服。

刘慈欣曾说，科幻文学是英雄主义和理想主义的最后一个栖身之地。他的几乎每部作品都有英雄的存在。在《三体》系列中，罗辑、章北海、史强和维德都是"超人"式的英雄，"在关键时刻，能够有精神力量和魄力跳出道德的限制，奔向最后生存的目标"。 另一方面，刘慈欣也反对"英雄史观"，他认为："历史一定有自己的原则和必然性存在。"于是，我们可以发现，刘慈欣给《三体》英雄安排的命运常常是悲剧。

英雄主义与历史必然性之间的纠结，反映了刘慈欣对人类未来的悲观主义态度。尽管他反复强调，宇宙终结并不是一种悲观主义。在我看来，刘慈欣真正的觉悟和纠结之处，在于他在《三体》中创造和揭示了现代社会中精英与大众的深刻分裂。一方面是分裂的大众，每个人类个体都把"自我保存"和"个人权利"视为文明的首要价值，却无法组织和整合起来；另一方面是孤独的精英尽管可以在危难中拯救人类，甚至可以为人类社会立法，然而这样的英雄总是不被大众所理解，甚至遭遇大众的报复和惩罚。刘慈欣曾经设想，技术可以做到把人类用一种超越道德底线的方法组织起来，用牺牲部分的代价来保留整体；然而《三体》系列的悲怆结局中，精英和大众都没有找到合适的人类社会的组织方式。

在谈及《蝙蝠侠：黑暗骑士》电影时，刘慈欣评论导演诺兰"虽然很出色地营造出这个道德死局，却没有胆量对自己提出的诘问做出任何有价值的回答"。在我看来，类似的诘问也可以向刘慈欣提出：科技发展似乎也无法解决英雄与历史的纠结和精英与大众的分裂，我们可以怎么办？刘慈欣看到了问题，但他无法回答。从对民众创造力和自我组织力的悲观（大史这样的传统中国人真的极少吗），对资本主义生产方式的普遍推崇（《三体》系列只有私有企业），对政党和社团对民众的组织性的漠视（《三体》最强有力的组织是ETO这样的邪教），以尼采式的超人的推崇（罗辑、章北海和云天明在骨子里蔑视大众），我们可以发现刘慈欣纠结背后的精英主义，然而这种精英主义却在末人时代无所适从。因此，我愿意用"文化自觉"而非"政治自觉"来描述和总结刘慈欣对于科幻与现实的自觉意识。

不过，正如时代的不同让汪淼最终没有成为叶文洁，我们或许不必苛责刘慈欣没有给出答案，而在于这个时代本身尚在变化和波动之中，关于许多根本问题的回答的争论尚未终结。历史没有终结，中国文明和人类文明的未来存在多种可能。 如果未来历史中存在着一种调和英雄主义与历史必然性的解决方案，那么刘慈欣笔下的英雄与大众最终会达成和解。在这个意义上，我想刘慈欣会同意这样一个说法：我们需要未来，所以理解当下；我们敢于想象未来，所以认同传统。

　　其实，中国现代文明本来就有这样既敢于征服宇宙，又甘愿献身于民众的伟大英雄。早在1935年，一位二十四岁的中国青年就立下了这样一个足以激励百年乃至千年之后的科幻迷们继续为之畅想和奋斗的梦想：

　　　　你在一个清朗的夏夜，望着繁密的闪闪群星，是否有一种可望不可即的失望？不，决不！我们必须征服宇宙。

《文化纵横》2016年第4期

《北京折叠》：一则关于阶层固化
和失业危机的社会寓言

/林品

中国作家郝景芳凭借作品《北京折叠》荣获世界科幻协会颁发的"雨果奖"的新闻，在中国文学界激起强烈反响，同时也在"科幻圈"引发了广泛的争议。许多热情的褒扬者将它视作中国科幻崛起并"走向世界"的又一个标志性事件，高度评价《北京折叠》的价值和意义；而一些尖刻的批评者则认为，这篇小说并不是因为作品质量，而是因为"政治正确"才得以获奖的，也就是说，这篇小说之所以会得到"西方评审"的如此认可，是因为其内容可以被解读为对中国社会现状的批判或者说"抹黑"（然而，需要指出的是，雨果奖并不是采取评委制，而是由世界科幻协会的众多注册会员通过普选投票的机制来决定奖项的）。

无论是褒扬者还是贬低者都已指出，《北京折叠》的最大特色及其获得"雨果奖"的关键原因是在于，它以科幻小说的体裁形式表现了中国社会的不平等问题。郝景芳本人也认为，她的这部作品并不是一篇"幻想小说"，而是在"用非现实的手法来写现实问题"，它能够获得读者认可和众多赞许，"说明不平等问题已经在世界范围内引起共鸣"。那么，这位中国作家是如何来表现社会不平等的呢？

阶层固化的时空隐喻

在《北京折叠》中，郝景芳以一种地形学隐喻来展现中国社会的阶层分化和阶层固化：北京市经过一场超大规模——共有八千万建筑工人投入其中——的城市改造，被打造为一座可以翻折变形的"折叠城市"，这座城市被人为地划分为三个彼此隔绝的地理空间。在这三个城市景观迥然相异的空间里，分别居住着统治阶级及其附庸，即助理、秘书或相关服务人员、中产阶级及其后备军，即在校大学生和无产阶级。每当其中一个空间展开时，另外两个空间就会折叠起来。折叠空间的居民会在催眠药剂的作用下陷入休眠，不同空间之间的通道受到政府机关的严格管控，人员未经允许几乎是无法进行跨空间流动的。

这种以空间区隔映射阶层断裂的世界观设定，固然是对中国社会阶级差距的一种具象化的寓言，却也可以说已经是"反乌托邦"科幻作品的一个屡见不鲜的套路。城市折叠的想象虽然奇崛，但相比起刘慈欣的《三体》里智能微观粒子的低维展开或高维折叠，却又可谓"小巫见大巫"。也正因此，《北京折叠》才会招致中国科幻圈一些"硬科幻"（"硬科幻"/"软科幻"是流行于科幻圈的一组二元对立项，简而言之，前者指的是以自然科学和技术为重点的科幻，后者指的是以社会科学和寓意为重点的科幻）推崇者的不屑，在他们看来，《北京折叠》的新意不过是给这种反乌托邦的套路添上了些许中国特色的符号。

但作为一部所谓的"软科幻"作品，《北京折叠》世界观设定真正出彩的地方，其实并不是在于阶层之间的空间隔离，而是在于阶层之间不平等的时间分配。在折叠城市中，"时间经过了精心规划和最优分配"，三个空间每四十八小时完成一轮"转换"：第一空间的约五百万人口每轮可以连续享用二十四个小时，第二空间的约两千五百万人口则只能享用十六个小时，第三空间的约五千万人口更是仅有区区八个小时可供使用。这样的时间分配，作为一项由统治者操控的顶层政策设计，表面上看是为了配合空间隔离，但它更为深层的缘由是为了解决严重的失业问题。

这种世界观设定的灵感，源自郝景芳在经济学领域的本职工作：这位毕业于清华大学的经济学博士，已在中国国务院发展研究中心发起成立的"中国发展研究基金会"供职多年，长期从事宏观经济政策方面的课题研究。正是宏观经济学领域的理论问题——尤其是小说中欲言又止、一笔带过的"菲利普斯曲线"，也就是一条可以用来表示失业率与通货膨胀率之间交替关系的曲线，简单地说，这条曲线表明，当失业率高时，通货膨胀率就低；当失业率低时，通货膨胀率就高——让郝景芳格外关注失业率的社会经济影响，而这样的问题意识与如今已初露端倪的机器人自动化生产线所带来的未来展望相结合，造就了上述那种世界观设定的深层缘由：随着自动化技术的进步，第一第二产业的劳工将被效率更高而成本更低的机器人所取代，由此带来的失业问题很可能会造成大量无业可就的人口，这将严重地威胁社会政治的稳定。

那么，一个试图兼顾GDP增长和"维稳"的国家机器，要如何应对这样的社会问题呢？《北京折叠》的思想实验就提供了一种"解决方案"：通过城市规划的时空分配，彻底减少底层人口的生存时间，同时为底层人口保留一种赖以为生的工作——垃圾处理（值得一提的是，当年参与建设折叠城市的八千万建筑工人，最终也只有两千万得以留在第三空间，成为垃圾处理工或为垃圾工提供基本生活物资的小贩，剩余六千万人何去何从，小说并未予以交代），让第三空间在制造垃圾的第一、第二空间和回收利用垃圾的再加工工厂之间充当"循环经济"的中间环节。这样既避免了大规模的失业，又避免了通货膨胀的跨空间/阶层传导，由于第三空间和第一、第二空间之间除了垃圾之外几乎没有货币和商品的流通，因而当第一、第二空间的工资、物价上涨时，第三空间却依然如故；但这也造成了几乎不可逆转的贫富分化趋势，造成了底层人口的恒久贫困。

未来愿景与历史回收

在阶层固化上叠加的失业危机，或许才是《北京折叠》的社会寓言能在"西方世界"引起共鸣，从而赢得最多选票的核心创意元素。在新自由主义全球化的时代，追逐剩余价值的资本在全球范围灵活流动，寻求生产要素的"优化（利润最大化）配置"，劳动密集型的企业因而转移到劳动力成本低廉的国家和地区，造成欧美社会的产业空洞化和就业紧张，这使得失业危机成为西方科幻爱好者能够在其社会情境中切身感知的一个结构性困境——《北京折叠》事实上也点到了"欧洲20世纪末""失业率上升"

的情况。

　　而能够明显降低人力成本以提高企业利润的自动化生产，更是进一步加剧了失业危机。虽然在20世纪中叶，马尔库塞等一批西方马克思主义思想家，曾对自动化的前景抱有乐观主义的期待，寄希望于自动化技术的进步和社会制度的变革之间的良性互动，能够将人类从压抑性的异化劳动中解放出来，投入到作为"人类机能自由消遣"的创造性工作中，但这种超越资本主义社会的未来愿景，却在20世纪60年代的欧美学生运动遭受挫败之后逐渐暗淡下来，而在冷战终结之后更是被普遍视作一种不切实际的迷思，甚至被丢弃到历史的"垃圾场"。在前社会主义国家甚至比老牌资本主义国家更为赤裸地奉行资本逻辑的后冷战时代，资本主义也终于可以抛却冷战对峙之时为了应对社会主义的意识形态挑战而加诸自身的种种限制，明目张胆地回归经济学家皮凯蒂在他的《21世纪资本论》中所描述的那种制造不平等的"常态"。而在这样一种不平等的政治经济体制下，自动化的前景就只能是少数人的获益和多数人的失业危机。这样的危机正在成为一幅可预见的近未来画面，清晰地呈现在科幻作家和未来学家的写作之中。事实上，《北京折叠》的英文翻译者、美籍华裔作家刘宇昆在2014年第五届全球华语科幻星云奖上的主题发言，也正是关于机器人取代人类所势必造成的失业危机，体现了与郝景芳相通的问题意识和未来预判。

　　在"雨果奖"获奖感言的结尾，郝景芳说道："我个人不希望我的小说成真，我真诚地希望未来会更加光明。"如果我们认可，一个更为平等的未来值得我们努力追寻，那么，为了克服当代社会那种制造不平等的机制，到历史的"回收站"中重新发掘出可供回收利用的资源，应该是一道不可或缺的程序：一种"去其糟粕、取其精华"的阶级话语，可以为针对不平等现实的写作注入更充足的批判能量，进而为追求平等的行动提供恰当的文化—政治动能。

《探索与争鸣》微信公众号2016年8月24日

《北京折叠》获雨果奖，《黑暗森林》未获提名，对中国科幻读者造成冲击

/陈经

刘慈欣的科幻巨著《三体》（英文名"The Three-Body Problem"，译者为刘宇昆）获得了2015年雨果奖长篇小说大奖，这是世界科幻与中国科幻群体一次美好的接触经历。之前《三体》还得到了星云奖长篇小说的提名。星云奖与雨果奖并称为"双奖"，是世界科幻作者与读者们最为推崇的两个大奖。

中国读者普遍认为，《三体Ⅱ：黑暗森林》（英文名"The Dark Forest"，译者为Joel Martinsen）是刘慈欣《三体》三部曲中水平最高的一部。作者刘慈欣自己也认为，《黑暗森林》的完成度最高。这部小说也被翻译成了英语，2015年8月上市了。在亚马逊网站上读者对《The Dark Forest》的评分为四星半，而《The Three-Body Problem》为四星。Goodreads上《The Dark Forest》的读者评分为4.38分，显著高于《The Three-Body Problem》的3.97分。即使考虑到一些中国读者给出的评分误差，外国读者们对《黑暗森林》的评价也高于《三体》。一些中国读者认为，《黑暗森林》甚至有可能同时获得星云奖与雨果奖，成为少数几本得到双奖的经典作品之一。

出版商之前已经请刘宇昆翻译好了《三体Ⅲ：死神永生》（Death's End），并有意推迟上市日期至2016年9月20日。一个合理的推测是，出版

商安排好三部曲的上市节奏，希望三本杰出的作品连续三年得到大奖。

然而让中国读者失望的是，《黑暗森林》甚至连星云奖与雨果奖的提名都没有获得，相对于《三体》得到一个大奖、一个提名，是巨大的退步。

2016年8月21日，美国堪萨斯城第七十四届雨果奖颁奖典礼上，郝景芳的《北京折叠》获得了中短篇小说奖，不少中文新闻媒体陆续做了报道。

其实对于资深科幻爱好者来说，《北京折叠》获得提名的消息早在2016年4月27日就公布了，只不过是英文的消息。当时就有不少人在"水木清华"BBS的科幻版恭喜了网站ID为fangfang727的郝景芳。可能让圈外人难以想象的是，《北京折叠》的全文最早是由郝景芳本人直接在这个版上分章节贴出来分享的，过程中还与读者有不少评论与互动。2012年12月，笔者作为科幻爱好者第一时间就看到了fangfang727贴出的这个作品，当然那时不知道她的真实姓名。

这种创作与沟通方式是中国科幻圈非常独特的一点，郝景芳贴文之初就说了《北京折叠》是受到了宝树《转换期》的启发。宝树的多个作品都是这样在"水木清华"科幻版在线创作与沟通的，是该版最有才华最多产的作者，《三体X》就是在该版上即时创作后整理出版的。刘慈欣也经常到这个版进行沟通，ID是nzg。这个版的ID们，不是作为读者与作者，而是以一种"大家是有相同爱好的平常人"的姿态，共同构建了一个特殊的社区。相对于新闻媒体中对作品与作者的介绍，这里资深爱好者的了解更为直接与平和。在刘慈欣看来，他作为nzg在这个版已经存在了十五年，一些感想更愿意与版众们分享，并得到真正的理解。

雨果奖、星云奖虽然有巨大的名声，但是作品质量参差不齐。即使是声望最高的长篇小说大奖，获奖作品中水平能与《三体》三部曲相比的也很少。质量得到一致公认的，如弗诺·文奇的《深渊上的火》《天渊》，奥森·斯科特·卡德的《安德的游戏》《死者代言人》，这样的作品并不多。让中国读者感到自豪的是，《三体》三部曲与这些最优秀的西方科幻作品相比，也是毫不逊色的，甚至在想象力等某些环节上更为出色。早在《三体》获大奖之前，爱好者们就纷纷希望《三体》系列能翻译成英文，让世界看到中国也有顶级的科幻作品。通过刘宇昆的特殊贡献，这个设想得以在2015年以雨果奖的形式得到实现，这是中国与西方科幻世界一次美好的接触与交流。

但是2016年的评奖结果，虽然维持了中国作品连续获奖的记录，但也表明中国与西方对科幻作品水平和价值观的理解存在显著的差异。

在"水木清华"的资深科幻爱好者看来，郝景芳是一个可爱的同道中人，也是一位谦虚的作者，但《北京折叠》的水平不会得到太高的认同。这个小说2012年12月公布的时候，引起的称赞与讨论有一些，但公平地说，不如宝树的数个长文（如《时间之墟》）引发的兴趣。而《三体》的讨论直接成为科幻圈压倒性的日常。郝景芳将初稿整理出版，翻译成英文之后能获得雨果奖，是完全超乎想象的。

可以合理推测，《三体》中的"文革"内容，与《北京折叠》中的政治隐喻，是这两个作品获奖的关键。两部作品的译者刘宇昆获得2012年雨果奖最佳短篇奖的作品《折纸》也有这样的因素。从作品的水平来说，《三体》是当之无愧的，而《北京折叠》就会让人觉得有些缺憾，虽然可能是中国读者的期望过高。其实星云、雨果这样的西方大奖，选中的中短篇小说质量经常并不太好。让人感到黑色幽默的是，刘慈欣与郝景芳获奖作品片段似乎表现出来的价值倾向，可能是被评奖群体误读了。《黑暗森林》与《死神永生》中的工业党思维，应该会让一些有人文倾向的西方评奖人感到不适应。

与西方科幻的发展状态相比，中国科幻的生存状态不够好，需要更多的关注。雨果奖、星云奖这样的世界大奖，能起到相当的作用。两年的评奖互动，客观上来说大大提升了中国科幻在世界与本国的关注度，特别是《三体》获得的大奖。

但也要认识到，与中国电影获得国际大奖的经历类似，国际科幻大奖并不是中国科幻小说正确的发展方向。中国科幻的市场根基在中国，因为中国的历史与文化的影响，读者与作者群体有自身的特色。《北京折叠》获奖，是西方评奖人的单方主动选择，对中国科幻发展的作用不宜高估。《三体》获得的大奖，才是中国科幻群体与西方评奖人的共同选择，虽然出发点可能并不一致。而这种不一致，在《黑暗森林》错失双奖提名中体现出来了，这对中国科幻读者造成了冲击。

我们需要中国出现更多像《三体》这样的优秀作品，更多像刘慈欣这样坚持创作逐步提高水平最终实现飞跃的作者，真正持续引爆中国科幻市场。国际科幻大奖也许会继续出现，但是中国科幻作品的真实水平与市场的发展，才更为关键。

"中国科技文化产业网" 2016年9月2日

"帝吧出征"与
网络爱国主义

2016年初,李毅吧的海量用户以迅雷不及掩耳之势上演了一场最引人瞩目的互联网事件。"帝吧出征"演绎成大型的"网民爱国主义",在新媒体时代既包含娱乐的成分,也不无公民政治性的网络自卫意识。林品的《"帝吧"升职记:从"屌丝自黑"到"师出有名"》尝试对"帝吧亚文化"的缘起展开追溯。杜樨的《FB上的"表情包"圣战——图像的生产与传播是政治参与还是狂欢?》与吴靖的《精英没看到"帝吧出征"背后的"身份政治"》旨在分析此次事件所蕴含的公民寻求社会政治表达与自我内在抒发的现实寄托。林品提醒人们注意表情图背后所反映出的集体无意识,以及构建这种集体无意识的脆弱的社会价值。吴靖也就此指出年轻一代正是从自身经验和被动卷入各种政治"分类"中,开始学习政治和进入政治的。

易莲媛的《"帝吧出征"过后,要理解年轻一代的"情感结构"》则发掘出此事件对年轻一代"情感结构"的冲击,呼吁"帝吧出征"后,更要理解年轻一代的"情感结构"。陈子丰、林品的《从"帝吧出征"事件看网络粉丝社群的政治表达》指出网络作为年轻一代的表达策略,日益成型的组织架构以及身份认同所凝聚的强大动力,使得他们能够在舞台上大放异彩,但想确立起成熟的历史主体却并非一蹴而就。

王涛的《从"帝吧出征"看国族主义与民粹主义的合流》批判性地指出,"帝吧出征"警示人们培养青年的健康政治精神和构建优良政治生活乃是互联网时代的重大任务。洪恺的《中国当代青年群体中的新右翼思潮》则从全球性的右翼浪潮以及中国社会现状分析入手,认为近年来在青年群体中产生了重新政治化的趋势,特别是亲右翼态度的出现是不容小觑的。

"帝吧"升职记：从"屌丝自黑"到"师出有名"

/林品

1月20日发生的"帝吧出征FB"——百度贴吧李毅吧的大量用户"翻墙远征"境外社交媒体平台Facebook，前往民进党主席、新任台湾地区领导人蔡英文以及《苹果日报》、"三立新闻网"等媒体的Facebook主页，发布海量的反"台独"言论和特别制作的反"台独"图片、表情包，制造出视觉冲击力强烈的"刷屏"效果——堪称近期最引人瞩目的互联网事件之一。

"帝吧"（李毅吧）这个网络亚文化社群，也随着这一事件闯入了主流媒体的视野。以一位现已退役的足球运动员"李毅"为关键词生成的百度贴吧，为何会聚集起如此众多的中国网民，进而震荡出如此浩大的舆论声势？——这或许是不少网友颇为好奇的一个问题。在本文中，笔者就将尝试对"帝吧亚文化"的缘起展开追溯。

李毅吧何以被称作"帝吧"？

2003年12月3日正式上线的百度贴吧，作为百度公司旗下的独立品牌，与百度公司的搜索引擎技术紧密结合，通过用户输入的关键词，自动生成讨论区，使用户能够立即参与交流，就自己感兴趣的话题发布信息和想法。依托于百度在搜索引擎领域积累的庞大用户数量和强大用户黏性，百度贴吧为各种兴趣爱好者的成规模聚集，提供了一个便捷度高、定向性强的网络平台。

这个格外强调用户参与、协同创造、交流分享的网络平台，聚合起各式各样的趣缘社群在此互动，因而为"粉丝文化"的发展壮大提供了重要的阵地；但"用户生成内容"的"互联网2.0"特性，也有如一把双刃之剑，在参与建构"粉丝文化"的同时，也反过来解构着以"粉丝"为核心的符号系统——兴起于李毅吧的"帝吧亚文化"，正是这种逆转运动的典型案例。

创建于2004年的李毅吧，最初只是一个普通的球迷社区，吧友们在此交流足球明星李毅的情况，分享与此相关的资讯和资源，和一般的网络球迷社群相比，当时的李毅吧并无什么特别之处。但自2005年5月以来，李毅吧的用户活跃度和帖子数量激增，并一跃成为百度贴吧"足球明星"分类目录下会员数量最多的贴吧，其会员数量远远超过"小小罗吧""卡卡吧""梅西吧"等以国际足坛巨星为关键词生成的百度贴吧。

之所以如此，并不是因为李毅的球技有多么出类拔萃，而是因为李毅——或者说，由球员本人与大众媒体双向互动塑造出的媒介形象"李毅"——曾经多次说出引发网众热烈争议的言论，具有极强的争议性和话题性。

李毅曾为中国国家队出场三十次，攻入两球，被"高级黑"的网友戏称为"作为一名防守型前锋，数据非常抢眼"。

在这些言论中，尤以"我的护球像亨利"这句话流传最广、影响最大。2005年5月25日，李毅所效力的深圳健力宝足球俱乐部，在亚冠联赛小组赛中以1：0的比分战胜了韩国的水原蓝翼足球俱乐部，据5月26日出版的《体坛周报》报道，李毅在这场比赛结束后接受记者王军采访时"非常得意地"说道："这些都是朱导教我们的。在没有多少时间的情况下，就在对手角旗处耽误时间，像亨利在场上那样护球。我今天这两下子还可以吧？"在这篇报道的实体出版和网络转载过程中，这句话被报纸编辑和网络编辑断章取义地缩写为"我的护球像亨利"并作为整篇报道的标题，"我的护球像亨利"由此成为李毅的"名言"而广为流传。

在中国足球水平与世界顶尖水平有目共睹的巨大差距的映照下，李毅将自己与世界顶级球星亨利相提并论的这句"豪言壮语"，被很多球迷视作中国职业球员能力不足却格外自负、大言不惭的典型事例，并且与李毅此前的一些惹人非议的行径，例如，他曾在2004年的亚洲杯决赛上错失了绝佳的得分机会，中国队最终1：3不敌日本队，在"家门口"（北京工人体育场）痛失亚洲杯冠军，李毅也因此成为许多球迷眼中的"头号罪臣"。又如，他曾在2005年5月17日深圳队主教练迟尚斌因球队战绩不佳而引咎辞职当天，以"天亮了""恶有恶报"这样的言辞来回应"现在感觉怎么样"这个问题。翌日，迟尚斌与深圳俱乐部前代理董事长杨塞新在北京召开发布会，抛出深圳队存在（严重不服从管理的）"球霸"的说法，李毅也因此成了中国足坛大球霸的代表人物之一——共同构成了围绕着这名球星的争议旋涡。

足球无疑是"二战"以来全球化程度最高的"世界第一运动"，而这个集体性的竞技项目也被很多人称作"和平年代的战争"。基于这样一种奇特的隐喻关系，冷兵器时代的军事修辞与封建王朝的政治修辞，常常会被运用到大众媒体对足球赛事的报道以及球迷群体对足球新闻的评述当中。

亨利这位法国队当时的王牌前锋，就被喜爱他的球迷们尊称为"亨利大帝"（Henri le Grand，典出法国波旁王朝的开国君主亨利四世的尊称），而自比亨利的李毅则被中国球迷富有反讽意味地戏称为"李毅大帝"，这个称谓很快就成为李毅的知名绰号，在围绕着足球这项兴趣爱好而建立起来的趣缘社交网络中获得频繁地使用。

亨利在为法国国家队出场的一百二十三场比赛中共打入五十一粒进球，是法国队队史中的最佳射手。

在文化研究的视野中，"明星"常被理解为文化产业的营销团队向文化消费者贩卖的某种商品；但就"李毅大帝"这个"超级明星"而言，李毅吧用户所生成的内容，要远远多过大众媒体所生产的内容，在很大程度上，后者只不过是前者的原材料。在这个意义上，"李毅大帝"与其说是文化产业出产的文化商品，不如说是李毅吧用户集体DIY的媒介产品。正因如此，李毅吧也被那些积极使用该平台的互联网用户约定俗成地称作"帝吧"。

"帝吧"何以成为用户数量最多的"网友俱乐部"？

在李毅吧变身为"帝吧"的过程中，这个网络平台也逐渐从一个球迷社区演变成一个内涵更为丰富的"网友俱乐部"。随着越来越多的网友涌入"帝吧"，李毅吧用户的行为也不再是以交流分享李毅的相关信息为主；他们使用"帝吧"的主要方式，是通过文字/图像/音频/视频编辑软件等多种媒介手段，对"李毅大帝"这个媒介产品展开形形色色的嘲讽与恶搞，进而以"李毅大帝"作为创意生发点，引申出对于中国足球乃至中国社会诸多现象的嘲讽与恶搞。

至于恶搞的表意策略，最受推崇的一种类型被称作"高级黑"。在网络流行文化中，"黑"指的是与"粉"/"迷"相对立的一种情感倾向和言行举止以及持有这种倾向的特定人群。例如，针对篮球明星科比，"科黑"与"科粉"/"科蜜"相对立；针对巴塞罗那足球俱乐部，"萨黑"与"萨粉"/"萨蜜"相对立。但"高级黑"并不是指代某类人群，而是指称某种表意方式。

如果说，"黑"是对"粉丝"采取了对抗性的姿态，那么，"高级黑"则往往采取明褒暗贬、反话正说、似庄实谐式的修辞，运用拼贴、戏仿、隐喻、反讽等手法，在表面姿态上扮演为"粉丝"，实则获得"反粉丝"的快感。

一篇题为"李毅大帝本纪"的广为流传的帖子戏仿《史记》的写法，对"李毅大帝"的事迹进行了"高级黑"。

正是基于这种"高级黑"的表意策略，那些集结于"帝吧"的用户，虽然绝大多数都不是"李毅大帝"的"球迷"或者说"粉丝"，却参照着"粉丝"衍生词的构词法，以"毅丝"（全称为"毅丝不挂"，虽取自"一丝不挂"的谐音，但由于"挂"在网络语言中意指死亡，因而这里的"不挂"也是在用戏仿宗教崇拜的方式来表达网友之间的平安祝福，按照"帝吧"用户的说法："毅丝不挂者，是为大帝臣下自称也。其意喻，天下毅丝尽护于大帝之足下，受永世之平安，享天地之福寿"）或者"D丝"（D取自"帝"的谐音）作为自我指认的身份标签。

随着"帝吧"会员的与日俱增，仅仅是以"李毅大帝"作为恶搞对象，显然已无法满足广大用户的多元需求。这些自称为"毅丝"的用户将

"高级黑"的表意方式推而广之，以此表达他们对各种各样的人、事、物、地域、现象、历史时段的反感。

为了应对相关法律规定、互联网管理办法、《百度贴吧协议》以及相应的信息审查机制，这些互联网用户采取了以"高级黑"为代表的五花八门的表意策略，他们将这些迂回曲折而又流露着草根式机智的表意策略概称为"内涵"，通过花样百出的"内涵贴"来影射那些难以直言却又不吐不快的公共事件评论、社会现实感知或者淫秽暴力信息，由此疏导、宣泄他们在现实生活中积郁的不满情绪与过剩荷尔蒙，并或多或少地从这种"内涵贴"中获取与其自身的社会经验和生活体验相关联的特定快感。

经过大量用户的长期互动和共同努力，"帝吧"形成了一个颇具特色的网络社群，成了诸多网络热词、网络黑话、热门段子/图片/表情包的策源地，其核心会员也因此颇感自得，甚至将"帝吧"夸为"百度最内涵贴吧"。

在发源于"帝吧"的网络文化中，影响力最广的莫过于"屌丝文化"。2010年，一些李毅吧的会员因与时任吧主发生矛盾而退出该贴吧，转而成立"雷霆三巨头吧"；此后，这两个贴吧的会员群体之间发生了多次纠纷争吵，在争吵过程中，雷霆三巨头吧的会员将"D丝"中的"D"用读音相近的"屌"字替换，创造出"屌丝"一词，以此作为一种侮辱性称谓来指称李毅吧的会员。但是，李毅吧的大量会员却以某种"不以为耻、反以为荣"的姿态领受了这个称谓，并从此以"屌丝"自称。

不仅如此，这些用户还以"屌丝"为核心词，提出了一系列与之相关的合成词，如"矮丑穷"（"矮矬穷"）"土肥圆""女屌丝""高富帅""白富美""黑木耳""粉木耳"，等等，或者为一些原本就在网络空间具有一定流传度的词语如"女神""喜当爹""逆袭"赋予新的含义，从而编织出一套独特的符号体系，进而运用这些符号创作出一种风格粗鄙的"内涵文"，以此承载这个亚文化群体对于社会的集体想象和价值观念。

这个群体的成员将"给高富帅跪了""给跪求别说""吓尿了""跪舔"等短语作为口头禅，以一种自我降格、主动认输、自动缴械的"精神失败法"，表达和应对中国当下社会文化存在的一种结构性矛盾——中产阶级意识形态询唤与阶层分化乃至阶层固化的社会现实之间的尖锐矛盾。这是一篇在李毅吧获得上万条回复的热门"内涵贴"的片段，在这段洋溢着自嘲风格的文字当中，代际间的阶层关系再生产以一种黑色幽默的方式得到了再现。

"屌丝文化"的广泛流行令"帝吧"声名大噪，"帝吧"也因此吸纳了更多的互联网用户，并一举超越"魔兽世界吧"，成为百度所有贴吧当中会员数量排名第一的贴吧；但与此同时，"屌丝文化"也因其"传播负能量""格调低俗"而饱受官方媒体的诟病。

"帝吧"何以"师出有名"？

近年来，"帝吧"的吧务团队有意识地谋求贴吧的转型，2014年开始担任李毅吧吧主的网友"英三嘉哥"，在接受互联网资讯媒体PingWest的专访时就表示："李毅吧需要一种新的文化，就不再停留在屌丝之类的事情上，而是一种正能量，但是正能量的精神必须是吧友自己给的。"

为此，"帝吧"一方面坚持标举其草根风格和民粹立场，另一方面又在吧务团队的引导下，发生着朝往"弘扬正能量"方向发展的主流化转型。在百度贴吧的目录系统中，"帝吧"的分类已由"足球明星"变为"网友俱乐部"，而其会员称号也由"毅丝不挂"变为"众人皆帝"，它以"原创精神恶搞主义"作为吧徽标语，以"努力！主宰自己命运！众人皆帝"这样的热血口号作为贴吧的封面标语，在鼓励吧友进行具有自发性和自主性的创意生产的同时，也在寻找着与主流话语的有效对接路径，以完成"帝吧亚文化"的自我合法性确证。

虽然"帝吧"一直保持着"高级黑"和"自黑"精神，但它对"粉丝文化"和"成功学"的象征性抵抗，却并不意味着自居边缘、拒斥主流的反叛性。它所发明的"屌丝逆袭"说法，既投射着下层青年关于机会平等、阶层流动的自强愿望，又蕴含着遵循和利用既定社会规则、认同和复制既成权力秩序的犬儒理性。尽管"帝吧亚文化"与某些政府机构、权威官员之间一直维持着一定的距离，但这种讽刺性的距离也仅仅局限在犬儒主义的限度之内。

事实上，自从李毅吧建吧以来，这个以男性球迷为主体的网络社区就始终弥漫着民族主义情绪；而受到官方意识形态部门着力宣扬的民族主义、爱国主义，正是当今语境下网络亚文化与主流话语彼此接合的最为近便的路径。也就是在这个主流化的过程中，"帝吧"群体通过仪式感极强而又狂欢色彩浓厚的"出征"，完成了一场声势浩大的民族主义情绪宣泄。

"海螺社区"微信公众号2016年1月22日

澎湃新闻发表删节版，题为《李毅吧的兴起："帝吧亚文化"及其逆袭》

FB 上的"表情包"圣战

——图像的生产与传播是政治参与还是狂欢？

/杜棚

安迪·沃霍尔不断地复制玛丽莲·梦露、可口可乐罐、坎贝尔罐头，人们却把他尊称为艺术家。这并非大众难以理解的先锋艺术故事，他创作的强烈的视觉符号代表了当时社会中人们在机器化大生产带来的物质丰富下精神的空虚，因而具有了其视觉符号的生命力。

凯瑟琳·杰米逊分析当代社会政治修辞的演变轨迹时发现视觉修辞已经无可争议地成为公共话语空间构建的主要修辞手段，因为"戏剧性的、易溶性的、视觉性的瞬间正在取代建立在记忆认知机制上的文字符号"。无论是对于政府还是民众来说，通俗化的大众图像是最唾手可得而又便捷的政治参与和政治宣传工具，因此，社会建构与公共议题都具备着强烈的图像化表征。

不同于这次"帝吧出征"狂欢式的图像叙事，在人类历史上充满苦难的 20 世纪，图像曾经深刻地发挥着自上而下的思想控制的作用。作为历史上最有名的政治海报输出者之一，纳粹党便深谙其道。希特勒为了更好地控制舆论和思想，确定了视觉图像设计的基本风格和特征，要求海报的设计要把感情作为目标，通俗化、大众化，让所有人，包括最没有文化的人，也能够受到海报的感染，以达到宣传的目的。御用设计师霍尔温严格执行了这种理念。他的设计色彩划分明确，利用大面积的明暗对比和略加仰视的视角，营造出极权主义的视觉效果，强化纳粹政权的强悍，并宣扬出一种充满"民族优越感"的种族主义精神。

这个例子昭示出大众图像的政治导向性质。大众图像不仅能帮助人们决定哪些政治事件和问题是应该关注和注意的，从而为其政治导向和影响提供有利的发展环境，还试图通过直观的形式向社会成员传递规范的意义，从而促进相应的成员形成与规范相适应的行为习惯，能建立有效的社会秩序。这些图像潜移默化的作用往往具有强制性力量难以实现的效果。

图像工具在政治传播中更具备符号性，其意义需要通过特定语境才能够解决，于是具备某种隐藏的攻击性和说服性。同时非常有利于将对方拉入到自己的价值观语境中来取得优势。这种用大众图像所传播的政治主张影响是如此深刻而强烈，以至于在Facebook上爆发的时候，依旧有不少人贴出"文革"时期的海报，表达了"用社会主义感化台湾同胞"的决心。

当然，这一次"网络圣战"无论如何都不是20世纪由权力中心到边缘而建构的思想控制。相反，它是一种自下而上的政治参与——爱国主义的视觉狂欢。两者相较，作为内核的"民族主义"思想也从一种控制机制变成了一种身份认同的联结。

贝维斯认为，晚期现代性由于消费场域的联动性，使得大部分传统政治受到压抑，而是以一种"感觉的政治"的方式去释放人们心底的政治热情。图像由于具有视觉文化时代激活公共围观趣味的先天优势，且由于其释义的丰富性、浮动性与不确定性，这使得任何人都可以围绕图像符号来构造并争夺自身话语陈述的合法资格，因此具有强大的传播力。

大众图像具有强烈的地域文化特性和身份认同特性，还有属于某个特定年代的共同记忆，于是它成为一些网民群体表达自己爱国主义的最好工具，然而，这种图像形式的通俗性注定了大部分传播内容不是关于严肃的政治倾向（无论是否支持台湾独立），而是多半诉诸情感，统一派们在通过图像进行政治表达的时候，首先表达的是对家国和民族的感情和对地域文化的自豪，然后才有部分传播者回归政治现实。

此外，在"帝吧出征"的过程中，无论是出征前用来号召大家参与的宣传图还是"占领"Facebook后发布的大量关于茶叶蛋的配图（反讽之前台湾某新闻中认为大陆人吃不起茶叶蛋的言论）也大都体现出一种激烈的对抗情绪，而缺乏明确的政治方案和主张。

到了后来，不少表情包甚至完全丧失了具体的内容，沦为了纯粹的网络恶搞秀。这样的场面与其说是战斗和革命，倒不如说是狂欢。

俄国文学家巴赫金在分析《拉伯雷》的狂欢节时指出，狂欢节的特性是人们抽离出原来的自我，在一个看似自由的环境中获得一种短暂的集体认同和"没有异化"的解放状态。我们不难发现，在这场"出征"中，狂欢节正以图像叙事的形式展现：大众对图片的观赏和发布是全民性的、包罗万象的、双重性的（既是欢乐的，兴奋的，同时也是嘲讽的：既包含着肯定也包含着否定）。

虽然，人们通过对图像的分享与占有进行对传统文化的自由解构，在一定程度上实现了一种追求平等的欲望，但是，其形式不过是通过互联网时代共有的消费文化背景和语境下对部分"台独"者以共同批判的方式进行政治激情和情感的表达，形成暂时且脆弱的价值和情感共同体。

同时，这也吸引了大量没有政治主张的"凑热闹"群众。巴赫金指出"狂欢节精神及其指向未来的，自由的，乌托邦的色彩逐渐蜕变为一种纯粹的节日情绪。寻找快感、宣泄情感在当代视觉文化中成为主要的图像叙事的心理动因，它所遵循的是一种快感原则"。费斯克也指出"狂欢是夸张了的游戏"。在狂欢中，一般游戏规则所具有的"复制社会"的特性得到尽情展现，它使人们的头脑变得兴奋起来，并通过"夸张滑稽、降格以及景观"的行为方式体现出来。

在"帝吧出征"的例子里，这表现为对毫不相干的人身攻击表情的复制粘贴，或者刷屏发送粗俗的恶搞图片。这些图像叙事体现出一种独特的草根立场，如戏谑、讽刺、搞怪等图像叙事的诸多形式审美特征对民间娱乐的趋近等。

从单方面自上而下的传播和控制到今天如此开放共通的互联网社会中的狂欢式活动，大众图像凭借其视觉性优势，延续着在政治表达中的活跃，并且构成了当下社会重要的叙事系统。然而，通过"帝吧出征"事件，人们或许应该仔细思索这些看似普通的小小表情图背后所反映出的集体无意识以及构建这种集体无意识的脆弱的社会价值。

《新京报·书评周刊》2016年1月22日

精英没看到"帝吧出征"背后的"身份政治"

/吴靖

　　不出所料，这次帝吧远征FB事件又一次引发了国内舆论的意识形态内战。批判的一方毫无悬念地搬出"墙""集权""言论管制""腐败""阶级压迫"等中国社会确实存在的各种问题来嘲笑贴吧远征军是被洗脑的暴民和生活中不如意的贱民。其中有一句最经典的评论是这样说的："这样的人生，大概不需要智慧，不需要对智慧的渴望，更不需要建立一个普世的（比如说日本、韩国等国家和台湾、香港等地方通行的）价值标准和认知框架——如果没有自由，那么建立这样迥异的认知框架，面对同胞的狂热意见时，只能徒增痛苦。最后你只有念叨那一句诗：'为何我的眼里常含泪水，因为我的同胞真的很丢人。'"虽然最后一句话的逻辑不清晰，但基本观念是直白的：只要不信仰"普世价值"，就没有主体性、没有智慧、没有脑子，就丢人现眼。而无论远征的参与者们在事前、事中和事后体现了怎么样的自我意识、组织能力、协调性、自我反思的能力和有理有力有节向反对者解释和辩论的能力，都被淹没在小粉红、无脑青年、傻×的谩骂中。文明人就是这样来说服野蛮人的？更何况这群"野蛮人"昨天还因为创造了"草泥马"、追捧了"太子妃"和翻墙去追美剧而被吹捧为"新公民"和"草根的崛起"。

　　我没有想到"普世价值""文明和野蛮""自由和集权"是可以这样

不加论辩而强加于人的，犹如上帝的律令，精英就是有权利和义务去"敲打"贱民，而不需要进入他者的场景去体察和理解人们行动的逻辑？我不怀疑许多批评者和我一样，根本不上贴吧、不懂 X 一代的语言、不明白他们各种梗是什么意思，但这并不是不努力去了解和理解或去探寻这一代人的成长环境、思维方式以及他们的欢喜和困惑的理由，尤其是有志于去构建面向未来的中国公民社会和政治共同体的知识精英们。况且在这次事件之后，不少亲历者主动站出来说出他们的经历、他们的想法、他们的反思，既然"野蛮人"都知道要主动沟通，难道文明人只知道发射话语导弹？这和如今的国际秩序何其相似！难不成这就是许多人没有条分缕析地说明但是早已认为是不言而喻的"普世价值"——"文明人"对"野蛮人"、"强者"对"弱者"毫无顾忌地侮辱和损害？精英的重上神坛和反攻倒算？

这样说来，如果非要说普世价值，20 世纪以来全球草根进入历史、参与历史、塑造历史，所依据的最大的普世价值就是"尊严的政治""平等的政治"，就是可以昂起头来说话而不必被骂为"暴民"的权利。如果不能理解人们对尊严的追求可以超越物质利益和理性计算，就无法理解历史的真正动力。这种"尊严政治"的历史，恰恰是新时期以来的学校教育为了配合改革开放和世界和平的国家方针被有意虚化和回避的。而后冷战时代资本主义胜利者对于社会主义的失败者身份特征——专制、集权、残暴、非理性——又吊诡地被急于现代化的我们毫无甄别照单全收，当作启蒙的烛光。这种近乎自虐式的民族心理是一个特定历史阶段的产物，在和平、繁荣和自信的环境下成长起来的数字原住民们完全没有这种情感结构，他们大都以平等和友善的心态去面对和接触外部世界，并没有那么多的落后情结、自卑情结或者怨恨情结，简单地骂他们的爱国主义是洗脑教育的结果只能是逞口舌之快而忽视掉了对这个世界真实状态的认知，并体现出了"老年人"和"精英"们已经僵化的、一厢情愿的世界感知。

那么，在这次参与贴吧远征的许多个体自述中，"尊严"是一个反复出现的关键词，而且多出自于有海外留学经历或者更加频繁地接触西方媒体的人群中，这又是从何而来呢？那恐怕是因为他们接触到的"西方"和"发达社会"与主流知识分子告诉他们的普世价值的、"文明的"西方是不一样的，令他们产生了心理落差和文化震惊。比如一篇参与者在"知乎"

上的回复说："放轻松啊小天使们，这其实也正是我们娱乐精神的体现，我们网络文化的成型表现而已，我们不是要上纲上线，人家一口一个'支那猪''426''南京大屠杀活该'，而我们拿出金馆长，尔康的鼻孔，wuli涛涛的法式蔑视应对，对方看了应该又气又好笑吧？我们说的是：'宝宝不开心哦，嘿小丫头片子，那咱们来斗斗图吧。'"另一位参与者在访谈中也提到"三立就是绿媒啊，只不过这个时候已经是一副来玩的样子了，大家真正这样正面打起来反而没怎么骂了。绿营的人在大家大部分都是绿的时候，骂蓝的和大陆人就会很恶心，但是单独作战的时候反而更像普通人。前一段时间微博上也有一个绿营的和大陆人吵着吵着就开始聊电视剧聊吃的了"。还有匿名的网友评论："不能客观一点吗？我认为这是一件很有意义的事情，翻墙过去你会发现台湾媒体报道基本都是胡乱报道，非常带有敌视，宣传大陆就是把大陆妖魔化，这就带来了台湾年轻人对于大陆缺乏了解以至于媒体怎么写他就认为是什么，缺乏对于世界宏观的了解。我们要发出声音，不管他们看不看，要为他们普及一些大陆文化。"

这些都至少说明发言者们是在充分的信息自由的环境下，而非被裁剪被选择的单一媒体环境中，超越了国内媒体的"统战思维"和"和谐世界"报道，直接深度接触和感受到了"文明世界"的媒体逻辑、文化水平以及对自己所属族群和国家（社会主义）的偏见、敌意和不友好。他们本来也并非对社会主义有什么深刻的感受和认同，平时也热衷于调侃自己的政治课和政治老师，并且可以脱口而出"市场的效率""个人优先于集体"等"改革共识"，但是突然遇到了这么不分青红皂白不加思辨不容反驳的对社会主义的攻击，他们反而意识到捍卫社会主义竟然和捍卫自己的尊严联系在了一起，但仍旧不失娱乐精神地向对方喊出"我就是喜欢你看不惯我，却不得不和我一起建设中国特色社会主义的样子"。对社会主义的情感和集体记忆（当然是非常模糊、混乱、未加理性梳理的情感），竟然在最充分接触和了解西方社会的人群中爆发，恐怕是许多知识精英始料未及的。而这种由墙外媒体所引发的中国青年的民族主义反弹也不是第一次出现了（参见潘妮妮的文章《互联网传播中"自干五"的缘起与话语分析——"五毛"？"公民"？》）。话语暴力如何塑造了暴力受害者的报复性自我认同，这是后殖民理论、批判种族理论都极其精妙认真地剖析过的。对于这个群体的某些血脉贲张、意气风发、局外人一时无法理解的亢奋情绪，可能需要进入这个群体的生活史、媒体消费史、社会交往史中去进行同情式的解读和阐释，要去知道他们是谁、为什么而来、怎样来的、感受到了什么。这些都不是闭门造车想象出一个封闭、愚昧、胆怯、受挫的贱民群体就可以了事的。

对于我们这个社会来说，年轻一代的网民们并非沉迷于剁手和后现代狂欢的行尸走肉，他们有对"认同"和"尊严"的追求，这怎么看都是社会之幸而不是灾难。如果不愿理会，那就不要理会，这个社会已经足够多元来容纳平行宇宙；但如果要评价、要判断，就要进入别人的语言，进入别人的语境，对这个并不算小众的群体进行认真的体察、剖析乃至批判。从目前看到的几篇自述来看，很多人都是在自由主义和消费个人主义的主流共识下成长起来的，他们本来相信个体和个体利益是生活中最实在、最重要的东西，集体和团结的话语离他们很遥远并且是经常作为被调侃的对象。但是出国留学和文化翻墙的经历却让他们感受到被强制标签化为一个群体的苦痛和自身尊严的碾压。既然作为个体没有办法在"文明社会"获得平等和真诚的认同，而他们也比在国内的人们更直观地感受到"文明社会"中以"身份"为标杆的冲突、暴力和压迫，媒体及文化中根深蒂固的偏见和区隔以及身份政治的风起云涌和千姿百态，他们也开始调用"国际通行"的技术手段、自我探寻被去政治化的教育埋葬的历史叙事和身份认同，发动起自我赋权的"身份政治"。如果说他们的政治行为充满了幼稚、褊狭和无知，那不是因为他们的"政治"是天然"错误"和"野蛮"的，而是因为政治精英和话语精英并没有把他们当成严肃的政治共同体成员来进行争议和对话，是轻蔑地把他们的行为当作小孩子的胡闹和狂欢扫出政治高大上的领地。如果去政治化和官僚化的主流社会无法为年轻人提供更有意义的身份认同和政治运动的意义与方向，年轻人就只能从自身的经验中、从被动卷入的各种政治"分类"中去学习政治和进入政治，这也不是精英的蔑视和不屑就可以消灭的。但是这样的话，他们的"政治"就一定是混沌的、方向不明的和不可预测的。（《什么是原力觉醒？帝吧远征就是》）所以，当务之急还是要虚心地去认识、阅读和了解。

由于笔者仓促之间没有能够对这个群体和事件进行更深度的分析，最后给大家推荐一篇优秀的网络民族志研究，威斯康星大学人类学教授周永明的《知情的民族主义：中国网络空间里的军迷网站》。作者对中国互联网军事社区进行了深度的参与式观察，对社区中流行的话语进行了细致的修辞分析，反驳了许多对网络民族主义的兴起想当然的猜测和评判。这是十几年前写成文章，但对于今天的知识话语的启发性和挑战性，依旧强烈。

"批判传播学"微信公众号2016年1月23日

原题为《这有可能是"身份政治"》

"帝吧出征"过后，要理解年轻一代的"情感结构"

/易莲媛

"帝吧出征"已快过去一周，按照网络热点更迭的速度已是旧闻，它事实上也在周末被全国范围内的大降温所覆盖。但这两个话题的转换，却非常巧合地暗示出"帝吧出征"参与者所面临的问题：虚拟世界及远方发生的观念性事件与日常生活的切肤感受。

这并不是将二者对立起来，更不是说"帝吧出征"及其推动力仅仅是观念性和虚幻的而只能表现出参与者的浅薄与暴力，恰恰相反，大规模、群体性的翻墙刷FB评论行为来自于参与者日常感受与网络信息之间的不协调。

这种不协调感的来源，也并非如许多批评者所认为的是被国家的民族主义宣传"洗脑"的结果，而是媒介环境的变化冲击了他们既有的情感结构。这种情感结构，也不能被笼统地称为暴民、庸众，或者贴上流行的网络标签"小粉红""直男癌"或者"屌丝"，否则是在痛斥网络暴力的同时沿袭了对立面的逻辑——也许可以称之为"优越感暴力"或"鄙视链暴力"。

合适的做法，应该是像另一篇试图理解这个群体的文章《精英没看到"帝吧出征"背后的"身份政治"》[①]所做的那样"去了解和理解，去探寻这一代人的成长环境、思维方式，他们的欢喜和困惑的理由"，正是这些构成了他们基本的情感结构，决定了他们在面对冲击时的反应方式。

"民族主义"或者"大国崛起"背景下的"爱国主义"并非是理解这次行动的最合适框架，即使这些思想的印记真实地存在于某些参与者的言论当中，但是它们的生发情境却不是来自批判者设想的直接灌输。

很多批评者习惯性地征引中小学教育作为政府民族主义和大一统思想宣传的明证，但也许是因为年龄的原因，很多批评者或者对中小学教育的理解还停留在20世纪八九十年代，或者仅仅从孩子的课本和教育中以成人的、批判的眼光读到自身的刻板印象。

事实上，教育教材改革已经在21世纪初全面铺开，以我在一线城市公立学校两年从事基础教育的切身体验来看，今天的中小学教育不管是从教材制定还是教师与管理者的主观认识上，都成了"人性论"与"爱国主义"的混合体，加之校本教材中占有极大比重的"国学"，无疑是校园外混杂思想的正面精编版。

小学教育贯彻的基本是人性本善、家庭价值观以及对家乡和由此推及的祖国的热爱，中学语文教育又在此基础上强调审美熏陶和文明教化，就连原本坚持马克思主义唯物史观的中学历史课，也以"文明史观"取代了"革命史观"，甚至也取消了中国历史与世界历史的区别，而划分为"政治文明""经济文明"和"精神文明"。②

以上的变动，从批评者一贯的逻辑来看，无疑是"进步"的象征。混杂了这些思想的教育，肯定也存在着混乱与自相矛盾之处，而身处其中的学生，往往以自身的生存处境来想象政治经济问题。

他们对民族和国家的情感，与其说是来自于批评者所想象的充满暴力和假想敌的民族主义，不如说是来自于去政治化了的民族文化与物质文明，《舌尖上的中国》曾被调侃为最成功的爱国主义教育片就是同一逻辑。他们也相信文明、教养、素质和经济发展所带来的丰富的物质生活。当然，鉴于中国社会当下巨大的阶层差异，只有一部分的年轻人是在这样的环境中成长起来。

不过，考虑到"出征"的主体正是那些掌握了"翻墙"技术的熟练的信息使用者，更何况还有相当的成员是海外留学生，甚至也包括了在台陆生，他们中有相当的部分属于这个群体。

从某种意义上来说，尽管认同存在差异，但民进党教育政策下成长起来的台湾年轻一代拥有类似的情感结构，只是被称为"本土意识"，并在一系列的社会运动和文创产业中得到了突出的体现。

"帝吧出征"的参与者，就是这样的一代人，当他们的情感结构遭受媒介上传达出来的相反信息冲击的时候，特别是媒介呈现出来的或更容易得到传播的是针对国家、文化及人民的无差别攻击，自然的反应不仅有反击和对抗，还有因认识到"你们这个也不知道"和"这就是你们标榜的文明"而产生的一丝幻灭、蔑视和解释的欲望。

这种感受我也曾经历过。刚到香港读书的时候，一个在内地认识的本地朋友有些紧张地来问我是不是共青团员，因为岭南大学学生会竞选时候一个内地生被攻击为北京的卧底并失去了资格，担心我也受到冲击。震撼我的不仅仅是号称民主与平等的环境的恶意攻击，更是他们对内地生存状态的偏见与无知。也许，对在台陆生来说，类似的震撼应该发生在张逸凡抨击拒绝将陆生纳入台湾健保制度的政策的文章被Facebook删除这一事件上。

"帝吧出征"背后绝不简单是台湾"大选"激发的统独问题，而是很长时段内，经常见诸媒介的台湾媒体对大陆的傲慢与偏见，不仅一再伤害了新一代年轻人的情感结构，也塑造了他们心目中的台湾形象——坐井观天式的蠢萌。

媒介再现有自己讨好大众吸引眼球的意图和倾向，这一点上两岸媒体谁也不能批评谁。台湾媒体的八卦化与自娱自乐已经无须再说，大陆这边，除了电视台要和国家的宣传政策保持一致外，网络媒体和自媒体在点击率的刺激下，进一步放大台湾媒体对大陆的刻板印象，日久天长，刺激着年轻的网络使用者的不满与解释的欲望。

就此，一位"帝吧出征"的参与者事后说道："这次，我觉得是一个交流沟通的开始，影响没有想象中那么好，真的，虽然一口一个同胞也有不少台湾人觉得恶心。甚至很多台湾人get不到我们的点。这个在我私下的交流中已经发现了，反正我不听我不听，一定都是阿共的阴谋……可是，只要有一个台湾孩子，因为这次，那些风景图，想来大陆看看，因为那些美食想来大陆尝尝，因为表情包变成朋友，我觉得，都是有意义的。"③

另外，"帝吧出征"的网络暴力问题，在很大程度上也属于代沟和主流文化对亚文化的漠视。此前，有文章很好地回顾了"帝吧"的发展历史④，但是有一点必须强调的是，"帝吧"并非独一无二，而是互联网亚文化在一个时段之内的集中地。

在标榜"自黑"的"帝吧"兴起之前，猫扑大杂烩曾经是互联网文化的最大输出地，流行BT思维，"人肉"就是从那里开始，而今天二次元文化中依旧流行的"23333"也是起源于猫扑包子的表情图。

虽然香港的"高登讨论区"、台湾的"PPT"也都形成了类似的文化，但这并不是中国互联网的"特色"，至于日本的2ch，英文世界中的4ch，更是政治不正确、低俗自黑无下限。就连帝吧一直被批判的"爆吧"，也是高登讨论区早就习惯的"洗版"。

而且，网络联系也并非批判者想象的那样是乌合之众。一些评论者已经发现了"出征"中组织与自我约束的严密，并对其给予了未来的希望。⑤⑥而且网络成员之间也存在着密切的日常联系，如"帝吧出征"的几个QQ群并不是为这个目的建立，成员之间来往密切，他们除了交流信息甚至还互相辅导作业。

但是，这并不是在为网络上的诸多暴力事件辩护，而只是指出一个常常被忽视的事实：这些行为在很多情况下只是负面情绪的宣泄和共享同一文化的人展现亲密感的方式，以局外人的视角看来无下限的语言暴力，对于参与的双方来说却远没有那么沉重。

以这次事件中表现最突出的表情包为例，虽然所配的文字普遍极具侮辱性和充满了暴力色彩，但搞怪、猥琐、自黑的图像往往又消解了文字的意义，使其成为使用者之间才能体验言外之意的交流密码，可以拉近沟通双方的距离。

事实上，以搭配文字的图片来传达某种情绪的方式早已出现，但它的真正流行还是在社交媒体中发展起来，并使得私人化的交流成为常见形态之后，越是熟悉的朋友之间越喜欢互发无下限的表情图。

具体在这个事件中，与其说像很多批评者所认为的妨害了理性交流，不如说表情包调节了两方立场之争的紧张气氛。甚至可以说，在两岸青年对历史和身份认同存在差异的情况下，表情包的非正式交流也许更能拉近心理上的距离，即使不同意对方的所思所想，也不会认为是无法理喻的邪恶敌人。

　　就像前面提到的"帝吧出征"参与者对这次事件结果的评价一样："两岸都挺开心，都觉得自己赢了，都觉得自己在看猴戏……建立了自己的FB根据地叫两岸青年交流促进会，现在主要的目标就是把这个主页建设好。"（《如何看待 2016 年1月20日帝吧出征Facebook事件？——知乎用户嘤嘤嘤，我是小清新的回答》）

　　如果说年轻的一代在遇到冲击的时候都在尝试沟通和交流，身处其外的人更应该试着去理解他们的情感结构，而非便利地给他们贴上被他们用来自黑的标签。

注释：

① 《精英没看到"帝吧出征"背后的"身份政治"》

　　http://groundbreaking.cn/bqxs/yijie/2016/0124/5958.html

② 《高中历史教师吐槽历史新教材：史观混乱，消极处理敏感话题》

　　http://www.thepaper.cn/newsDetail_forward_1330594

③ 《如何看待2016年1月20日帝吧出征Facebook事件？——知乎用户嘤嘤嘤，

　　我是小清新的回答》

　　https://www.zhihu.com/question/39679370/answer/82573644?

　　from=profile_answer_card

④ 《"帝吧"升职记：从"屌丝自黑"到"师出有名"》

　　http://mp.weixin.qq.com/s？_biz=MjM5NDEyNDQ4OQ==&mid=

　　408204247&idx=1&sn=8b3e172bb43ab30c6fe54000f97c09cd&scene=2&srcid=

　　0123vD4P1ERt86tztb3Mcjpd&from=timeline&isappinstalled=0#wechat_redirect

⑤ 《如何评价李毅吧2016年1月20日出征Facebook？——知乎用户马前卒的回答》

　　https://www.zhihu.com/question/39663757/answer/82676364

⑥ 《帝吧进军Facebook——一次魔幻现实主义的十二月党人远征》

　　http://mp.weixin.qq.com/s？_biz=MjM5NzE2NTY0Ng==&mid=

　　401974334&idx= 1&sn=3142a2a67a1b8d5ab5a33e0ca7159f32&scene=

　　4#wechat_redirect

《探索与争鸣》微信公众号2016年2月1日

从"帝吧出征"事件看网络粉丝社群的政治表达

/陈子丰　林品

　　2016年1月20日，百度李毅吧（"帝吧"）因大量用户有组织、有计划地借助"翻墙"软件"集体远征"台湾社交平台Facebook，引起了国内外舆论的多方关注。在这场被命名为"帝吧出征FB"的行动中，参与者在新任台湾地区领导人蔡英文以及《苹果日报》、"三立新闻网"等媒体的Facebook主页发布了海量的反"台独"言论和反"台独"图片、表情包，制造出极具视觉冲击力的"刷屏"（"洗版"）效果，也震荡出颇为浩大的舆论声势。同年3月18日，正当围绕"帝吧出征FB"的议论渐趋平静之时，"帝吧"又重举义帜，就"中国乘客在机上被外国男子辱骂'中国猪'，维珍乘方不作为"事件向英国维珍航空Facebook主页发起"总攻"。这次攻击虽然规模稍小，但态度之激烈更胜前番。"二次出征"以维珍航空创始人公开道歉告终，在保持"胜利"纪录的同时，似乎也表现出"帝吧"将这种非常规的群体性表达"常态化"的意向。在本文中，笔者将从这一系列现象入手，尝试探讨网络粉丝社群的群体性表达。

帝吧：一种兼具特殊性与代表性的网络粉丝社群

　　"网络粉丝社群"主要是指，基于对特定对象的共同爱好而形成的、具有粉丝身份认同的趣缘社群，其成员互动主要通过网络媒体，尤其是社交媒体（Social Media）进行，群体活动也依托于社交网络服务（SocialNetwork Service，SNS）而展开。此外，网络粉丝社群还具有显著的"自我声明"特征，那些成型的社群往往会借助"粉丝符号""粉丝声明""粉丝文本"的生产、发布与传播，来对社群整体和成员个体进行自我命名和自我界定。

将"帝吧"归入"网络粉丝社群"的范畴加以讨论，或许存在疑义，因为大部分"帝吧"吧友其实并非李毅这位足球明星的粉丝（球迷）。然而，就定义"网络粉丝社群"的网络性、趣缘性、群体性以及"自我声明"特征而言，"帝吧"都是鲜明的典型。

首先，以"李毅"为关键词生成的百度贴吧是"帝吧"成员互动的根据地，吧友在长期互动中形成了层级制和职能制两相结合的吧务团队，以及相当高效的网络动员方式（以李毅吧为基地进行跨平台宣传，并借助QQ群组聊天等工具开展即时通讯）。在网络互动中形成的这套特殊管理规则，是"帝吧"得以在"出征"事件中展现出非凡战斗力的"制度保障"。再者，"帝吧"成员主体虽不是李毅的球迷，却几乎都是"李毅大帝"这一媒介产品的使用者和爱好者。"李毅大帝"先是充当"帝吧"成员"高级黑"（以"仿粉丝"的姿态获得"反粉丝"的快感）的对象；后来发展为"帝吧"引以为豪的"恶搞""内涵"文化的图腾标志；如今又在主流舆论对"出征"事件的肯定中，被确立为"屌丝逆袭""众人皆帝"的"正能量文化"代言人，可以说一直都是"帝吧"赖以凝聚的趣缘纽结点。

近年来，李毅本人试图通过主动充当"屌丝逆袭"文化的代言人，将其媒体形象和"帝吧"建构的极具品牌价值的"李毅大帝"形象整合在一起，他的做法获得了多数李毅吧用户的认可。在这种耐人寻味的"追认"之下，"仿/反粉丝"与"粉丝"进一步发生重叠。"帝吧"成员还参照粉丝文化的构词法，发明了"毅丝"（或"D丝"）这样的身份标签进行自我声明。"毅丝"富有创造性的互动使得"帝吧"成为诸多网络热词、黑话、段子、图片、表情包的策源地，逐渐形成一种颇具辨识度的亚文化风格，进一步增强了"帝吧"的社群凝聚力和成员认同感。

更进一步说，"帝吧"的特殊性同时也成就了它的"代表性"。相比起大多数集中于特定对象的粉丝社群，"帝吧"可谓一个综合性的草根文化社群，堪称百度贴吧的趣缘社群文化的集大成者。在这个号称"为兴趣而生"的社交平台中，作为用户规模最大、帖子数量最多的一个贴吧，"帝吧"成员大都同时活跃于其他贴吧，在不同的网络社群之间充当着互通信息的节点。当百度贴吧的活跃用户们以"帝吧 er"的身份集结并向对岸"远征"时，他们所依凭的其实是一种共同的组织动员与群体表意方式，而这正是在各色粉丝社群普遍共享的媒介机制内交流、碰撞中所形成的。

媒介赋权与群体赋权下的"注意力占领"

对于"帝吧出征"事件，无论是否同意他们的主张，人们都很难不惊叹于这场虚拟示威的爆发力。粉丝群体之所以能展现出令人震撼的表达力量，首先得益于互联网新媒介所产生的赋权效应。随着"媒介融合"的深化和"融合文化"的渐趋成型，积极使用新媒介的粉丝不再只是文化产品的被动消费者和媒介信息的单向接收者，而是能够借助各式各样的允许用户生成内容的互联网应用，成为文化产品的"产消合一者"和媒介信息的双向交互者。开放的媒体平台还让粉丝的信息生产溢出了粉丝的小圈子——微博首页的热门话题经常被数目惊人的粉丝热评尽数占领，仿佛粉丝行为已成为网络文化生活的主流。

其实，这种"占领"一定程度上是粉丝群体悉心经营的结果，作为成长于文化产业链之中的网络原住民，新生代粉丝深谙信息爆炸时代的"占领注意力"之道：他们通过"毅丝""鹿饭"（演员鹿晗的粉丝）等身份标记，在虚拟空间中勾连出一张张庞大的话语之网，并通过制造各种舆论"事件"，让这张网清晰地展现于公众视野。例如，少年偶像组合"TFboys"的粉丝会通过"发帖刷人气、在微博上加话题热度、熬夜刷榜投票"等一整套线上行动，配合"以偶像的名义做慈善"等线下活动来系统地为偶像和自己吸引关注。而事先高调宣传动员、事后详尽总结、多方报道的"帝吧出征"，则相当于以"网络公开课"的形式向场外人展示了事件背后的紧密组织和周密策划——根据事后公布的"作战方案"，"出征"由"总群"总动员，下分六路纵队，除了"帝吧"主体与"天涯八卦"作前锋部队外，还有五路后援保障部队分管情报收集、宣传组织、制作图片及言论、对外交流、战场清理工作，甚至连"作战"时间都以十五分钟为单位进行规定。当"注意力经济"早已为人知晓，"帝吧出征"似乎显示出某种"注意力政治"的可观潜力。

毫无疑问，这种"注意力政治"高度依赖于"人海战术"，其前提在于庞大群体的积极参与。网络空间中的信息和资源流动，使得"节点联结"密度较高的区域得以产生社群；"独乐乐不如众乐乐"的趣缘社交需求以及互联网栖居者在赛博空间中确认自我身份、寻找归属感的心理需求，深切地呼唤着社群的建构；种种动因相互缠结，使得社群性成为网络时代的粉丝文化区别于先前大众文化的另一个关键特征。恰如"丝"（s）这个复数后缀所提示的，"粉丝"（Fans）作为特定的狂热爱好者，始终是以复合形式存在的，其生存姿态可谓"每个毛孔都充满着群体认同"。正是网络社群的"群体赋权"，才使得提供平台、工具的"媒介赋权"真正落到实处——毕竟，在当今这个"后广播"时代，谋求用"权威"的麦克风放大独唱，远不如靠"刷屏"的万人大合唱来得立竿见影。需要注意的是，后者并非前者的代数叠加，当声音从点对面的单向广播变成众声喧哗，粉丝群体的凸显正意味着权力关系的改变：它们既是声音的接受者，也是声音的发出者；既是媒介赋权的对象，又是自我赋权的主体。

在同一社群内部，专业特长各不相同的众人带动起知识、技术、观点的流通共享，这种"集体智慧"使得通常在文化权力场域中处于相对弱势地位的大众文化爱好者能够获得更为强大的力量，在网络协同的过程中生产出富有创意的文本甚至符号体系，甚至有可能对超出社群的线上、线下生活产生切实的影响——"帝吧"创造的"屌丝文化"就是一个具有代表性的案例："屌丝"最初是网络骂战中针对"帝吧"成员／"D丝"的污名化称谓，后被"帝吧"成员"不以为耻"地领受，并以此为核心能指创造了一整套符号体系，用以承载这一亚文化群体的社会想象和价值观念；这套符号体系还从"帝吧"传播到别的社交媒体，不仅成为很多人线上交流的常用语，甚至还渗透进人们的线下日常交往，越来越多的中国人将"屌丝"用作自我指称的符号，一方面用这个与"高富帅"相对立的词语来表达自己的相对贫穷感，另一方面又借由"屌丝逆袭"的套路表露出力争上游的进取精神和阶层流动的愿望。

不过，扁平化的媒体平台之上话语权力的开放以及海量更新的信息洪流之中"占领注意力"策略的采用，注定了粉丝群体表达的力量更多体现为冲击、渗透，而非直接的说服。两个人在同一社交平台上持续使用重复的符号和表情包互相攻击，这种场面或许是怪异可笑的；可在两次群体性的"出征"中，文本和表情包的狂轰滥炸却一定程度上贯彻了严正的政治意图。然而，"占领注意力"策略对政治意图的"实现"仍是打了折扣的。由于事先已"约法三章"，要求树立"有纪律、有文明、有节操"的集体形象，因而，"出征"中确实少见谩骂；但是，产生巨大文本量的数天刷屏，也并没有发展出可在Facebook特殊的舆论环境中展开有效陈述的表达方式，更遑论面对横亘在海峡两岸之间的文化差异展开有效沟通。起初旗帜鲜明的"出征"，逐渐演变成一场由"八荣八耻"、小学课文、美食图片以及数量最多的恶搞聊天表情所组成的符号狂欢，"交战"双方后来甚至开始晒照片征友。这固然表现出"帝吧er"引以为豪的"克制""友善"，也同样暴露出声势浩大、组织严明的"战斗"在理性批判力度和传达信息效率方面的巨大缺陷。

同时，我们也应该意识到：在群体层面，鲜有纯粹的"策略"，绝大多数策略实际上都同时是群体成员的共同需求。"占领注意力"的低效既不影响"帝吧er"从参与中获得极大的满足，更不意味着"出征"只是一场无谓的胡闹；相反，它提示我们，应将非常态的"出征"拉回到粉丝社群的行为常态中，来进一步理解这一行动的意涵。

身份认同与站队逻辑

值得研究者关注的是，在这场宣扬民族主义情感、凝聚民族身份认同的行动中，对参与者的另外一重身份"帝吧er"有着几乎同等的强调——仿佛二者之间存在天然的联系。"帝吧出征，寸草不生""众人皆帝"的宣传图文铺天盖地，展现出参与者无比的自豪与认同感。对于一些外在观察者来说，这其中趣缘社群认同与民族国家认同并行不悖乃至相得益彰的逻辑十分令人费解，但在网络粉丝社群文化的意义脉络中，身份或者说标签化的身份，却正是多数交际的核心内容之一。

"标签"是粉丝充满仪式感的自我声明工具，它赋予个体一种明确的身份，将其置于一套前人或侪辈提供的参照系之中。对局外人而言，这套参照系的复杂程度超乎想象，而"帝吧er"只是其中最简单易识的一种。例如，由三名成员组成的"TFboys"的粉丝统称为"四叶草"，而又细分为"团粉"（同等喜爱作为整体的三人）、"源苏"（突出喜爱王源）、"凯苏"（突出喜爱王俊凯）、"千唯"（突出喜爱易烊千玺）、"凯源粉"（喜爱王源、王俊凯以及他们之间的互动）、"理智粉"（自认为有理性判断力）、"脑残粉"（被认为狂热、幼稚、丧失理性）、"亲妈粉"（对三个少年怀有母爱）、"姐姐粉"（以姐姐的身份喜爱三人）、"女友粉"（像喜爱男友一样喜爱三人）等，这套至少在三个维度上展开的标签系统之所以会如此精细，是因为它意在将复杂多样的粉丝行为进行从"对事"到"对人"的本质化。与更加讲究礼仪的线下交往不同，网络粉丝社群的线上交往并不存在对于"贴标签"的公开禁忌（虽然线下交往也常常暗自援引标签，作为裁定他人、定位自我的工具）："贴标签"几乎是接洽陌生用户的第一步，一方面因为身份认同对于粉丝社群如此重要，另一方面也让信息洪流中的后续互动变得简捷易行。

粉丝在毫不客气地给萍水相逢之人扣上"喷子""脑残粉"等帽子的同时，也毫不介意"鹿饭""四叶草"，甚至"丝"这样的标签会将自己呈现为乌合之众的一员。看似泯灭自我的群体性狂热，实则正是自我的投射与内摄：诸如"努力""善良""时尚"等被粉丝赋予偶像的美好品质，也被粉丝用来描述爱着偶像的自己（至少是理想自我），在"骂我爱豆（Idol的谐音，即偶像）就是骂我""爱豆让我成为更好的自己"这些常见的表述中，客体和主体间的界限已经模糊了，通过投射与内摄的心理机制，偶像成了粉丝"自我的延伸"。而群体层面的投射就更加光明正大，除了发掘所爱对象的符号价值，粉丝还会主动援引更多的素材来建构自身的群体形象——从"鹿饭"的阳光积极、热心公益，到"毅丝"的幽默辛辣、机智内涵。这些想象的品质以及想象的共同经验、共通情感，在对共享文本的共同使用和高密度的信息互动中，获得了象征符号性的建构，并进一步巩固了粉丝社群作为某种"想象的共同体"的群体认同。

而粉丝社群之间的群际互动，则具有鲜明的"党同伐异"特征。"帝吧出征FB"之时，李毅曾在其微博上霸气外露地宣言："犯我中华者，虽远必诛"；而实际上，"帝吧"在Facebook上展现的令人震惊的攻击力，很大程度上正是粉丝社群一系列日常攻击行为在海外"客场"的实践。"出征"的操作技术源于意见相左的粉丝社群间最常见的微博骂战和"爆吧"行为——以百度贴吧平台上的具体贴吧为单位，一个（些）贴吧的吧友在另一个（些）贴吧中发帖刷屏致其瘫痪，这是目前攻击性最强的恶意刷屏类型。而"帝吧"正是"爆吧"行为的发明者，自2007年以来，这个以"黑粉/反粉丝"起家的粉丝社群，曾多次发动或参与过针对李宇春吧、东方神起吧、Super Junior吧等超人气贴吧的大规模"爆吧"行动；在其间积累的组织经验和战斗策略，也使得"帝吧出征"能够迅速实现所谓的"火力压制"。

　　与对立阵营间频繁骂战形成鲜明对比的是粉丝社群内部的和谐氛围。以标签为工具，素不相识的人只要相互识别为同一种粉，立刻就像对上暗号的地下党一样获得天然友谊，并得以依照标签所匹配的一系列准则迅速进入互动。虽然这种互动大多是网络社会流动空间中的"缺场交往"，但粉丝将社群称作"温暖的家园""有爱的大家庭"这样的表述十分常见。这种松散而紧密的联结，是"众人皆帝"的旗帜短短几天即可集结如此庞大力量的组织基础。在日常交际中，这些为趣缘认同所吸引、为身份标签所聚集的网友，会和现实好友一般分享资源，甚至常以自创的同人文本或周边产品互相馈赠。这种趣缘标签的一致所带来的认同感，甚至可以弥合现实生活中的一些身份标签所造成的撕裂：为了获得圆融一致的群体身份认同和趣缘社交中的亲密无间感，社群成员通常都会掩饰、回避（尤其是较为优越的）现实身份，甚至刻意在话语上进行低就式的认同。此外，由于建立在趣缘认同之上的情感纽带被鲜明地设置为人际交往的前提，因而一些围绕现实标签的争议乃至敌意，也会在社群成员之间得到搁置，甚至获得理解以至于达成共识。

　　当然，在"同"与"异"的辩证法中，群内和群外的界限并不总是绝对的。譬如TFboys的各类粉丝，虽然频繁地相互反感、贬低，但他们一旦面对被识别为共同竞争对手的其他粉丝社群成员，就会立刻"搁置争议，一致对外"，团结起来维护偶像和粉丝社群的形象。同理，尽管"帝吧"吧友在日常交际中不乏针对中国社会种种乱象的冷嘲热讽，但一旦引入Facebook上的外来观察者，他们的即时站队却毫不含糊。"党同"和"伐异"之所以可以随时切换，是因为他们有着共同的心理基础：骂战最重要的功能同样可以落到群内身份认同的凝聚之上。正如曼纽尔·卡斯特（Manuel Castells）所言，通过对抗他者来建构自我/我群主体性的"抗拒性认同"，有划定边界的强大功能，"区分"往往能够直接导致共同体的形成。粉丝社群中的很多人亦毫不讳言，对外的"恨"与对内的"爱"息息相关，热血沸腾的并肩战斗带来"为偶像做了什么"的自豪（虽然偶像本身可能并不赞同甚至并不知道），同时也巩固了"Fan"的身份建构和"Fans"的社群认同。

从身份认同的视角出发，我们就可以更好地解释在"出征FB"的壮观行动中强调"众人皆帝"的意义；也能够尝试理解"出征"行动止步于"占领注意力"的集体符号展演的原因。在很多网媒报道和参与者自述中，"亮相"这个词频频出现，暗示"刷屏"对于网民注意力的暴力性占领将Facebook平台变作了"帝吧er"的表演舞台，而"亮相"本身的意义实则在于被看见、听见，而非被看懂、听懂。这个字眼让我们很难确定，台湾地区的网民在"出征"事件中所扮演的，到底是影响和说服的对象，还是集体展演的观众。在这场声势浩大的符号狂欢中，我们可以辨识的只有用"看起来在骂"和"实际没在骂"表达出来的直观而表意不明的"敌对"或"友善"两种情绪，这和日常骂战中"粉"或"黑""同意我/我偶像"就是朋友或"不同意我/我偶像"就是敌人的群内/群外站队法相比，并没有本质区别。在数码时代的赛博空间里，历史上曾获得广泛实践的"站队政治"，似乎正继续发挥着强大的社会化功能。它所采取的"区分逻辑"固然极大地满足了粉丝社群的认同需求，但是认同一旦实现，更进一步、更具有生产力和批判性的动机和行为却没能随之到来。认同的效果至多是不断询唤主体，然而完整的、有效的主体话语却迟迟未能出现，也未能够与其他复杂的问题、多样化的需求结合为丰富、多元的声音。认同的力量固然强大，但如果止步于此，由认同所驱动的符号生产很容易就会泛化为"复制—粘贴"式的能指狂欢，其表意效能也很容易就会在这个过程中稀释殆尽。

虽然便利的媒介技术和庞大的用户规模的赋权效应，为网络粉丝社群提供了公共舆论场的入场券，将他们推上了时代的舞台，虽然应时而生的表达策略、日益成型的组织架构以及身份认同所凝聚的强大动力，使得他们能够在舞台上大放异彩，以至博得惊呼阵阵，但是他们能否赢得历史的掌声，还要看这些刚刚登台的年轻群体能否适应时代的聚焦，用更有创意、更有活力，同时也更有深度的表演，在打破台上台下界限的场地中，确立起成熟的历史主体。

《文化纵横》2016 年第 6 期

从"帝吧出征"看国族主义与民粹主义的合流

/王涛

熟悉互联网热点事件的人，对"帝吧出征，寸草不生"这句一时火遍中文网络的口号，应该不会感到陌生。受台湾女歌手周子瑜"台独"事件持续发酵的影响，在主张"台独"的民进党总统候选人蔡英文赢得台湾大选之后，来自百度贴吧"帝吧（李毅吧）"和其他网络平台的大陆网友运用各种网络翻墙技术，到Facebook蔡英文粉丝专页以及作为"台独"势力"传声筒"的三立新闻网、《苹果日报》以及《自由时报》等主页，进行了一场打击"台独"势力、传播统一思想和展示大陆真实状况的网络大战。2016年1月底，"帝吧出征"成为各大微信公众号推送的热门主题，也逐渐成为坊间热议的话题。

帝吧青年与国族主义

其实，令人感到非常讶异的，并不是这次"出征"的规模之庞大、组织性和纪律性之强以及网络贴文之克制，也不是这次大战运用的表情包、回帖刷屏等攻击手段的巨量和丰富，更不是出征过程中找错战场以致误伤友人、化干戈为玉帛转而唠家常等奇葩情节，而是这一源于"90后"乃至"00后"青年网民体现出的、与执政党意识形态符号具有高度一致性的爱国主义或国族主义精神以及这次大战的五花八门的形式和手段之下极为传统的，甚至略显贫乏的政治话语和内容。例如，在帝吧青年的反"台独"网帖中，甚至有"八荣八耻"具体条文、周恩来总理画像及其相关讴歌文字、爱国歌曲《歌唱祖国》歌词等主旋律内容。不难发现，作为论辩武器，这些表达爱国主义情绪的文字片段、语言乃至思路，几乎都可以在当下大陆中小学政治教育或爱国主义教育体系之中找到相应的来源。所以，我们不难理解，在互联网上一向处于劣势的"共青团中央"微博及其他官媒，前所未有地向来自民间帝吧青年的反"台独"行动致敬，第一时间地表达来自官方的认可与赞扬。共青团中央的介入，一方面是因为帝吧出征行动体现出的爱国主题、话语内容同官方主流意识形态具有亲和性，进而共青团中央试图以此为基础来影响作为行动主体的青年网民；另一方面面对声势浩大的网络行动，他们也希望借此在青年网络空间中掌握和发挥更大的话语权，以引导"帝吧出征"网络行动的政治方向，降低其极端化和被利用的潜在可能性。

我们暂且用"帝吧青年"来统称参与这次网络行动的青年人。他们大多数都是"90后"和"00后"，成长于中国走向繁荣与富强的改革开放年代，因其见证且受惠于中国的高速发展，而有着更强烈的民族自信心以及对中国道路和执政党更多的政治认同。而且，在他们所受的历史教育、政治教育中，国族主义和爱国主义仍旧是核心内容。自18世纪中期中国深陷于列强的蚕食、内部的纷争与分裂之后，建立现代国族国家就成为一代代仁人志士的理想，同时也成为任何一个政党赖以赢得支持、获得正当性的基本主张和政治符号。即便是在近代国家危机不再存在之后，宣称担当国族国家建设之未竟事业以及捍卫国族国家的完整与统一，仍旧可以成为政党获取源源不绝的政治认同与支持的重要手段，而国族主义则是政党与其他政治团体和人士在摆脱各自具体政治差异之时依旧能够找到的共同立场。因而，在青少年成长时期，不断强化国族意识、培养爱国主义，既是政党的历史任务，也同样是政党进行政治建设的重要工作。可以认为，帝吧青年的出征行动，本身即是国族主义教育的一个合乎逻辑的结果。

国族主义与民粹主义

在中文中，国族主义（Nationalism）一般被译为民族主义，但由于中文"民族"的含义偏重于族裔群体，因而无法涵盖国族（Nation）一词所具有的非族裔政治性。一般来说，国族由国界之内的一个或多个民族构成。虽然在大多数情况下，国族是由主体民族的语言、文字、宗教等特征来界定，但国族又不等同于该主体民族，它具有更广大的包容性、统一性和整合性。从历史上看，国族、国族国家是基于民族性，但又与之不同的现代政治构造。同时，就它们二者来说，国族与国族国家是一个相互作用和相互建构的过程，其背后的思想动力是国族主义。所谓国族主义，是一种追求国家与国族的边界一致，进而实现国族自决权的主张。近现代国族国家潮流所挑战和瓦解的是传统帝国，比如神圣罗马帝国、奥匈帝国、奥斯曼帝国。大体上，近代以来，第一波国族主义运动是欧洲早期国族国家的形成；第二波国族主义运动是欧洲列强对非西方世界的入侵所激起的民族解放运动。非西方世界的国族主义和国族国家则是对欧洲进行反应的结果。在解决入侵、殖民的问题时，这些国家主要是在国族与外部关系的视野中，致力于实现整体国族的自决权问题。为了创建国族国家、应对西方挑战，精英分子通过提出新的国族主义理论，并通过政治宣传等活动来唤醒、塑造民众的政治主体意识。在国族国家建成后，国族主义还成为现代化建设过程中进行社会动员、政治动员的主要意识形态。

国族主义运动在向外部世界运用自决权来论证国族国家正当性之时，国族主义之中的人民主权、人民主体性等内容，也将自然地带来民粹主义的结果。它们两者之间的关系主要表现在这三个方面：1. 作为最有力的意识形态，国族主义成为政治团体和政治人物进行辩护自身、夺取权力的手段，他们往往会在主张、行动和宣传时诉诸国族利益、人民至上性，运用民粹主义的口号、情绪和象征来进行社会动员、政治动员；2. 国族主义一旦成为普通民众思考政治问题的思维框架，必然会在某些社会政治事件触及国族国家的利益、完整性等敏感问题时，自下而上地激发起相应的民粹主义运动和情绪，形成强大的，甚至具有支配性的政治力量；3. 尽管国族主义的意识形态能够成为政党等团体的策略和手段，但是国族国家的利益和完整性也成为高于他们的价值，并因其具有激发社会政治运动的作用，因而与民粹主义一起成为限制、左右政党等团体的因素。从这三个方面来说，国族主义与民粹主义如影相随、难解难分。

帝吧出征=网络民粹主义？

虽然在帝吧出征行动中，大陆网友的言辞偶有过激之处，但在大辩论中总体上保持了言论的有理有据、有礼有节，展示了和平、克制甚至友善的态度，同人们通常印象中广大青年在国族主义情绪被触及时（如中日钓鱼岛问题）表现出的激烈、愤怒乃至非理性举止相去甚远。尽管如此，仍然可以发现，帝吧出征在诸多方面具有民粹主义的因素。当然，我们在此主要是在中性意义上理解民粹主义。一般来说，民粹主义是指来自于人民自身或人民之外的精英，以人民意志、人民情绪为吁求、诉诸对象，通过调动与集结人民力量，发起社会运动、提出政治要求和改变政治现状的一种政治行动、言论和策略。而所谓网络民粹主义同样是在"人民利益""人民至上"的名义下，在"人民"与其"敌人"的二元对立视野下，力图通过吸引、诉诸民众的意志、关注和判断，并以人海战术来塑造、形成所谓的"公共舆论"或"民意"，实现某种线下持有但却无法实现的诉求和目标。可以说，帝吧出征就是一场在国族主义的号召下，由互联网贴吧青年群体策划、参与和推动的群体运动，他们批驳"台独"势力与"台独"言论，重申对国族国家统一的主张，并在互联网上形成了浩大舆论声势及其影响。尽管帝吧出征后来得到官方媒体的正面追认和引导，但在本质上它是一场网络青年群体利用网络工具与平台、表达政治态度的自发行动。同以往的反美、反日抗议的民粹主义色彩运动相比，固然在参与主体的代际心理特征、擅长手段、自律意识等方面有很多不同，但是行动诱因中的国族主义与民粹主义的关联性以及自发的群体动员模式则是如出一辙的。

帝吧青年的网络行动之中固然有很多笨拙与荒唐的可被批评之处，但是它的确表达了新一代"90后"青年人赤诚的爱国之心。从政治哲学的角度来看，共和主义公民的基本德行是爱国主义，而爱国主义是对超越于个人利益之上的共同体利益的关切，它带来的政治行动可以被看作是对共同体之公共事务的参与，或者说，是对政治自由的一种实践。帝吧青年正处于政治意识萌发、政治热情迸发和公共精神觉醒的年龄阶段，他们需要通过张扬爱国热情来体验与国族共同体的一体感和对它的归属感，在介入公共生活、实践政治自由的过程中获得对自身政治价值的肯定和生命的升华。然而，显而易见，在现有政治生态中，青年进行政治实践空间是狭小、有限的，如同他们的前辈，或许只能在与政党具有政治共识且无可指摘的国族主义运动之中来完成他们的政治成人礼。所以，可以看到，在帝吧青年网络行动的略显小心翼翼的自律之中，有着他们的爱国心和政治世故的奇怪的结合。因而无论他们是怎样无所顾忌地表达自己的观点，但是他们所尝试翻越的那堵墙以及自身政治生态的局限之处还是尴尬地暴露出来。同时，国族主义时常会带来失控的激进政治，而激进政治并不是培育青年人的政治理性、审慎能力和公民精神的恰当场所。而且，在某些情况下，国族主义往往会从政党利用的政治手段变成政党遭受攻击的原因，带来无法管控的意外结果。因而，帝吧出征给出的提醒是，培养青年的健康政治精神和构建优良政治生活依旧是我们在互联网时代面临的重大任务。

《探索与争鸣》2016年第4期

中国当代青年群体中的新右翼思潮

/洪恺

　　进入2016年之后，近年一直呈抬头趋势的右翼浪潮更加凸显，成为席卷全球的政治现象。在美国，围绕总统大选，共和党竞选人特朗普所代表的孤立主义、贸易保护主义、对移民和少数族裔的不友好态度等右翼主张，吸引了众多支持者。在欧洲，随着难民危机的加剧以及奥地利自由党等右翼政治力量的上台，"二战"后努力培育了半个多世纪的欧洲价值观受到冲击，分离主义和民族主义加速蔓延。直观上看，这轮右翼浪潮是对2008年以来世界范围内经济动荡和政治变革的反应，但它同时也是一种源远流长、根深蒂固的社会思潮和政治观念。本文就是在大众思潮层面所做的一个观察。

　　作为一种现象，这一轮右翼浪潮的构成非常复杂，很难用具有概括性同时又足够准确的定义去描述，但它至少有以下几个鲜明的特征：一是主要依托互联网和社交网络传播，二是以青年为主体，三是和本地政治议题相结合，四是彼此之间呈"文明的冲突"状态。早已深嵌全球化结构之中、拥有便利资讯的中国年轻人，自然能够感受到这股右翼浪潮，并做出自己的反应。如果从发生时间上做一个归类，而不深究具体事件的内在逻辑，我们甚至可以把台湾"反服贸"和香港"占领中环"也看作这股青年浪潮的组成部分。中国大陆的年轻人在一系列网络事件中，也显示出对右翼思潮的不同态度，这些态度背后的观念分化，反映了近年来中国部分青年群体中的一些思想动向。

特朗普现象与帝吧出征

此次美国大选中"特朗普现象"在部分中国年轻人中引起的反应，是观察这轮思潮起伏的一个切入点。在国内一些年轻人聚集的网络社区上，大量跟帖站在了支持特朗普的一方，这是一件令人颇感讶异的现象，因为特朗普所秉持的政治立场和政治观点与中国语境相隔十万八千里，这种奇妙的情感唤起必定有其特殊原因。

原因之一是，特朗普的中国支持者中间，有很多是在美国读书或曾经有过留学经历的中国年轻人。他们的国际化程度很高，对美国的国内政治非常了解，同时也对美国一直以来"政治正确"的一套感到厌烦。这套"政治正确"包括经济政策、少数族裔、移民问题、女性权利、堕胎、同性婚姻、社保政策等一系列议题，此前的美国主流社会中流行着一套偏于左翼的态度，简言之即开放的、包容的、福利主义的，这被中国一些年轻人称为"白左"（即白人左派）。而特朗普以其夸张的右翼反对者姿态，用"大嘴"的方式将这套主流价值批判得体无完肤，点燃了对之前"政治正确"感到不满的人们的政治热情，这一人群也包含了部分中国年轻人，但从观感上看数量似乎并不多。

特朗普的中国粉丝之所以出现，更重要的原因或许并不在于他们对美国国内政治议题的具体看法，而是对美国右翼势力兴起的"同情心"，一种在全球化语境下吸引年轻人的右翼姿态。用一句网络流行语来说，中国年轻人对特朗普的态度是"主要看气质"。换言之，美国右翼青年和部分中国年轻人在心理构成上的某种同质性，才是促成国内"特朗普现象"产生的基础。具体而言，特朗普让美国"再次伟大"的口号，对少数族裔和外来移民的强硬态度，对社会文化的保守倾向等，让中国的这些年轻人产生了共鸣，不自觉地把这些态度投射到国内议题上，从而产生了"移情"的效果。

中国部分年轻人对右翼思潮的这一"同情心"以及全球青年议题上的某种"同构性"促使人们思考，这种态度还有哪些表现？其吸引力究竟来自何处？值得注意的是，从不晚于2008年开始，中国互联网上也在形成着一波偏向民族主义、文化保守主义和国家主义的青年思潮，同时又裹挟着"皇汉""工业党"、地方主义、反女权主义等一大批当代青年亚文化。它尚不能称之为一个边界清楚、层次严整的社会思潮，但的确在"气质上"和全球范围内的保守思潮有着相似性。而且，这一波青年思潮内在于中国三十多年来逐渐成型并不断变化的社会结构本身，且浑身上下洋溢着青年人特有的战斗性，在与其他思潮的竞争过程中，产生了一定的号召力与动员力，构成了一些网络公共事件得以产生的观念基础。

值得琢磨的是，今年年初发生在互联网上的"帝吧出征"事件，再次说明青年群体中观念的多元与多义。表面上看，这次网络事件的参与者和特朗普的支持者重合度很低，相互之间甚至不乏歧视与攻讦，但他们像是彼此的镜像，在关于民族主义的"气质"上有着相似性。当然，我们很难将"帝吧出征"看作社会思潮的后果，但思潮作为一种社会观念，其影响是普遍照拂的，知识精英可以取法其上，一般民众和网络青年也可以得乎其下。"帝吧出征"事件就是"得乎其下"的一次网络集体行动。此次网络事件被很多人称之为"网络爱国主义"或者贴上民族主义、国家主义等标签，有一定道理，但和事件本身的匹配度不是很高。作为青年群体的一次网络行动，事件本身未必有外界所说的强烈政治色彩，而是在一个带有网络娱乐化色彩的背景下，青年人对民族文化和国家认同朴素情感的自发流露，这从"帝吧远征军"所使用的具有鲜明中国元素的表情包中即可窥见一斑。

特朗普现象和帝吧远征在中国互联网上的出现，共同说明了青年群体的朴素政治观有多么广泛和复杂。作为分析个案的这两个群体，相互之间的差异丝毫不弱于相似性——如果不是差异性更大的话。但从中我们依然可以辨识出这些青年群体中一些共通的要素，如对民族主义、国家主义、文化保守主义等传统保守观念的同情。这些要素和国内主流知识界（他们的上一代人）在20世纪80年代以来形成的所谓"左"与"右"基本无关，也不是对某种外力的应激反应，或者有些人所说的"充满暴力和假想敌的民族主义"，而更多是自发生长出来的。它是三十多年来中国自身发展以及参与全球化在青年群体中结出的观念之果，深植于中国社会自身的物质土壤与文化环境之中。

国际视野下的近代思潮更迭

总体而言，欧美意义上的右翼思潮对大部分中国人来说是比较陌生的东西。不过，如果将当前这股席卷全球的右翼思潮在一个更一般的左右光谱中加以辨析，那么当代中国青年群体中的亲右翼态度就相对容易理解。在这个一般定义中，"左"的光谱为平权运动、反资本霸权、妇女权利、环境保护运动等激进主义，"右"的光谱为国家主义、民族主义、贸易保护主义等保守的一方。大众之所以对这一光谱相对陌生，是因为在历史上这通常是民族国家出现之后的事务，属于现代性的一部分，此前的中国社会缺少这一土壤。

事实上，中国 20 世纪以来的整体思潮变化，本身就内在于国际思潮激荡之中。五四运动以来以青年为主体的思潮起伏，自始就和来自俄国革命的、来自英美的、来自欧陆的不同思潮相互激荡。而一个世纪以来最接近右翼的社会思潮，出现在 20 世纪 30 年代，准确地说是在大革命失败后到"西安事变"之前。当时的这股思潮受德国影响较大，笼统而言以民族主义、国家主义、军事化为特征。当时国民党的政治人物对德国的政治实践抱有复杂的情感，既对民主政治和议会政治有着天然的不信任，又对德国在现代化过程中锻造出的民族自信、高度军事化和领袖信仰充满羡慕。这一时期一些极端右翼组织的出现，如三民主义力行社（即蓝衣社），就是该思潮的产物。2014 年热播的电视剧《北平无战事》中描述的所谓"铁血救国会"，可以看作是蓝衣社的继承者。

从 20 世纪 30 年代前后，中国青年开始了又一轮的大分化——这样的分化从 19 世纪下半叶就已开始，此后逐渐形成"大分流"的趋势。当时的白色恐怖在青年学生中激起了极大的反弹，促使他们在理念上思考其他的可能性。作为对右翼政治的反动，左翼知识分子在文艺战线展开了斗争，这是"左联"产生的时代背景，同时也是延安之所以能够吸引大量左翼青年知识分子的原因：那里不仅是全民族抗战的一个中心，也是进步的象征和左翼光辉理想的策源地。

1936 年的"西安事变"及之后的全面抗战的兴起，迅速将这股右翼思潮扫荡一空。这一方面是由于全民族抗战历史使命的降临，还有一个原因是随着世界反法西斯同盟的成立和远东战场的开辟，中国思想界开始想象一种以英美政治为模板的现代化样式。可以说，20世纪40年代中国知识界的主流思潮是偏向英美的，一些关于英美自由主义和政治理论的著作也随处可见。以"后见之明"来看，1936年以后直到40年代的中国思想领域有两大重要事件：一是国统区的英美化思潮，一是延安进行的马克思主义中国化。当然，这一时期的思想文化界还留有30年代右翼思潮的痕迹，比如"战国策派"，但总的来说已经不是主流。

右翼思潮在1949年之后基本肃清，这当然和具体的政治进程有关，但根本原因还在于，共产主义从一开始就有着世界主义的理想，而毛泽东本人也对世界范围内的社会主义运动保持着强烈兴趣，有着世界主义的眼光，这从他关于"三个世界"的划分中就可以看出。这一时期不论是政治领袖还是关心政治的知识青年，都不曾将眼光固守在一国之内。换言之，一直到1978年之前，中国缺少右翼思潮产生的真正土壤，即通常意义上的民族国家建设和常态政治的环境。这一状况在80年代末期开始改变，思想界在关于改革方向等重大理论问题上产生分歧，进而形成了纵贯整个90年代的新左派与自由主义论争。进入新世纪之后，随着中国国力的上升、国际上关于"中国模式"的讨论，文化保守主义、国家主义等属于传统右翼光谱的思潮开始兴起，并在近年来的边疆问题、香港和台湾事务中得以发酵。

总而言之，当代青年群体中亲右翼态度的出现，前提是中国已经完成了主权国家的构建，否则将没有产生这一思潮的土壤。经过三十多年中国自身的经济社会发展以及越来越深地嵌入到全球化进程中，当代青年思潮和全球青年议题产生了某种同构性，即在各自内部议题上的激进与保守之分。出现在青年群体中的左右阵营划分，不再是以往的革命与反革命，或改革与保守等"元问题"，而是通常属于主权国家内部的具体事务。这一主权国家同时又是内在于当代世界体系的，因此和其他国家一样拥有着某些共同的视阈与问题意识，比如对少数族裔、环境保护、女性权利等问题的关注，这也正是特朗普现象能够引起当代中国青年共鸣的原因之一。

当代青年思潮的内部构造
以"80后""90后"为主体的当代青年思潮远未获得成熟的内部构

造，更多的是一种朴素的社会态度和政治倾向，且内部充满矛盾和张力。就目前呈现出的面貌来看，除了前已述及的和全球化语境千丝万缕的联系和呼应关系之外，这一思潮植根于中国三十多年来自身的经济社会状况，其分化程度和青年各自的成长背景、教育经历以及职业差异一样大，在网络时代和娱乐时代的整体背景下，也有着强烈的"反潮流"的小众特点。

作为思潮主体的青年群体，大多出生于改革开放之后，对此前的政治并无切身体验，也因此没有太多思想负担。在通常情况下，他们和20世纪80年代以来的左与右、改革与保守等争执并无交集，除非基于知识层面。"后改革时代"出生的年轻人，一般不会有特别强烈的左右意识，他们时而为左翼的平等主义和理想光芒所吸引，时而又为右翼的朴素情感所打动。极端主义的声音总是稀少的，尽管撕裂社会的也正是这种极化主张。如果大致做一个区分，那么2008年汶川地震、北京奥运前后标志着"80后"登上历史舞台，而"帝吧出征"则标志着"90后"的观念觉醒。这种划分无疑是粗糙的，但大致可以代表某种观念代际的年轮和互联网时代的发展轨迹。

当代青年在社会议题上的态度，还与各自的成长经历有关。比如，以当下的文化议题"小镇青年"为例，如果他（为了避免女权主义者的指责，我们假定这是一位男青年）出生于20世纪八九十年代内地县城的破败国企家庭，通过努力在新世纪初接受了不错的大学教育乃至研究生教育，毕业后在北上广深等一线城市的公司打拼，那么他的社会关切有可能是这样的：同情左翼阵营关于平等的信条，也认同大学教育可能带给他的关于普世价值的理念，同时也爱看《环球时报》，对"工业党"和"强国派"非常赞同，在职业上又接受自由市场的一套。如果他凑巧首付了一套被曝光建在"毒地"边上的房子，又有可能成为维权业主……一言以蔽之，当代青年在社会议题上的态度是复杂的乃至互相矛盾的，绝大多数都称不上某一"翼"。这主要是中国社会的流动性和快速变化的阶层结构所决定的。

然而，这并不能排除在极化状态下，青年群体不会出现又一次的"大分流"。以亲右翼思潮的出现为例，它在一定程度上中和了左翼思潮中激进的一面，满足了人们或许尚未完全意识到的某种需求，比如家庭及其承载的伦理价值。中国社会三十多年来在家庭伦理层面的变化是极其激进的，不仅使传统的家庭形态荡然无存、让家庭成员之间的分离成为转型社会普遍承受的伦理之痛，而且在两性、婚姻、养老、家庭财产等方方面面都引起了针锋相对的大讨论。在这种背景下，作为文化保守主义的右翼思潮承担了抚慰人心的重任，在推动传统价值回归方面让很多人产生了认同感。而当代亲左翼思潮对平等主义的追求，也吸引了一批环保主义者、女权主义者、维权主义者等群体。但需要辨析的是，在环保主义者和维权者中也有分野，即基于利益和基于理念的区别：如果一个环保主义者基于自身利益而行动，将归于右翼阵营；若基于理念而行动，则归于左翼。

在观念阵营的分化组合中，颇堪玩味的是所谓自由主义者在青年视野中的黯淡乃至消失。这一观念群体在20世纪90年代以来经历了一个集体失坠的过程，他们逐渐和中国的社会现实脱离，并在这一过程中失去了对政治事务的发言权和知情权，目前似乎仅剩下经济学的面向，在极小的公共空间充当市场原教旨主义的代言人。

围绕观念领域出现的不同青年阵营，有着共同的"反潮流"特点，即对网络时代娱乐化、去政治化的拒绝，对充斥着蠢萌气质的主流文化的厌恶。最能激起青年观念阵营之间厮杀的往往是一些社会话题，比如"猫狗党"和反对者、"烧死异性恋"运动、"女权党"和反对者等青年亚文化主题。这些主题通常是被主流社会压抑的，但近年来随着移动互联的普及，青年亚文化大有婢作夫人的趋势。一些非主流现象开始成为主流社会和大众媒体讨论的对象，比如二次元、弹幕文化、玛丽苏、漫威，等等。而主流文化中的鸡汤化、小清新化等现象，反过来激发了青年群体中朴素的政治意识。这些因素都是当代有着鲜明社会态度的青年思潮兴起的基础。

不容小视的是，在部分领域和少数青年群体中也产生着撕裂性的极端观点。这些领域彼此之间通常并无内在联系，而是相对同步又不同程度地走向极化。极端民族主义就是其中之一，拥有非常巨大的潜在人群，且极易点燃，尤其在近年来的周边关系问题上，屡屡产生巨大的社会影响。极端地方主义者也是其中一种，而且拥有更充足的理论储备，在史观上他们极力鼓吹西周封建、西欧封建和多国体系，在现实语境中他们鼓励各种形式的地方主义和排外主义，同样拥有数量众多的粉丝。除此之外还有大国沙文主义、汉族中心论等沉寂已久的极端观点。

结语

中国社会在20世纪90年代以后经历了所谓"去政治化的政治"阶段之后，近年来在青年群体中产生了重新政治化的趋势，亲右翼态度的出现就是表现之一。然而，这种重新政治化并非回到1978年之前，也不是回到1945年或更早之前，而是改革开放三十多年来社会实践在以青年人为主的群体中产生的政治化反应，它基本是自发产生的，也因此有着混沌的面孔。

这一轮青年思潮之所以值得关注，在于它有可能重新定义20世纪80年代以来产生的、中国民间思潮中"左"与"右"的标准。如果我们把之前左右观念阵营的区分标准大致理解为经济的（主要围绕对市场的看法）与政治的（主要围绕宪政话语），且"左"主要指保守、"右"主要指改革，那么不晚于2008年开始成型的当代青年思潮则把这个标准颠倒了过来。这一思潮的作战半径极其宽广，论题从政治经济社会到思想文化再到民族宗教事务、香港台湾问题、大国关系，等等，可以说无所不包。与20世纪80年代以来那种目光向内、中国本位的气质不同，这一轮思潮呈现出立体、多元、世界主义（称之为天下主义更合适）等特征。青年思潮之间的内部分歧，深植于当代中国复杂的社会现实与观念冲突，并且和世界范围内的思潮起伏相呼应。当然，这一轮思潮远未成为主流现象，而只是青年知识群体中的小众现象，但它有可能为未来的"大分流"埋下伏笔。

令人遗憾的是，主流社会对这一轮思潮起伏保持了一如既往的迟钝和冷淡，至多将其作为一种可以借用的社会现实，而缺乏有说服力的引导，也没有提供有足够吸引力的目标使之整合。而如果任由这股思潮野蛮生长，那么它要么愈益走向极化，要么为其他的力量所利用，从而为时刻变动的中国社会增加新的变数。

《文化纵横》2016年第3期

"网红"为什么这样红？

2016年被称为"中国网红经济元年",无论是大众的关注度还是网红的产业化,都迎来了大爆发。网红与直播既是文化现象,也是经济现象,或可说二者根本就难舍难分。

本组选文将首先从一个现象级个案出发,通过《Papi酱先骗情怀,再欺智商》一文一窥2016年第一网红——集美貌与才华于一身的女子——Papi酱的修炼之途及其与资本的结合之道。其次,从经济与文化角度看"网红热"现象背后所呈现出来的产业模式及其所内蕴的文化问题。《三问"网红经济"》一文分析了网红由最初的社会网络现象逐渐演变为一种经济行为,并通过产业化形成规模庞大的网红经济产业链的发展逻辑。《"网红"为什么这样红——关于网红文化的讨论》一文则从不同角度讨论了网红经济的文化意涵。再次,通过一篇调查报道《草根主播:疯狂裸泳者》近距离了解网红群体及网络直播平台的日常生态。最后,《网红也是另类医疗师》则从"不能和自己相处""替代性满足""可亵玩"三个角度分析了网红"围观者"的深层次心理。

值得注意的是,作为经济与文化的热点,网红现象曾因涉黄、涉暴等原因被推到官方管控的风口浪尖,如何使其健康良性地发展仍处于摸索之中。

Papi酱先骗情怀，再欺智商

/阙 政

4月18日，风靡网络的"Papi酱"系列视频因频繁"爆粗"而被广电总局要求下线整改。这是继网络剧《太子妃升职记》《盗墓笔记》《心理罪》下线整改之后，又一波净化网络环境的开始。

次日，国家主席、中央网络安全和信息化领导小组组长习近平在京主持召开"网络安全和信息化工作座谈会"，强调网络空间是亿万民众共同的精神家园。要本着对社会负责、对人民负责的态度，依法加强网络空间治理，加强网络内容建设，做强网上正面宣传，培育积极健康、向上向善的网络文化，用社会主义核心价值观和人类优秀文明成果滋养人心、滋养社会，做到正能量充沛、主旋律高昂，为广大网民特别是青少年营造一个风清气正的网络空间。

有媒体对Papi酱的"粗口"进行了统计，发现将近三分之二的视频中含有"脏词"，平均每分钟出现0.85个，使用频率最高的词是"卧槽""他妈的""册那"……被勒令整改后，优酷、腾讯等网站上的Papi酱视频已经全部下线，她本人微博、微信公众号上的视频虽然仍在，但已经对"粗口"做了相应处理——每个爆粗的口型都被贴上了一张猫头的图片，正是Papi酱自家养的白猫"大咪"和黄猫"小咪"，原本的脏话则被音效覆盖了。她本人也发了一条微博，称："作为一个自媒体人，我也会更加注意自己的言辞与形象，坚决响应网络视频的整改要求，为大家传递正能量。"

三天后，4月21日，Papi酱广告资源拍卖会在北京举行，一条视频贴片广告拍出两千两百万高价。也许正应了罗振宇的那句话："我们都是商人，和气才能生财。"

Papi酱是怎么走红的？

很多人到现在还没搞懂，Papi酱到底是怎么走红的？在2016年一份最新出炉的网红影响力榜单上，她排名第二，仅次于"娱乐圈纪检委"王思聪。纵观如今的娱乐圈，虽然是小鲜肉当道的时代，凭借高颜值就能迅速上位，但无论是鹿晗还是吴亦凡，也都上道八九年了，从"小小鲜肉"就开始当"练习生"，接受各种才艺、礼仪、待人接物训练，红得有理有据。反而网红，那才是真的一夕成名——Papi酱从制作第一条搞笑视频，到收获上千万粉丝，前后还不到半年时间。

后来人们才发现，这个自称"集美貌与才华于一身"的女子，真名叫姜逸磊，1987年生于上海，目前是中央戏剧学院导演系在读研究生。原本，她很可能在毕业后成为娱乐圈的一分子，但去年夏天，她开始在微博上发一些秒拍视频和小咖秀，以一个"平胸又贫穷"的大龄女青年形象吐槽日常生活、吐槽娱乐圈。丰富的表情加上变音器的特殊效果，让这些视频火速传遍了网络——《男性生存法则》《上海话＋英语才是王道》《有些人一谈恋爱就招人讨厌》……虽然每集不过三五分钟，总数也才四十来集，但每集的平均播放量却达到惊人的七百五十三万次，最高的一集甚至达到两千零九十三万次。

颜值、口才、表演、娱乐精神……明星走红需要的这些元素，网红基本也都需要，但与明星靠角色加持不同的是，网红全都可以绕开角色塑造，直截了当地"为自己代言"。比起明星，他们更需要豁得出去，更需要百无禁忌，更需要草根原生态。

Papi酱在她的许多视频里都是本色出演：表情夸张，身着家居服，素颜出镜，甚至连拍摄的房间都显得非常凌乱，身后就是自家的饮水机、堆满杂物的橱顶、横躺着的家猫；但这些反而拉近了她与网友的距离，有人就将Papi酱的优点概括为：崇尚真实，摒弃虚伪，吐槽一切装逼行为，倡导个体自由。

除了吐槽，Papi酱也会发一些正能量的视频，比如"三八"妇女节前夕的《你在生活中一定也听到过这些话》。在这段视频里，她以极快的语速罗列了许许多多打着不同幌子出现的性别歧视，称之为"Papi酱的严肃视频"，提醒大家：性别不是标签，愿你我都能生活在一个平等的世界。

从见面到签约只花了三天

曾有人这么说："每个网红背后至少要四个人来支撑，负责化妆、拍摄、文案策划、产品制作。"但是对于Papi酱来说，做视频一直是她的单兵作战，从创意、拍摄到剪辑、发布，都是一个人。直到粉丝过百万之后，她才有了第一个合伙人：杨铭。杨铭是她的大学同学、中戏校友，此前，他还曾是Angelababy的经纪人。

今年3月，Papi酱获得一千二百万投资、估值三亿的新闻轰动一时。这一千二百万来自四方——真格基金（五百万）罗辑思维（五百万）、光源资本（一百万）和星图资本（一百万），占股分别为5%、5%、1%和1%，Papi酱团队则持股88%。当时就有媒体分析，真格基金的徐小平投资Papi酱，主要就是因为与杨铭千丝万缕的联系——他曾是Angelababy的经纪人，Angelababy嫁给了黄晓明，而黄晓明主演的《中国合伙人》，电影里的"王阳"原型就是徐小平。

虽然投资方有四家，但很快，"罗辑思维"的当家人罗振宇就吸走了所有的注意力。许多新闻标题都变成了"Papi酱获得罗辑思维一千二百万投资"，因为他宣布，将在4月21日召开"Papi酱广告资源拍卖会"，并且早在3月27日就提前召开了拍卖会的"沟通说明会"，门票售价高达八千元一张。

这场沟通会的主要内容，还被罗振宇做成了"罗辑思维"的其中一集：《我们怎样"策划"Papi酱》。在节目中，他否认了"投资Papi酱是经过长期的策划"，称之为"阴谋论"。"在创投市场里面，（一千二百万）这个数字根本不值一提。"罗振宇说："我们也是创意公司，背后也有投资人，投资人也给我们钱呐。原来这钱也是存在银行的，现在有着跟徐小平老师这样的资深投资人投资的机会，所以我们也试着玩了一把。没想到这么小投资额的一个投资案，居然第二天刷屏了，成了这个行当里的头条新闻。"

在他看来，"投资Papi酱"只是电光火石间一个迅速的决策，而"广告拍卖会"才是自己引以为豪的妙招。

"2016年2月，春寒料峭的早春，我和徐小平老师聊天，他跟我说：'我最近发现一个现象，倒抽一口凉气，冷汗直流，我都想退休了。'我说：'什么现象把你吓成这样？'他答：'网红啊！我知道这背后有个巨大的逻辑，但是我看不懂。'"于是，他们找了许多网红，关起门来开了个座谈会，讨论将来商业变现的可能。

"我3月21日早上发布（拍卖会）消息，其实认识Papi酱的时候是3月17日夜里，就在徐小平家。他问我：'现在最红的网红Papi酱，想不想见见？我认识她的经纪人杨铭。'于是，在徐小平"攒的局"上，罗振宇和Papi酱从"见了面、落了座、寒了暄"，到谈判、签投资协议、策划广告拍卖会方案，总共只花了三天。

"拿什么奉献给人家？人家有每期千万级的播放量，有现成的平台和客户，也有现成的订单可以去定做视频、贴片广告……"罗振宇在琢磨，怎么可以给出比纯卖广告更新颖的卖相，于是他提出："可不可以做中国历史上，也许是世界历史上，新媒体广告的第一个招标拍卖呢？"话音刚落，全场鸦雀无声，"我看到杨铭的眼睛亮了，然后大家都说：好主意"。

于是三天后，我们看到了罗振宇和Papi酱的"合体"：罗振宇手里拿着一本《超预测》，Papi酱举着一本《必然》。"我就是想提示整个市场：大家不妨用'超预测'的态度来猜一猜，这个广告拍卖最终达到的价格，它'必然'会是一个什么数字？"

整出个"新媒体标王"

罗振宇对自己的这个点子一直感到很得意，因为在他看来，投资者天天在拍"90后"的马屁，就是怕脱离潮流，赚不到钱。而"新媒体广告第一拍"这样的点子，却只有像他这样江湖经验丰富的老男人才能想得出来。"1995年，央视进行广告黄金时段资源的第一次招标拍卖，产生的标王叫'孔府家酒'，引发了舆论震动，标定了央视在广告市场上面定价权的王冠位置。"他说："这二十年来，传统媒体遭遇危机，新媒体在崛起，但一直缺乏标志性事件——广告标王的诞生往往就是。"

对罗振宇来说，这个"第一拍"最后拍出了多少并不是问题的关键，只要他开了这个局，围观群众达到一定数量级，就已经打赢了宣传仗。他总结了自己创业的三条心法，其中一条就是"会意"：过去的传播追求的是统一的赞誉，而现在，即使是毁誉参半式的传播，也是把意见都汇集到一个点上——"只要议题是你定的，你就已经赢了。"在他看来，网红虽然不是一个好听的词，但是当他本人被封为"读书界的网红"时，他还是欣然接受，"会意"过去，因为"会意比同意重要。只要没有人占据高地，我们就制造一个事件，主动去占据这个高地"。而"中国新媒体广告第一拍"，正是罗振宇眼中尚未被占领的一个"高地"。

安迪·沃霍尔曾说："未来，每个人都会有十五分钟的成名机会。"如今看来，最容易一夕成名的是网红，最容易朝生暮死的也是网红。罗振宇这个局一开，面对最多的质疑莫过于：恶意透支未来。不看好他的人觉得：你凭什么保证Papi酱还能一路红下去？而罗振宇本人打的却是另一副算盘，他的决策反而正是基于这样一种预判："Papi酱很可能很快就不红了。"

"现代商业给了我们一个机会，智慧透支，先体现未来的价值，落袋为安，有什么不好？"罗振宇说："整个金融体系就是这么干的。我们贷款，今天花明天的钱。金融的本质就是跨时空整合资源。"

在他看来，Papi酱这一役，资源和资源间的关系，就是"俄罗斯套娃"的关系——Papi酱和她的团队是套娃的核心，罗辑思维是第二层套娃，把Papi酱打造成"新媒体标王"，而前来竞标的企业，不只是拿到一个广告资源这么简单，实际上是获得一个"再套娃"的机会，最后能制造出什么更轰动的东西，完全看企业自身的想象力——"标王企业其实是在为自己的智慧和想象力定价，达到五百万的层次，就出五百万的价"。

据说曾有企业和他谈过三百万的价，但被拒绝了。虽然以Papi酱的用户流量来看，如果按照新媒体的传统计价方法，一条广告收费只有差不多三十万，三百万已是十倍，但罗振宇心目中的底价显然是千万级的。这从3月27日的沟通会门票售价八千元就可以看出——赚钱不是目的，炒高标王的标的，制造百倍的轰动效果，才是核心价值。"在流量最大的时候，占据地标性的位置，让人在很长时间里都记得这个女子，这对一生的商业生涯来说都是重要财富。"

传统媒体出身的他，还比较了传统广告与现代传播的区别："传统广告的定价有方法论，所谓的千人成本，每一千个人对应到广告花费是多少。但这样的测算方法已经过时了，千人成本是平面和静态的，而这一次广告拍卖的所有玩法都叠加在不确定性上，这就是我们和央视的区别。"

他再三强调的一句话是"和不确定性共舞"，"来竞拍的人不是买广告，而是看自己能怎么玩"。

换言之，人有多大胆，地有多大产。为了让竞拍企业有足够的自信，罗振宇还给"可能不那么会玩的人"支了招："我们只说卖一条广告，没说广告多长。"假如是十个小时的超长广告，换算成每一帧，总量能够达到八十多万帧。他建议："这八十多万个资源位置，电商可以用来放置八十多万个二维码，比春晚的敬业福还多，如果双十一投放，就能截和阿里巴巴的流量。"他还举了马云"湖畔大学"的例子："雕爷花了三十六万学费去读，又把学费通过众筹渠道拍卖出去，其中十八万被黎叔抢走，再分散成五个人的业务咨询饭局……"

要我说，解释就是掩饰，老罗说这么多，反而显得自己底气不足。既然整件事的关键就是跟着老罗蹭热度，企业就算完全不会玩也没关系，老罗应该教他们一个无招胜有：花钱中标以后，昭告天下，Papi酱一点也不好笑，罗辑思维就是在炒作，我们是一家业界良心企业，决定放弃做广告，花出去的广告费就当打水漂了，咱不差钱！——唐代文青陈子昂就这么干过：在长安大街上花百万钱买下天价胡琴，等围观群众来赏琴的时候，说一句："蜀人陈子昂，有文百轴，不为人知，此乐贱工之乐，岂宜留心？"当场把琴砸碎，一朝天下识君——轻轻松松，就是一个大热点，哪里需要把娃套来又套去地折腾。

"新媒体广告第一拍"自卖自拍

从3月21日宣布，到4月21日拍卖会正式召开，罗振宇的这个局已经布好，他心目中一个好的营销故事的四个要素也已经具备了三个：悬念、角色、冲突——万事俱备，只缺最后一个：细节——出价接盘的会是谁？

考虑到Papi酱的生日是2月17日，当日拍卖会上，主标的物"Papi酱视频贴片广告1次"的起拍价被定为二十一万七千元，每次加价幅度是十万元。虽然线上线下都能竞拍，但由于需要交纳一百万的保证金，所以线上真正参与的只有六人，围观群众也才区区二十一万，远远不如Papi酱的任何一条视频。而线下，几十位竞拍者，也不如前些天的沟通会更热闹、更有戏剧冲突，几分钟内就以一路飞奔的速度完成了竞拍——最终出价：两千二百万。

这确实创下了"新媒体广告第一拍"的新高地，价格也足够傲视一众大V。但很快，人们就发现，这场拍卖会就是一出"阿里家宴"："直播的平台优酷是阿里的，操盘的胖子是优酷投资的，线上拍卖平台是阿里拍卖，标王就是阿里A轮投资公司。"——拿出两千二百万竞拍的上海丽人丽妆化妆品有限公司，成立于2007年，是化妆品零售电商，在淘宝天猫开设有官方旗舰店，2012年就曾获得阿里巴巴的 A 轮融资。

虽然最后杨铭宣布会将此次拍卖的所有净收入全部捐赠给Papi酱的母校中央戏剧学院，但这场好像"朋友聚会"一样的拍卖还是被网友吐槽"关起门来自己玩不好吗，何必演这么一出"。而罗振宇主持的"新媒体广告第一拍"，也被讽刺为"比老东家央视的标王竞拍还不如"。

自己把自己玩坏了

很多人说这次罗振宇自己打自己脸了——"自媒体不要做广告以及不到万不得已时，不要融资"——这句话就是他本人说的。一度，大家讨论的热门话题是：Papi酱在罗辑思维出现，是不是把罗辑思维变Low了？但"4·21"之后，这个话题似乎变成了：罗辑思维自己把自己玩坏了，不关Papi酱什么事。

曾经，罗辑思维冒尖，是作为"知识代言人"取得的成功。2012年12月21日，罗振宇录制了第一期"罗辑思维"：《末日启示：向死而生》。这个知识型脱口秀，定位一直是"有种、有趣、有料"。虽然会面临"不过是书本知识二传手"的不屑，但二传手也是传道者，在这个大家似乎都没空读书的时代，"替太子读书"的罗辑思维有它存在的价值。当罗振宇推出每天早晨六十秒语音播报的时候，他想得很清楚：这就是大多数人早上起来上厕所的时间。

2014年时，继高晓松的"晓说"之后，优酷又把罗振宇的"罗辑思维"、宋鸿兵的"货币战争"、梁冬的"梁言"和袁腾飞的"袁游"，打包成了文化脱口秀组合拳"文房四宝"。当时的通稿甚至不敢把他们塑造为KOL（意见领袖），而是迎合年轻人没时间读书的心态，传道授业解惑这些通通避过不提，只说能让人在打游戏的时候也可以听听，以此减轻光打游戏不读书的负罪感——知识的姿态之卑微，简直是低到了尘埃里。

不过，尽管不自称为意见领袖，罗辑思维慢慢还是培养起了大量的会员。虽然在部分网友看来，"在罗辑思维创办八个月后，罗振宇就直接开设会员服务，招募粉丝并收取会费，又推出了社群征婚、霸王餐、头采茶、C2B定制等赚钱的产品，罗辑思维的核心价值正在一点点丧失"。但社群经济玩得溜，并不是罗振宇的错。在受众把读书、分享当作罗辑思维的核心价值时，罗振宇也曾不止一次说过自己的基本价值观："在这个时代，光明正大、合法地挣钱做生意，是最有尊严的生活方式。"

在自媒体要价越来越高的时代，我们一边感叹"商品植入越来越神出鬼没，广告越来越好看"，一边也要明白：如果你对优质内容的第一要求是免费的话，那么你也应该接受"广告和内容越来越难舍难分"的现实。毕竟，没有一个做出优质内容的人是真正靠情怀就能不吃不喝地活着，所以缴纳一些"情怀税"也是理所当然，这就像参加了五百块的五日跨境游，就得配合导游疯狂购物。

而罗振宇真正令人诟病的，是在收了"情怀税"之后，竟然还想收"智商税"。正如一位网友所言："你说的什么俄罗斯套娃，它跟金融衍生品+庞氏骗局有什么区别？互联网经济也是经济，不能因为是一个新的平台、新的领域，就可以为所欲为，不遵守最基本的经济规律，靠泡沫和诈骗来聚集财富，如果是这样的创新，那一定会崩溃。"

罗振宇曾说："我们这一代创业者，是在探索人类商业世界的新边疆，我们就是这个时代的哥伦布，我们这个群体是这个时代的大英雄。"但恕我直言，你们这些看起来很厉害的互联网思维，怎么归根结底跟所有的小网红都是同一个赚钱逻辑——"是网红总要开淘宝店的。"这些年来，许多电商、视频网站所谓的强强联合、资源共享，到头来不过是缩短购物流程，前一秒"长草"，有了购物冲动，后一秒立刻能转化为实际购买。但购买力呢？终究还是那么一点。互联网游戏没有把蛋糕做大，只是从传统零售业那里切去了更大比例的蛋糕，如果这就是史无前例的创新，还真叫人对你们的想象力感到失望呢。

《新民周刊》2016年第17期

三问"网红经济"

/蔡晓璐

　　"网络红人",简称"网红",是指在互联网上因现实生活或网络生活中的某件事或某个行为而引发众多网民的关注,而由此成为网络社区中的焦点人物。"网红",也可以说是走红于互联网的普通人。借助互联网的快速传播效应和放大效应,网红粉丝人数急速加增,同时也带来不尽的商机。最终"网红"由一种社会现象,演变为一种经济行为,并通过产业化,形成了网红经济的产业链。根据第一财经商业数据中心(CBNData)发布的《2016中国电商红人大数据报告》,预计2016年红人产业产值预估接近五百八十亿人民币,远超2015年中国电影四百四十亿的票房金额。虽然这项预测有些不可思议,但看到以下的事实案例也不得不惊叹网红经济规模的急速发展。

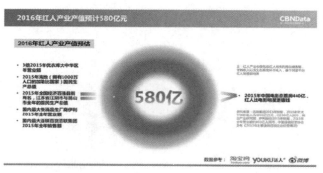

2015年10月，网红运营公司"如涵电商"宣布获得数千万元B轮融资，由君联资本领投，A轮投资方赛富亚洲跟投。

2016年3月，"金刚文化"获得IDG资本领投的四千万元Pre－A轮投资。"金刚文化"先后签约了"小野妹子学吐槽""英国报姐"等粉丝量过千万的段子手。

2016年3月，借助微博和优酷成为网红的Papi酱获得真格基金、罗辑思维、光源资本和星图资本共计一千二百万元的融资。

2016年4月21日，Papi酱在阿里平台上以两千二百万元成交价完成了"互联网广告第一拍"。

2016年5月4日，为网红打造个人品牌并通过淘宝进行销售的"杭州缇苏"获得了"光线传媒"三千万元的A轮融资。

由"网红"引发的新型产业形态，即网红产业，引爆了互联网供需两端的裂变，获得了井喷式增长，并在资本市场炙手可热。在网红作为新兴经济角色地位日益凸显的今天，我们不禁要问"网红经济"是什么？"网红经济"产生的原因及其影响？"网红经济"的未来又将如何发展？本文正是基于"网红经济"这三问的思考。

一 "网红经济"是什么

如果说网红就是网络红人，那么中国网红已有十多年的历史了。网红1.0版本是网络小说盛行的文字时代，那时"文字网红"占得天下，安妮宝贝、痞子蔡、韩寒、郭敬明等，影响了一代网民；网红2.0则是"读图时代"，靠拍摄审丑搞怪照片出位的芙蓉姐姐、凤姐等先后成为红极一时的关注热点，然而这些网红的兴起与衰落并没有与产业结合，继而给经济发展带来影响。与此不同的是网红3.0，随着移动互联网和电商产业的飞速发展，以网红们个人魅力和品味为主导，在社交网络中聚集人气，进行视觉推广，再依托庞大的粉丝群体进行定向营销，从而将粉丝转化为购买力，由此形成了网红经济模式。

（一）网红类型与盈利模式

进入3.0时代，网红的类型日趋多元化，网红经济组织结构也日趋复杂化。根据网红吸纳粉丝的方式，可以分为电商网红、直播网红和内容网红三种类型。其一，电商网红凭借自己的高颜值和高品质的生活方式吸引众多粉丝，获得海量关注后，再把粉丝引导至相关电商平台。其二，直播网红主要得益于直播模式的实时性与互动性，更好地满足了大众的猎奇和窥探心理。虽然会有提前的脚本设计和修饰，但真实性更高，观众们可以直接对直播者进行打赏。其三，内容网红是以Papi酱为代表的"内容型"网红。采取短视频这种具象化的表现方式，让网红的形象瞬间丰富和立体起来。他们吸粉能力强大，网住的是大量活跃的真实粉丝，获得不少粉丝打赏和广告代言来变现。

至于网红盈利模式，主要分为直接变现和间接变现两种模式。直接变现模式，主要是指通过广告、打赏和培训的方式获得经济收入。广告模式是一种最为直接的网红盈利模式。网红拥有大批粉丝群体，具有极强的内容驾驭与引导能力，粉丝对其容易产生共鸣继而跟随，因此植入或代言广告效果较好。例如普通大V微博转发广告报价大约两万到三万元，但是由于过多广告容易引起粉丝反感，所以这种盈利模式有一定局限性。打赏模式多用于视频直播的网红，通过粉丝赠送虚拟礼物或购买会员资格等方式盈利，例如"罗辑思维"的主播、斗鱼平台主播等。网红培训是随着网红产业的不断壮大而兴起的盈利模式。目前培训内容主要有两类，一是如何成为网红，二是如何经营网红。例如网红商学院成立不到一个月，就迎来了五百名学员，目前估值超过一亿元。

间接变现模式主要是网红通过对其粉丝进行精准营销，而获得的电商销售收益。电商模式是目前最为普遍的一种网红盈利模式。网红可以根据自身特征和粉丝人群的精准定位，匹配相应产品，利用内容生产和传播优势，再加上网红经纪的营销策划，将网红背后的强大粉丝群体引流到相应电商平台，获得快速盈利。

（二）网红产业链

通过走红各类社交平台而拥有了大量粉丝的网红，一方面和实体供应链提供商结合，另一方面联手电商平台，获得巨大经济收益，而这一切都离不开网红经纪的助推作用。网红经济产业链也由此形成，其中包括了上游网络社交平台、中游网红孵化和下游网红变现渠道。（如图1所示）

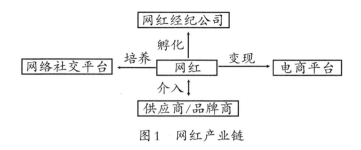

图1 网红产业链

1.网红产业链上游：网络社交平台

网红产业链上游主要是培养网红的综合性社交平台微博和具有专业性的小社交平台。微博具有较大程度的开放性和社交群体之间的弱关系性，是最容易扩大影响力的社交平台。绝大多数网红主要以微博为平台，吸引粉丝关注并与其进行互动。

小型社交平台往往具有某领域的专业性，例如豆瓣、知乎、果壳等，都会出现在该领域有特殊才能的网友中，在社交互动的过程中逐渐受到其他兴趣相同网友的关注。随着关注人数的逐渐增多，也会产生相关领域的小型网红。但是由于小型社交平台日流量有限，传播力度也相对受限，为了持续提高知名度，这些小型网红也会继续向流量较大的综合性社交平台聚集，并以网红身份长期活跃。

2.网红产业链中游：网红经纪公司

在网红嫁接电商平台实现个人知名度变现的过程中，网红经纪公司这一中游环节的作用日益凸显。网红经纪公司通过挑选、签约网红，继而帮助提供营销内容策划、内容制作、买手和设计师支持，不断增加曝光度，持续扩大粉丝规模（网红粉丝规模与网红变现能力有直接关联，粉丝规模越大，该网红变现能力也就越强）。

网红经纪公司运作模式主要有以下几方面：首先，寻找签约现有的合适网红。这些经纪公司一般会挑选已具有一定量级粉丝（例如十万以上）的网红。他们往往具有一定的审美输出能力或某种独特个性，才具备成为网红的潜力。但是成为网红并非易事，需要将热门话题（例如旅行、才艺、热门活动）等内容，持续不断地通过文字、照片与视频的方式包装上传，以展示网红独具特色的个人魅力，才能吸引更多的粉丝。其次，经纪公司还要组织专业团队维护网红的社交账号。要定期更新吸引粉丝注意的内容以及保持与粉丝的互动维持黏性，使网红能够吸引粉丝点击相关店铺链接或者关注网红推广的产品。第三，组织生产。利用其供应链组织生产能力为网红对接供应链渠道，将其在网上宣传的产品进行实体生产。第四，提供相关电商店铺的运营管理。网红经纪公司通过在网上店铺销售网红宣传产品的方式将网红社交资产进行变现。

3.网红产业链下游：电商平台

网红产业链下游主要是通过网红、供应商和电商平台的三方合作，将网红粉丝导流至电商平台进行变现。网红由于其讲究的时尚性和独特性，引起大批粉丝追捧，同时也产生大量供应需求。网红要灵活应对粉丝消费者需求，就需要找到随时生产、随时发货的供应商的介入。因此网红经纪公司自身或者其对接供应链的服务平台，需要通过大数据分析以及供应链人脉，为网红对接到在具备了一定规模后依旧能够保持快速反应和高品质的供应链。同时，由于这对供应链提出了较高的要求，部分品牌上市公司也想借助自己已有的成熟供应链体系参与到这个环节之中。

二 "网红经济"的反思

"网红经济"发展得如火如荼，网红产业也已形成了一定规模，并建构了相对完整的产业链。然而，面对来势凶猛的互联网一片红，我们不禁要问它为何会产生，它产生于怎样的时代背景，又会给我们的时代带来怎样的影响？

（一）网红：乌合之众的领袖？

网络红人之所以有号召力，能对粉丝进行定向营销，正是因为他们聚集了广大的受众群体，这一受众群体来自中国网民。根据中国互联网信息中心发布的第三十五次调查报告显示[①]，截至2014年12月，我国网民规模达6.49亿，其中移动互联网网民达5.57亿，中国已经成为全球网民数量最多的国家。这些网民也都是网络红人们的潜在粉丝，只要把握了他们的受众心理，满足了他们的心理需求，网红精准营销就水到渠成了。

勒庞在《乌合之众》中描述了个体聚集成群体的心理变化，他认为"只要有一些生物聚集在一起，不管是动物还是人，都会本能地让自己处在一个头领的统治之下"②。漫无目的的广大网民同时在互联网中浏览时，会根据个人的兴趣爱好，自发地寻找引发共鸣的符号资源。共同的符号关注，成了网民关注的焦点。网民在与焦点人物的关注群体产生互动之时，获得群体的团结感与归属感，从而产生群体共同的情感体验，继而在焦点人物频繁的更新活动中，融入由其引领的群体中，成为焦点人物的跟随者。

在普通网民成为某位网红粉丝的过程中，有两个必不可少的关键因素。第一，追随符号化的从众心理。在网络社交平台中，许多社会焦点以一种符号化的形式展现于网红的个人空间中。网红们的价值观、人生态度，甚至个人爱好或性格特征，都被贴上符号化的标签，并通过个人图片和视频在网络中广泛传播，引起关注，形成粉丝群体。更多的网民受到网红粉丝群体行为的影响，而在自己的认知、判断、思维方式等方面都表现出赞同与符合粉丝群体的行为方式，使自己也成为他们当中的一员。第二，在群体互动中获得团结和归属感，产生共同的情感体验。柯林斯认为，整个社会就是一个互动仪式链的市场。网络世界中互动仪式有所不同的是，个人的情感能量极易被最大化，即一人之言快速被全网网民获悉，这为网络社交平台的网民们带来了极大的心理满足感。同时，在个人情感能量注入互动仪式中后，原有的符号资源被强化，那些具有共同特征的符号具有更大吸引力，因而又为下一次的互动意识提供了强大动力。

毋庸置疑，这些网红粉丝群体的力量是极大的，否则也不可能产生"网红经济"这种新型的经济模式。但是正如勒庞所说，群众等同于无意识集体。因为无意识，所以力量强大。"无意识"是一种毫无理性的、不经思考的、缺乏逻辑思维能力的状态。然而，我们需要警惕的正是这样一种"无意识"，正是由于"无意识"，才极易于被所追随的"领袖人物"影响和蛊惑，以至于难辨是非。"网红经济"不论有怎样的缘起，归根结底已成为一种经济行为，在追求经济利益最大化的过程中，为了吸引更多粉丝，网红们也会放大社会中的丑恶事实，以激烈的形式曝光和扩散负面能量，以此博得网友们的共鸣。例如当下炙手可热的网红 Papi 酱和一些网络主播，都是通过吐槽、恶搞、讥讽等手段，以夸大或粗暴的言辞，向粉丝群体们展示当下社会中的不良风气，表达个人对社会的不满。从某种程度上说，对社会不满正是一种社会心理，这种社会心理具有一定的传染性，与相同社会处境者产生共鸣。网红们也正是抓住了这种社会心理的"传染性"，才在其个人网络空间中大肆放言。虽然获得了大量的关注度，并成功吸引了资本注入，但是这种无意义、无内涵、无深度的内容传播，终究不能成为被推崇的文化消费的主流发展方向，否则只能引领文化品位低劣化、精神追求庸俗化，同时大众文化素质也会因此日趋下降。

（二）网红供给：文化供给侧结构性失衡的侧影

网红们之所以能够成为无理性的"乌合之众"的精神领袖，从某种意义上说，正是当下文化供给侧结构性失衡的一个侧影。从总体的数量上看，当前文化产品和服务总量规模空前，电影、电视剧、图书、杂志、舞台剧、书画、音乐等制作发行数量惊人，但真正被大众所充分消费的、制作精良、富有文化内涵的产品却并不多见。因此明显存在总量过剩与结构性短缺并存的文化供给侧结构性失衡问题。

前文中已提到我国已成为全球网民数量最多的国家，但这些数量可观的网民在互联网上做些什么，又消费些什么？互联网作为一个无形的平台，可供网民们消费的、高质量的文化产品又有多少？一方面，虽然面对数额庞大的文化产品，但他们的文化消费需求仍然得不到满足，文化消费供需之间存在明显错位；另一方面，互联网上又无不充斥着由网红们制造的快餐式文化产品与服务，这些都是网红们为了吸引粉丝，迎合受众的感官刺激而大批量复制生产的，虽然满足了文化消费者一时之需，使网民们在网上浏览时有事可做，但是这些文化产品与服务往往呈现出内容同质化、庸俗化、扁平化，仅为满足大众消费者的肤浅愉悦需求而生产，无益于社会主义文化价值体系的建构，有碍文化消费市场的有序运行，更加剧了文化消费供给侧结构性失衡。

因此，在网红的发展态势越演越烈的当下，网红产业演变为日益重要的经济角色的同时，他们所创造的文化产品和服务还必须不断提高文化供给质量，改善文化消费需求，才能"释放新需求，创造新供给"。高品质的文化产品供给，能够改善与之相应的文化需求。从供给、生产端入手，提升文化产品与服务的文化内涵，促进人们欣赏水平的提高，进而改善文化"需求侧"。也就是说，如果网红们提供更多的高雅的文化供给，人们的艺术品位和审美素养也随之提升，对高雅艺术的需求也会逐渐增多；抑或以高雅文化供给为主的网红们居多，且在网红市场中形成了一定规模，那么其所引导的方向，也必是向高品质的、有文化内涵和艺术修养的文化消费。反之，如果所生产的低劣文化产品和服务居多，或者以生产这些低俗内容的网红人数居多、规模较大，那么人们文化需求也会随之每况愈下。这正是文化供给侧改革的逻辑所在。

习总书记在2016年1月26日主持召开中央财经领导小组第十二次会议上强调："供给侧结构性改革关键在于从生产领域加强优质供给，减少无效和低端供给，扩大有效和中高端供给，去产能、去库存、去杠杆、降成本、补短板，提高供给结构适应性和灵活性，提高全要素生产率，使供给体系更好适应需求结构变化。"③针对文化产业供给侧结构性失衡问题，也同样需要"以供给侧结构性改革为突破，从文化产品和服务生产、供给端入手，调整文化产业供给结构，实现文化产业合理化和高度化发展，为真正启动内需，打造文化经济发展新动力提供有效路径"④。网红及其幕后的运营团队，从某种意义上来说，是一个文化产品和服务生产的微型供给端，也是整体文化供给端的重要组成部分。从目前的粉丝规模和网红产业规模来看，具有不可小觑的文化供给能力。因此网红产业更需要以内容为核心竞争力，杜绝低俗供给，减少低端供给，淘汰过剩供给，嫁接实体经济，延长文化产业的价值链，提高文化附加值、提升文化领域供给水平，实现文化价值和实用价值的有机统一。

三 "网红经济"何去何从

（一）内容依然为王

不可否认的是不论通过何种方式走红的网红们，都是因为能提供吸引人气的内容产品，正因为有内容，才能长期吸引粉丝，也才能将自身优势转换为商业模式。但是如果一成不变地推出取悦受众的或者低俗庸俗、重复抄袭的内容，那么网红经济现在的红火很有可能难逃"泡沫"的宿命。因此，网红经济的未来发展，内容依然为王。

近观目前已经红遍互联网的各类网红，一方面，靠颜值快速积累人气的电商网红、网络主播、游戏主播等网红，并没有精益求精地追求产品或服务质量，而是靠商业炒作或直接利用电商变现的"快餐式"产业模式获得利益。这使得本就充满浮夸气息的网红行业变得更加浮躁肤浅，人气网红也如同过眼韶华，好景难常在。另一方面，靠提供高品质内容而受人追捧的网红以专业的知识背景和深入浅出的表达方式，为受众提供有内涵、有品位、有深度的内容，例如人文历史脱口秀、财经行业深度剖析、展现个人风格的辩论等模式，通过这些有丰富文化内涵与文化价值的内容吸引高黏着度的用户。不仅在表现形式上具备吸引力，更重要的是能让受众在关注的过程中获得知识与思想，引发深入思考，提升人文素质。

传播学理论指出，与其他传播要素（如传播媒介、传播渠道等）相比，内容是最为重要的。[⑤]内容是传播的出发点和归宿，是大众传播媒介的原料、产品，也是最终的利润来源，内容的成功会带来整个经营战略的成功。因此，网红经济的可持续发展，仍然要以内容为王。从网红的角度来说，内容的优化，实际上也是对个人品牌的营销。毕竟网红作为传播者，所传播的内容也正是通过知识与思想经过逻辑架构而反映出来的个人素质与内涵，继而通过传播的媒介，对受众进行思想的渗透。从受众的角度来说，面对一个资讯爆炸的时代，资讯的泛滥很容易造成资讯焦虑。如果网红能够传播优质的内容，能够让受众在解读网红传播的内容过程中，一方面获得愉悦的情绪或美感的体验，满足了情感需求，另一方面获得信息与知识，满足认知需求，那么受众自然也会持续不断地关注网红传播的内容，成为其更加忠实的粉丝。由此，网红与其粉丝形成双赢格局，是网红经济继续保持生命力的未来发展之道。

（二）跨界融合："网红+"模式

近两年来"互联网+"概念的提出催生了许多社会新理念、新思想、新思维，同时带来新的经济模式。"网红"这个诞生、成长、壮大于互联网的新宠儿，更加应该借助"互联网+"之大势顺势而行。

在"互联网+"的大环境下，"互联网+传统产业"新型发展模式，将互联网与若干传统文化产业相结合，促进传统产业的变革，也加快产业的模式创新与产业升级。网红们可以利用自身在互联网中的优势与影响力，一方面与不同行业进行跨界融合，形成"网红+制造业""网红+零售业""网红+旅游业""网红+餐饮业""网红+培训业"等产业模式；另一方面，也可以与某行业（例如服饰、餐饮、美妆等行业）的产业链环节深度融合，作用于生产、流通、消费、反馈等多个环节，打通供需闭环，使得供给侧与需求侧全面关联，从而实现"网红产业"的全面升级。

注释：

①范周：《重构·颠覆——文化产业变革中的互联网精神》，知识产权出版社2015年版，第32页。

②［法］古斯塔夫·勒庞：《乌合之众》，冯克利译，广西师范大学出版社2011年版，第12页。

③《习近平主持召开中央财经领导小组第十二次会议》。

http://news.xinhuanet.com/politics/2016-01-26/c_1117904083.htm.

2016-01-26.

④范周：《文化市场如何推进供给侧改革？》，人民网-财经频道。

http://finance.people.com.cn/n1/2016/0519/c1004-28363947.html.2016-5-19.

⑤许丹丹：《"内容为王"的传播学解读》，《新闻战线》2005年第11期，第59—61页。

《艺术评论》2016年第7期

网红文化与网红经济

/杨玲

"名人阶层""平民转向"的结果

"网红"是"网络红人"一词的简称，最早指的是一些因独特的外貌或言行在网络上走红的普通民众，现泛指一切主要通过网络特别是社交媒体获取和维系声名的人。网红的出现是当代"名人阶层""平民转向"的必然结果。在大众传媒兴起之前，一个人出名的方式通常是缓慢而"自然的"，能够在历史长河中留下印记的往往都是英雄豪杰或风流才俊；在大众传媒出现之后，人类开始利用媒体人为地快速制造声名，围绕名人的生产已然形成了一个庞大的文化产业链。名人产业中占据支配地位的并不仅仅是明星偶像，还有星探、经纪公司、导演、媒体等把关人，只有获得这些把关人的提携和认可，名不见经传的小人物们才有可能踏上"星光大道"。

新世纪以来，随着真人秀节目风靡世界，默默无闻的普通人开始通过电视节目一夜成名。尽管真人秀节目极大地降低了成名的门槛，通过这一平台脱颖而出的草根明星依然难免受到电视台等机构性力量的操控。只有在网络这个部分独立的新"名利场"，有志成名的个体才有可能绕过名人产业的把关人，直接向公众推销自我，赢得关注度。层层筛选的金字塔型名人生产机制也开始被自下而上、自己动手的扁平化名人生产过程所替代。网络名人文化的一个主导逻辑就是让最不可能出名的人成为最出名的人。

150

正如我们看到的，网络名人大多不具备特殊才华或卓越品质，芙蓉姐姐、凤姐、犀利哥等中国第一代网红都属于这类"反名人"。尽管这些早期网红缺乏出众的才貌和背景，但他们都以各自不同的方式激发了网民的广泛关注，颠覆了公众对名人概念的认知。

无论是选秀出身的平民偶像，还是当下五花八门的网络红人，其流行的根本原因都在于契合了公众不断变化的情感需求。公众已经厌倦了名人产业生产出来的高不可攀、遥不可及、完美无缺的人造明星，他们更青睐真实自然的普通人，更愿意追随可以面对面接触的邻家女孩和男孩。

强大的"吸粉"与商业变现能力

曾有学者称明星是"无权的精英"，他们虽然没有体制性的权力，但他们的所作所为和生活方式却能引起巨大的关注，因为他们代表着"共同体全体成员的体验和期待"，是能够"对整个共同体的新旧价值做出阐释的卡里斯玛型领导者"。尽管在当下碎片化的社会状态下，绝大多数网红都不具备这种辐射整个共同体的社会文化影响力，只在一个相对较小的粉丝社群中享有声誉，但这些网红却具有强大的"吸粉""固粉"能力，并能直接依靠粉丝的数量和购买力实现商业变现。据报道，顶级游戏主播的年收入现已高达上千万元，不亚于当红娱乐明星。

尽管网红经济和传统的明星经济一样，都是在利用明星的个人号召力为产品和品牌赢得更高的知名度和认同感，但二者吸引和动员粉丝消费者的方式却有着显著不同。如果说好莱坞女星是作为超级偶像、时尚标杆而令女性影迷膜拜、效仿，当下的时尚博主、美妆达人和电商网红等则是作为粉丝用户的好"闺蜜"，在社交媒体上分享自己的专业知识和亲身体会，为粉丝们的妆容打扮出谋划策。这种以分享、互动、信任和社群为基础的网红经济模式显然比远程的、间接发挥影响的明星经济模式具有更大的经济潜力。

除了互联网思维所带来的商业模式的变化，当下网红经济的崛起还有一个重要的时代契机，即广告和营销行业正在从大众传媒向社交媒体转移。企业和广告商对社交媒体的空前重视，为网红从事广告代言、品牌营销和产品销售提供了广阔的舞台，使他们有机会将粉丝数量和个人影响力转化为经济收入。网红营销具有廉价、迅捷、高效的优点，如坐拥千万微博粉丝的歌手薛之谦近半年来编写、发布了多条广告文案，这些融合了自黑、搞怪、吐槽和沪式普通话等多种风格元素的广告文案，阅读量大多在一千八百万—两千二百万之间，最高甚至达到四千三百万。在这些微博中，广告不再是生硬的产品推销，而是妙趣横生、令人捧腹的故事；广告发布也不再是让人反感的单向灌输，而是一种令人愉悦的、不乏后现代自嘲精神的互动游戏。发布者和接受者之间达成了一种默契，彼此都以戏谑、反讽的姿态来对待微博营销，反而让这种营销方式释放出了意想不到的能量。

明星的"网红化"与网红的"明星化"

值得注意的是，网红与传统明星之间的界限也逐渐模糊。近年来，名人产业培育的明星纷纷向网红靠拢，积极利用网络工具与粉丝互动。部分明星甚至加入网络直播平台，客串视频主播。与明星的"网红化"相对应的，则是网红的"明星化"。不同于第一代网红清晰的"反名人"特质，一些大众型网红正在成为四线明星的后备军。他们与经纪公司签约，接受才艺培训和形象包装，通过网络积攒人气，最终目的还是打入娱乐圈。不管是传统明星还是网红，他们的经济价值最终都源于粉丝的忠诚度和购买力。在竞争日趋激烈的名人市场上，粉丝社群的经营将发挥日益重要的作用。网红经济归根结底还是一种粉丝经济。

网红现象和网红经济在受到热捧的同时，也不可避免地遭到非议和质疑。投资人担心网红的昙花一现，怀疑网红经济的可持续性；社会评论家忧虑网红"三俗"的成名方式，将损害"只有依靠才华和努力才能成功"的主流价值观；媒体则报道了网红江湖中的激烈竞争和"潜规则"，指出网红的成名过程充满变数。事实上，成名的不确定性、对女性的物化和周期性淘汰等问题，这是包括网红在内的"时尚文化"的一种现状。或许，网红现象并没有我们想象的那样新奇，它只是现代名人文化在互联网时代的一个变体。

网红的存在表明，普通人不仅拥有利用网络发声的机会，还有影响他人、改变他人的可能。从这个意义上说，"社交媒体影响者"或许是对网红的一个更准确的概括。对于"社交媒体影响者"的理解，是一体两面的。他们的出现，体现了社会的多元化和丰富性。他们为了"刷存在感"，有时会有过分依赖媚俗、庸俗的表达，这可能会对公序良俗造成破坏，而由于他们影响力大，"吸粉"能力强，破坏性也会更明显。对于这些，网红和公众都应该保持清醒。

《人民日报》2016年6月28日

"网红"为什么这样红
——关于网红文化的讨论

/周飞亚　袁国宝　李勇

网红的共性是通过传递价值观和生活态度来潜移默化地影响粉丝，价值观同频的人群借网红聚集成一个社交团体。

"信任困境"是网红文化的通病，信任是影响力的基础。是博眼球获得短期收益，还是踏实修炼锻造个人影响力，将成为未来几年内网红群体优胜劣汰的分水岭。

网红是文化现象，也是经济现象。作为大众文化的网红产业，也促进了经典文化的传播，通过降低门槛拉近经典文化与大众的距离。

让经典文化不再"高冷"

/ 周飞亚(《人民日报》记者)

今年上半年，一档叫作"艺术很难吗？"的脱口秀节目在优酷热播，成为国内第一个艺术类脱口秀。其主播"意公子"也迅速晋身网红，以其浅显直观的讲解和异常幽默的调侃赢得了无数粉丝。

"艺术很难吗？"的走红绝非个例。同样红火的脱口秀，我们还可以列出一大串："罗辑思维""樊登读书会""晓松奇谈""雪枫音乐会"……历史、文学、美术、音乐、经济、科技、收藏，它们几乎席卷了每一个文化领域；从优酷、喜马拉雅FM到微信，它们几乎覆盖了所有互联网平台，有的还开发了独立的APP。

近年来，面向大众的经典文化传播，可谓高潮迭起。这一方面是因为，随着社会的消费升级，文化艺术消费的需求持续升温，不少人从中看到商机。另一方面，互联网（尤其是移动互联网）所搭建的信息高速公路，大大降低了知识的门槛，使一些"高大上"的文化艺术变得触手可及。

两者的碰撞，恰如金风玉露一相逢，催生了一批文化类脱口秀和主播型网红。他们通常出身草根，深谙网络传播之道，言辞幽默犀利，并且都有极其鲜明的个人风格。

如果将易中天、于丹等人看成是第一代面向大众的经典文化传播者，那如今的意公子等网红主播，无疑是第二代，但他们之间有显著的不同：

第一代传播者以电视媒介为平台，都是专家学者，这种传播重在"传授"，带着一种启蒙式的、高高在上的味道。第二代传播者以互联网为平台，没有身份门槛，他们的传播强调"分享"，与观众平等相待。这种从以"我"为主到以对方为主的氛围，与互联网用户体验不谋而合。

前者是单向传播，节目形式也比较单一——基本上，专家们并未针对电视媒介的特性来打造内容，只是将他们在大学讲的课、做的讲座搬上荧屏。后者是双向互动，节目形式也相对多样化，还时常举办线下活动。粉丝的兴趣不仅能够影响节目组的选题，还能为节目发展提供资源和帮助。如《罗辑思维》就公开向观众征集策划案；"艺术很难吗？"的粉丝甚至义务上门帮节目组打包寄快递；8月13日在厦门开幕的古埃及珍贵文物中国巡展第一站，意公子团队能成为主办方之一，也是靠一位粉丝的牵线搭桥。

运营模式也完全不同。第一代传播者是被动参与，他们由电视台选择、邀请，虽然有一定的报酬，但并不参与商业运作，节目收入主要靠广告。第二代传播者都是主动介入，不少人将此作为一个创业项目，节目本身通常是免费的，营收主要依靠粉丝交纳的会员费、线下活动门票和相关商品的售卖——这也是典型的"网红经济"模式，有魅力的个人成为商业流量的入口。

2016年被称为"中国网红经济元年"，无论是大众的关注度还是网红的产业化，都迎来了大爆发。不只草根网红，一些专家也加入这股传播热潮：如经济学家吴晓波创办的"吴晓波频道"，上海音乐学院副教授田艺苗开设的"古典音乐很难吗？"等。他们主动调整传播模式，努力适应互联网语境，如"吴晓波频道"中负责插科打诨、"二次元"风格十足的"巴九零"，又如田艺苗"穿T恤听古典音乐"的口号，其实都是在做同一件事：将原本"高冷"的姿态降低，拉近知识与人们的距离。

不难看出，草根出身的网红主播受限于自身的知识储备，往往偏向于最基础的知识普及，受众范围更大，传播效果更好；专家型网红则提升了节目的整体水平，也满足了人们的进阶需求。

文化是一种生活方式。很多时候，人们尚未对某种事物产生兴趣，仅仅是缺乏一个契机。网红主播们恰恰提供了这样一个契机。因此，即便节目质量参差不齐，也自有其价值和意义。当高高的门槛放下，展露出里面绝美的风景，相信每个人都会想要更深地走进这片天地。

从注意力到影响力

/ 袁国宝（新媒体联盟发起人，《网红经济》一书作者）

在中国，生产网络文化元素的主力军主要集中在"70后""80后"和"90后"三代。每个群体都因其成长经历不同而表现出明显的时代特征。"70后"老成稳重，介于传统与创新之间；"80后"是在互联网接入中国后最早消化海量知识的群体；"90后"及"00后"是互联网原住民，网络几乎就是他们的现实空间。

什么是网络文化主流？这个问题不容易回答。互联网接入中国二十余年，基础设施建设基本完成，在国家治理、经济转型和消费习惯更新等方面发挥着巨大作用，网络文化的建设才刚刚提上议程。自媒体与大众传媒的分庭抗礼，覆盖和影响着不同的受众，导致观念场域的扩张和舆论的日趋多元。

近年来网络热词的铺天盖地，段子手的漫天飞舞以及影视、选秀活动等在内的娱乐产业的迅猛发展，使我们不得不正视：泛娱乐化正在侵蚀主流文化，亚文化开始占领网民的精神世界。

多年前，波兹曼在《娱乐至死》中表达了对电视带来的娱乐文化盛行的忧心。新媒体日新月异的中国，相似的忧虑也存在。在经历了从韩寒、痞子蔡等一代网红，到芙蓉姐姐、凤姐、奶茶妹妹等二代网红，再到今天包揽全媒体平台的三代网红，我们会发现：文化产品越来越碎片、轻盈，即使知识性的网络脱口秀节目，也是以网民所喜爱的语言完成的。有人批判网红文化肤浅、无聊，哀叹精英文化正在空心化，本质上是对社会现象娱乐化的质疑。

其实，网红文化算不得洪水猛兽。很多网红缺乏优质原创内容生产力，靠高颜值和出位言行红不过两三天便被互联网的自净功能淘汰。这种自净功能来自人们对真善美的追求，网络热词"三观正"就是这种内心驱动力的体现。能对大众构成深刻影响的，不是直播间里的锥子脸美瞳娃娃音，而是有内涵、三观正、能输出价值的网红。原创内容外延很广，可以是文字、音视频，也可以是生活方式和生活态度，而这些正是网红的文化价值所在。

时代斗转星移，网红前仆后继。就个体而言，网红是快消品。因为良币驱逐劣币，市场的倒逼会使很多不合格的网红被淘汰。前些年因新闻事件不经意走红的大衣哥、天仙妹妹如今难觅踪迹。同为炒作型网红，芙蓉姐姐瘦身成功，微博言论还不乏小智慧，扭转了舆论形象；凤姐则转身成为某新闻客户端的主笔，还加上了天使投资人的身份，加上其独自一人在美国奋斗的励志故事，如今人气颇高。

如果不跟随平台和用户一起成长，网红很快就会被取代。今天人气最高的网红群体中，读书界的罗振宇、财经界的吴晓波、投资界的徐小平、留学教育界的俞敏洪、科技界的罗永浩、写"鸡汤文"的咪蒙，无一不是有个性、有原创内容生产能力的达人。尽管一些网红身上存在争议，但不能否认，他们的共性是通过传递价值观和生活态度来潜移默化地影响粉丝，价值观同频的人借网红聚集成一个社交团体。偶像（网红）和粉丝之间没有仰视与被仰视，只有建立在信任和默契基础上的社交活动。

"信任困境"是网红文化的通病，那些率先获得粉丝信任的人，将成为第一批形成个人品牌的网红，而信任正是影响力的基础。是只想博眼球获得短期收益，还是踏实修炼锻造个人影响力，将成为未来几年内网红群体优胜劣汰的分水岭。

网红文化的核心是人性，人性天然向往美好。互联网一日千里，网民代际不断更迭，文化样式将更加丰富。无内涵的网红不能填补大众追求梦想的饥渴，肤浅的网红也不会拥有较长的生命周期，这不只是网络文化规律，这更是自然规律。从赢得注意力到产生影响力，网络人气比拼最终靠的还是修身齐家的自律和治国平天下的情怀。

社会活力的体现

/ 李勇（郑州大学文学院副教授）

作为一种社会文化现象出现的网红，其历史虽不算长（十年左右），但从传播学、经济学等角度对其产生背景、方式、发展史、前景等的研究却不可谓不及时。

这显然和它背后的产业关联有关。从当年较单纯地靠图文传播自我炒作式的怪诞言辞和形象出位，到今天追求较高品质的原创才智+商业包装而出名，可以看出，网红的产业化经历了"无心插柳"到"有心栽花"的过程，其发展程度也在不断成熟。

这种产业化关联，不应成为我们站在一个精英化立场对网红加以排斥的理由。因为，首先，它的出现和流行确实能展现时代的多元、宽容和进步——至少它是一种社会活力的体现。其次，在导致网红出现的诸多因素中，大众的趣味至关重要，这种趣味虽然多是官能化和情绪化的，但它却是集体无意识心理的一种反映，在某种程度上能起到对社会情绪的调剂和疏导作用——这一点在时下流行的那种刻意走草根路线、动辄吐槽自黑的新一代网红身上体现得尤为鲜明。更重要的是，网红作为互联网技术持续进步的一个衍生物、对相关受众人群心理期待的一种迎合与满足，其出现和流行暗含着时代发展的必然。

当然，作为以博取注意力为基本目标的消费文化的产物，网红难免会存在自身素质、生存环境和机制等方面的问题。解决这些问题的关键是要把握和处理好两个方面：

一是大众文化和经典文化的关系。网红属大众文化范畴，大众文化自有其特点、功能和价值，这就需要探索和遵循新型互联网传播技术下大众文化的发展规律，宜以传统经典文化熏陶引导，而不宜生硬要求。二是经济效益和社会效益的统一，这主要涉及网红和网红产业自身。加强行业监管、提高行业自律在此是行之有效的手段，不过，提高受众素质，增强其辨别力、批判力，发挥其选择和淘汰功能，可能更是治本之策。

总之，借助于日新月异的互联网传播技术，网红产业的发展势头，对传统观念和产业的冲击有目共睹。任何一种新生事物的发展都是活力与风险并存，对监管者、从业者乃至受众而言，所考验的是他们的胸怀、胆识、智慧与理智。

《人民日报》2016年8月18日

草根主播：疯狂裸泳者

/王伟凯　余亚西

从打工妹到网络主播，让徐璐身份发生改变的是直播平台。过去二十年，这个长相一般、仅有高中学历的女孩，从未想过会有那么多人听自己闲聊和KTV水平的歌声，并且还能从中获得一笔收入。

因为门槛低、技能要求低，但又充斥着年入百万、千万元的成功神话，网络主播正成为时下最热门的"工种"。根据腾讯日前发布的2016年大学生就业大数据报告，在"95后"最向往的新兴职业中，排名前二的就是主播和网红。

与此同时，也有越来越多的年轻人，将直播当成新的社交平台，取代文字和照片，用视频的方式向认识或不认识的人展示自己的生活。全民直播时代，正在来临。

被成功神话吸引而来

徐璐是一名职业主播，22时到次日凌晨3时，她需要在自己所签约的某直播平台上给粉丝唱歌、聊天。直播中的她，就像是身在自己的卧室里，但其实这些都是布景。

相比于那些名人或网红来说，作为一名草根女主播，徐璐的工作环境要差很多。她所上班的地方，是位于广州市岗顶电脑城楼上的一个一百多平方米的房子，但属于她的空间仅是一个用木板隔开的小屋子。屋子装修极简，一台装着摄像头和麦克风的台式电脑，一张椅子和一幅大布景。

今年7月11日的21时，"中国第一网红"Papi酱在八大平台上进行直播首秀，九十分钟吸引了超过两千万人观看，并收到价值九十万元打赏和一亿一千三百万人次点赞。

这一度让从"打工妹"转型过来的徐璐激动不已，她说，她从Papi酱的身上看到自己成功的可能。徐璐也多次直言，之所以选择这个行业，最大的原因就是在这里充满了一切可能性。

此外，从她们入行开始就流传几个主播的成功神话，那些成功者从草根做起，在几次直播后，突然一夜成名，过着月收入十万元甚至百万元的生活。

徐璐的经纪人刘强在接受记者采访时，也坚定地说，他见过收入最高的主播，是月收入二十万元。某直播平台的经纪人也多次向记者表示，自己也见过多位年收入上百万的网红主播。

然而，对于这样的成功神话，易观互动娱乐分析师王传珍在接受记者采访时表示，从主播的构成比例来看，那种有技能、有庞大粉丝群、网络号召力强的主播确实有可能成功，但是毕竟属于少数。

此前，网红经纪公司"九鱼传媒"的CEO李旭在接受媒体采访时也直言："如果哪个主播告诉你月入十万元，基本上都是假的。"

PP助手安卓应用中心总经理张博也向记者表示，从草根主播到真正的网红，成功率只有千分之一，甚至万分之一。随着网络直播越来越成熟，那些没有多少才艺的草根主播，将会被大量淘汰。

直播平台抽走七成收入

徐璐向记者透露了她的真实收入，从业四个多月来，她每月的平均收入有六七千元，7月份可以破万。相比于她以前在工厂里的收入来说要好很多，并且工作相对轻松。刘强也向记者坦言，他签下来的十几位主播，月收入也多是五六千元。

张博介绍，国内大多数的直播平台，实行底薪加提成，好一点的直播平台会给主播们两三千元的底薪，不好的只有几百元。在提成方面，则主要是观众给主播送的虚拟礼物。据张博介绍，国内大多数的直播平台在主播的礼物上实行分成制度，一般平台抽走七成，给主播留下三成。以某直播平台为例，一个"钻石"需要一角元，观众送一个"火炬"需要两个钻石，也就是两角元；送一个"保时捷"需要一千二百个钻石，也就是一百二十元。

此前，曾有媒体报道，在直播平台上偶尔会有一些土豪在各个直播间里送礼物刷存在感。据可查的报道显示，2012年4月，一个叫"风流天子"的ID出现在YY各大直播间里，见人就刷礼物，几乎每个大主播直播间都要刷上几万元。今年3月，"国民老公"王思聪也曾因为被挑衅而"怒刷"礼物，上了各大娱乐媒体的头条。

然而，更多的主播还是像徐璐这样，靠网友零点几元或几元的打赏来积少成多。7月的一天下午，记者在徐璐办公的地方采访她时，突然从直播间传来兴奋的叫声："谢谢你！哇！我太开心了！我要再为你唱首歌。"原来是一位主播被刷了一个价值二百元的"女神"道具。

属于明星和网红的游戏

据易观互动娱乐分析师王传珍介绍，从内容形态上来看，直播可以分为秀场、游戏、体育、教育、财经等相对垂直的独立平台以及相对综合的泛娱乐直播平台，其中秀场直播主要以唱歌、跳舞的才艺表现为主，参与门槛相对较低，同质化程度也相对较高，但模式相对成熟。

此外，从主播的角度来看，也可以分为明星主播和草根主播。明星主播会自己给直播平台带流量，所以不少直播平台都会花大钱签约一些明星主播。最近就有传言，游戏英雄联盟的主播小智被某平台以三年一亿两千万的身价给签走。

同时，为增加人气吸引流量，一些网络平台也会邀请一些娱乐界的当红明星前来助阵，小S、范冰冰、姚晨、井柏然等都曾在一些直播平台上亮过相，并且瞬间迎来流量高峰。当然，这些平台也会花费不少钱。

有业内人士分析，对于网络直播平台来说，百分之十甚至更少的明星主播承包了直播平台百分之八十的流量，"直播还是明星和网红的游戏"。

相对于那些明星主播自带光环，徐璐这样的草根主播则要辛苦很多。

她们要连续三四个小时坐在镜头前唱歌跳舞，跟网友们有一句没一句地聊天。徐璐自嘲道，她在直播中，说得最多的两个词就是"欢迎"和"谢谢"。虽然要面对镜头那边几千名观众，但屏幕这边能看到的只是枯燥的数字和昵称，并不知对方是什么人，年纪多大。

刘强和他的团队曾经做过一个分析，他们的观众，大多是在外打工的年轻男子。"现实生活中的他们可能没有人爱，没有人关心，更不会有漂亮的女孩跟他们互动，但是在直播平台里有。"刘强说。

其实，在徐璐的五百多个固定粉丝中，也有一个人会固定地给她刷礼物，每天都会几元几十元地刷，两个月来已经为她刷了将近一万元的礼物。但是，这个粉丝是她的前男友，因为在做主播的问题上无法调和，两人最终选择了分手。之后，前男友就用这样的方式来关注徐璐的事业。

"我曾经对他说不让他刷了，因为能到我手上的钱不多，但是他不听，他受不了别人比他更舍得在我身上花钱"，对于前男友这样的举动，徐璐也颇为无奈。

一般直播平台上的观众会设有等级限制，比如有的直播平台，普通的观众说话不超过七个字，而等级越高，说话的字数就越多。

此外，据刘强介绍，在直播上刷存在感只有两个办法：刷礼品和骂人。徐璐就遭遇过有观众骂她丑、歌难听。不过，有后台管理，骂人者很快会被踢出直播间，而刷礼物者也会为徐璐叫好。

直播平台大多亏损

根据PP助手的数据，目前涉及直播业务的公司有二百五十四家，涵盖游戏、娱乐、体育、社交等十个领域。并且，今年上半年直播类APP的下载量占总下载量的百分之七十以上，这也意味着今年上半年是直播行业的爆发期，也有不少业内人士将今年视作直播的元年。

不过，在热闹的背后，盈利模式依然是无法绕过去的问题。据了解，目前直播平台的主要收入来源有两种，一是用户的直接消费，购买道具、礼物、会员等；一是第三方商业合作，以广告的方式变现。此外，游戏、体育类的直播平台，还会有赛事竞猜的收入，但是这些都很难带来盈利。根据相关机构的数据，在游戏类直播APP中排名第一的"斗鱼"，虽然日活跃用户大约为三百万，估值超过十亿美元，但没有盈利。另一家网络直播平台"映客"的日活跃用户接近千万，注册用户超过一亿三千万，用户规模排名第一，但只是刚刚实现收支平衡。

除了天价明星主播的签约费，直播平台还有每月数千万元的宽带费用。张博表示，就行业平均水平而言，在线人数每达到百万人，直播平台每月仅带宽费用就至少要花三千万元左右。

一直以来，"直播＋"的模式被寄予厚望，将直播与电商、股市分析、房屋中介等联系起来完成变现，但是，该模式却一直未能真正成熟起来。在王传珍看来，"直播＋"模式的价值更多在于对现有业务的提升，并不能成为主要的盈利模式，比如增加直播的淘宝和聚美优品，直播更多的是提升客户对商品的直观印象，但是增加的购买量有限。

长期关注网络直播行业的艾媒咨询CEO张毅向《南方日报》记者表示，早期的直播平台其实是赚钱的，并且赚了不少钱；但是，后来涌进的这些直播平台大多处于亏损状态，"并且亏得一塌糊涂"。

"然而，由于早些年的直播平台赚到了钱，大家都觉得可以赌一赌。并且，还有不少人觉得，直播很有可能取代QQ、微信，用视频的方式，成为第三代社交平台，所以即便是竞争激烈，还是有大量的平台涌入"，张毅说。

UC浏览器正在经历着从工具类产品到内容平台的转变，其重点打造的UC头条也被视为一个重要的内容分发平台。UC总经理陈超在接受《南方日报》记者采访时也表示，未来UC头条有可能会增加直播功能，但是"直播只是其中一个方面，热度过后，还会归于平静"。

不过，随着监管的收紧，这种疯狂增长的模式，不会持续太久，草根主播逆袭的时代也已经过去。潮水退去，裸泳的更多的是那些并无才艺和专业的草根主播。如何不被淘汰，并能将主播真正当成一个职业来做，既是从业者要考虑的，也是平台要考虑的。（文中人物均为化名）

《南方日报》2016年8月5日

网红也是另类医疗师

/石勇

有时候，我们会有一种感觉：这个世界好像越来越让人看不懂。

比如，在一家视频直播网站上，有一个胖子在直播睡觉。每天，都有几万人在线观看，不停地发着"弹幕"。你都搞不清楚这么"无聊"的事情居然都有人花时间来围观，送礼物，而那么多闲人又是从哪儿钻出来的。

又比如，一家弹幕网站做了一次网络直播实验，在连续十几天的直播中，主播们除了最常规的唱歌跳舞外，甚至还有发呆、吃饭、画画、打游戏、扎帐篷睡觉等行为。看这个直播的，不是几万人了，而是三千万！

我一直在提醒自己：不要失去洞察任何一种看似疯狂的社会风潮的能力。因为所有让人看不懂的群体行为，最终都只是人最隐秘的内心世界的投射。

一种欲望就是一种产业

有人告诉我，"直播"已经成为2016年互联网最火热的"风口"。这意味着什么？意味着它会让网红和投资人赚大钱。"赶紧啊！"它好像对所有有"主播"潜质的人发出了召唤。

很惭愧我做不了主播。

所以我干的事情，是去揭一揭直播这个娱乐现象、商业现象，是怎么和社会心理勾搭起来的。

一种欲望即是一种产业，而对欲望表达的引导、包装，即构成了一种商业模式。这一点我相信很多人都清楚。但直播迎合的到底是什么样的欲望？哪些心理可以构成以直播方式来进行的娱乐？除了网红们洞若观火之外，这个社会的很多人，包括精英，就不一定清楚了。

对于直播那么火爆，我看到了很多自以为很懂的人的评价，无非是说现在的年轻人空虚、孤独，好像这么一描述，就能解释了。

可是先让我们回忆一个故事吧。

2011年10月13日下午，广东省佛山市，两岁女孩小悦悦被汽车撞倒并碾过，七分钟内，十八个路人经过，但无一人救助，最后被一个拾荒阿姨救起，但还是在八天后去世。

事件发生后，大家都指责路人"冷漠"。"冷漠"好像就是对这起事件的悲剧性因素的一种解释了。

可惜这是很肤浅从而不靠谱的解释。"冷漠"只是内心里发生了什么之后所表现出来的"心理—行为特征"，它并不是原因。只说"冷漠"没有提供任何洞察性的解释。如果给予另一种情境，比如某个"不捐款就会有巨大的道德压力"的情境下，我相信这十八人立马不再冷漠，而是会变得充满爱心。

同样，说现在的年轻人空虚、孤独也没有什么意义。谁没空虚、孤独过？而空虚、孤独，并不一定就会去看直播。我的意思是，离开了特定的心理情境以及社会情境，说那十八人"冷漠"和说现在的年轻人空虚、孤独只是一种智力上偷懒的做法，它离真相十分遥远。

我需要对年轻人为何喜欢看那么"无聊"的直播一探究竟。

方法很简单，我注册了两个账号，去了国内两家比较火的视频直播网站，然后，点击头像是美女的主播的房间，溜进去看了一下。

没有多久我就发现有点熟悉。我不知道你是否玩过大概在1999年到2001年比较火热的聊天室？它想起来竟然有些古老了，挺有年代感，有全国性的，也有各个地方的"信息港"的。那个时候，几乎是吃过晚饭后，很多人就直奔聊天室而去，有在"公聊"刷存在感、装B、等着钓异性网友的，也有已经成功聊到中意的异性而"私聊"的。它的火爆，事实上一点也不亚于现在的直播，只不过当时没有什么商业色彩，而且上网的人相对不是多数而已。

说穿了现在的直播，就是一个有视频、有主演的聊天室，外加了几个很有互动色彩、商业色彩的设置：送礼物、发弹幕。正是从这里，我发现了它的玄机。

不能和自己相处

我还记得，当初很多人之所以那么迷恋上聊天室，一个心理动机就是聊天室的世界太新鲜了，比之现实世界的沉闷，它刺激太大。我们想看一看，自己会不会通过混聊天室，而让自我和他人、世界的关系有一种新的可能。

而这种心态的心理背景，当然是我们在现实中，对自我和世界关系的某种无能为力或不满意。上聊天室既是一个新的突破口，同时又是对现实受挫的一种治疗。

现在看直播呢？跟聊天室不一样了，是去窥探主播愿意展示出来的一切，是去发弹幕和送礼物的。所以它实际上更加关注的不是你通过某一个媒介去修改你和世界的关系，而恰恰是让你去寻找、释放你那个似乎不太舒服的自我。在聊天室，无论你玩得多high，一个人装B也好，玩网恋也好，逻辑上，最终都要指向现实，但直播室恰恰是可以取代现实的另一个社会空间，它不会有走到现实这样的逻辑。

直播那么火，其实暴露了一个深层的心理：在今天，很多人，尤其是年轻人，已经失去了和自己相处的能力。

我观察过很多人，从"70后"到"00后"都有，发现他们几乎要一直不停地做些什么，无论是看书、看电视、玩微信，还是做家务，总之绝不能停下来，安静地面对自己，一停下来就充满了焦虑。这种现象就是在逃避和自我相处。他们的那个自我似乎让他们感到害怕。

既然不能和自己相处，同时又不能让自己感觉到在害怕自我，压抑着它的表达，那就必须有一个突破口，最好有一个热闹、舒服的社会空间，去让大家表达"自我"。很幸运，直播室正好具有这样的功能。它可以让你在成为观众时，也通过发弹幕、送礼物而成为演员。你的"自我"绝对是拿得出手的，充满了幽默、机智和魅力。你和这样的一个"自我"在一起，在他人的围观中，会非常舒服。

第二种深层心理可称之为"替代性满足"。

尽管年轻人一直在引导甚至改变这个社会的商业模式和审美趣味，但不得不承认，他们在这个社会中所掌握的资源，还不足以让他们在表达"自我"时拥有控制感和力量感。比如有的人是觉得自己很了不起，但你在这个社会当中算什么？权呢？钱呢？说话有多少人听？这样的事实很打击人。现实的社会空间，对他们的自我还是构成了压抑。既然如此，那就需要找到另一个社会空间去完成自己体现存在感的梦想。

不仅"屌丝"是这样，有些"土豪"其实也是如此。他们有一点身家，平时也咋咋呼呼人五人六的样子，但冷静想一下，也就只能在穷人面前显摆，在这个社会当中他们同样什么也不是。而且，显示其存在感的方式，比如炫富、砸钱，是有道德和现实风险的。他们同样需要一个可以获得替代性满足的社会空间。

第三种深层次的心理，是"可亵玩"。

说起来这种心理好像有点Low。确实如此。我们这样去想一下，这个社会中的很多人，是以原子化的状态存在的，但大家当然不愿意只是以原子化的状态存在，而希望能跟某些人粘连在一起，有亲近感。最好，粘连在一起的时候，大家都有自在感，有心理优势，但这在现实当中是做不到的。看电视、现场去追星能不能做到？能做到一半，看电视始终还是不真实，而现场去追星，毕竟机会不多，也不能接近。最终，看电视可以"亵玩"，但只能远观，而追星则无法"亵玩"。

可是看直播呢？某一个美女，某一个网红，某一个你熟悉的明星就出现在你面前，你通过视频能直接捕捉到他（她）现在的一举一动，你可以看见他（她），而他（她）看不见你，你在心理上可以对他（她）为所欲为，尽情地发泄、实现你的各种欲望。你的自我无须压抑，你完全具有心理优势，还有什么比这更爽吗？

"第二剧场"

这些深层的心理可谓干柴，主播相当于一根火苗，但要借助某个机制，火才能燃起来。这个机制很有意思。其内容是：大家在看直播时，主播的表演相当于"第一剧场"，他（她）召唤出了观众们来某个空间里看演出，这个空间就构成了一个剧场；好，你和一大帮人一起看，所有人都进入了这个剧场。

但在这个剧场里，你无论做什么，意淫也好，送礼物、发弹幕也罢，又构成了"第二剧场"，你是演员，而其他所有人则是观众，你做什么都会有人看到，或感觉到会有人看到。于是，你看直播时，也感觉到它成了你表演的舞台。

电视，还有类似于Papi酱们的一个弱点是，它没有构成"第二剧场"。你无法想象你在看电视、视频时，很多人也在看你。

你骑行走川藏线，你去大理丽江装中产小资，其实都是把它们视为一个剧场，想象着会有无数人在看你。没有观众，就没有装B。

这就是那么"无聊"的直播都有人看的秘密：它把所有观众都转变成了演员。直播的内容无聊不无聊已经不重要了，重要的是好像所有人都看到了"我"的表演，"我"和一大帮人好像一起热闹地窥探、发现一件什么重要的事情。它构成了"我"获取存在感的仪式，所以"我"感觉挺爽。

我在看一些文章的时候发现，凡是道理讲得很透，很有逻辑性和学术性的文章，不仅阅读量很低，而且下面没几个评论。但很多其实并不深刻和有逻辑性的文章，因为装知识B，阅读量却相当高（十万+级别），而且下面评论一大堆。为什么呢？仅仅因为大众智商不够，读不了深刻的文章，而喜欢知识鸡汤之类吗？

这是一个重要原因，但并不仅仅是这样。

我发现真相是这样：你说得太深刻太有逻辑性了，你都说完了，那大家还说什么呢？你根本就没提供我说的机会呀。另外，你说得那么好，智商上已经对大家形成了碾压之势，看你的文章，我实在没有智力优势、心理优势，我看你的干吗呢，找虐啊。我看你的文章，不就是想找点牛B的感觉嘛，可你并没有提供给我这个机会。

这是大众和作者签订的一个心理契约：我承认你的牛B，或许你比我牛B（否则我就没有理由看你的文章了），但是，你不能只是在那儿证明自己牛B，你也得让我有表达、体验自己牛B的机会。你不给我这个机会，那你就一个人玩吧！

所以，流行的绝对不是深刻的文章，而是提供给大众装B的文章，无论是装知识B还是别的什么。一些网红深谙这一点：要满足大众表演、装B的天然渴望，最重要的是提供给他们感觉，而不是真相。

直播以提供了个人生活的真相为表面的吸引点（它甚至把细节放到不厌其烦的程度），但真正提供的其实是感觉。大众要的其实永远只是感觉，那些跟被压抑的心理欲望联系在一起的感觉。

在这个意义上，我发现，网红和娱乐资本其实也是另类的心理治疗师。

《南风窗》2016年第13期

新中产影像：
从《欢乐颂》到《小别离》

"新中产"尽管难以定义,但在通常的理解中意味着工作体面,收入稳定,感情和文化需求基本得到满足,氙活品质优越……目前仍然为大多数国人梦寐以求。然而近年来,伴随着寸地寸金的房价、频临的经济危机、日趋固化的社会阶层等因素,底层的中产梦日趋迷蒙,甚至中产与准中产也面临着变为"新穷人"的危险。面对着高压力、强竞争,他们不得不苟合资本的逻辑,充满焦虑地游弋于职场、情场及家庭。

本组选文围绕今年热播电视剧《欢乐颂》《小别离》和电影《北京遇上西雅图之不二情书》为中心展开。电视剧《欢乐颂》的三篇影评分析了"新中产"的职场、爱情、家庭与资本市场间的内在逻辑,挖掘出为欢乐所压抑的现实悲辛。电影《北京遇上西雅图之不二情书》的影评道出了"新中产"的爱情在全球化时代的纪念意义与想象性表述。《小别离》的影评则窥探了"新中产"在子女教育上的"内在焦虑"与"小确幸"并存的情感状态;一方面,他们对自己阶层的现状不满,急功近利地把阶层维持与向上流动的焦虑与压力传递给孩子;另一方面,在子女教育上的疯狂投资则又反过来变成了他们最后的"小确幸"。

今天这个时代,我们应该如何讨论这个日渐模糊的"新中产"群体,其现实焦虑与想象表述的边界又在哪里?

《欢乐颂》就是一曲金钱颂

/毛尖

近时颇火的《欢乐颂》我看了大半，满满负能量地走出家门，看到小区大妈在跳广场舞，站在喷水池边看她们用不年轻的腰肢扭出年轻的动作，心里有些感动。她们欢乐地跳啊跳，她们身上的山寨LV显得前所未有的活泼，生活的激情拥抱冷漠的名牌，我突然明白了为什么《欢乐颂》里没有欢乐。

《欢乐颂》里有两个阶级、两组人物，为了戏剧原因被强行纳入同一幢楼同一个楼层。安迪和小曲属于精英中的精英，她们在22楼各占一套，樊胜美带着关关、小邱合租其中一套，她们属于白领民工。第一次，电视剧赤裸裸地和这个时代的势利同构：戏剧空间、戏剧份额，包括人物的智商情商完全按照财富进行分配。

安迪的心理疾病，小曲的混世魔王腔，因为有她们高冷的财富背书，全部成了蓝调。相比之下，挣扎在房租线上的三个姑娘，即使是一些无伤大雅的特点也会被反复放大成Low点。同样是爱吃，安迪的吃是因为她的胃爱国，她吃得越多，男人越爱她，但小邱的爱吃就是脑残，编导让小邱吃完蛋糕吃小笼包，好像她的无能就是因为她贪吃。如此，最后两个阶级貌似南北一家亲地坐在一起，实现的不是阶级消灭，是阶级加固，瞧，精英多么平易近人！

网络上还能经常看到对富二代的嘲讽，但是《欢乐颂》不，编导全身心地歌颂有钱人，留学回来的小曲连商务英文都看不太懂，一个转身就人神共助地成了社会栋梁。她手段低俗地插手租房姑娘的爱情，最后却成了她聪明善良的证据。

此剧对精英的膜拜正在创造新高峰，《欢乐颂》似乎生怕我们下里巴人进入不了有钱人的内心，不仅用情节用台词还用画外音向金钱献媚。苍天在上，每次《欢乐颂》的画外音响起，我就软了，那种描述动物世界里弱肉强食的声音，平静又抒情地挪移到偶像剧里，真理性地强调，有钱人就跟草原上的狮子、老虎一样，她们的掠夺是大自然赋予的使命，但其实她们都有玻璃心。

过去偶像剧，主要用镜头膜拜金钱，用台词不屑金钱，《欢乐颂》不一样。它用画外音的方式，为有钱人提供了身心合一的电视剧套餐保障，有钱就是"动人"、是"率真"、是"仗义"，有钱就有"欢乐"、有"爱情"、有"朋友"。别的不说，剧中，五个姑娘之间每一次问题的解决，都靠两位精英女的人脉和金钱达成，同时直接造成剧中最有活力的樊胜美一直深陷金钱的泥坑，最后依然需要被金钱祝福、被金钱拯救。好像贫穷不仅是经济上的匮乏，还是道德和感情的首批负资产。

《长江日报》2016年5月17日

《欢乐颂》：自制主义的错乱逻辑

/周志强

电视剧《欢乐颂》的热播引发了观众的新一轮追剧热。五个性格各异的女孩子，在辛苦的生活中，尽力保有热情，互助互爱，用姐妹情深来对抗冷漠疏离的社会，处处显示上升时段里的"欢乐颂"。20世纪末的美国，养育了《老友记》（Friends）单纯乐观的幽默，《欢乐颂》虽然无法与经典相媲美，却同样在细节外流露憧憬和信心的基调。与此同时，又不难发现，电视剧里的这种欢乐基调依赖着对于生活情感的过度阐述。也就是说，一方面我们看到了这时代的欢乐，另一方面，这种欢乐又成了压抑现实悲辛的万花筒。

《欢乐颂》用了"资本+恋爱"的情感引诱激发观众的狂喜，这与20世纪初期以来"革命+恋爱"的故事形成了有趣的对照。在"革命+恋爱"的故事中，核心主旨来自对"改造世界"的热情的渲染：革命者之所以可以激活爱情的浪漫想象，就是因为他们有一种改天换地的勇气和信念，正是这种勇气和信念，令"革命+恋爱"的故事在天真空幻之中平添了几分超越生活的魅力；而《欢乐颂》所依托的"资本+恋爱"模式，其核心的主旨却是对"适应社会"能力的暗中强调：只有放弃天高地厚的想法、抛掉给自己带来不必要的麻烦的包袱，才能找到真正的活着的意义。

在这里，不是改造规则或者反思规则，而是学会规则。

在电视剧中，失败者之所以失败，并非因为缺乏挑战丛林规则的能力，而是不懂得顺应规则和使用规则；胜利者也并非战胜了困境，而是抛开了困境。樊胜美对于家庭的承担被讲述成毫无价值的负担，只有避开这个负担，让哥哥和父母懂得自己对自己负责，樊胜美才能真正战胜自我，并摆脱困境；安迪也懂得增加别人的麻烦就是造成自己的麻烦，所以，只有顺应快乐的生活原则，才能获得自己的幸福。

《欢乐颂》在讲述这样一种"欢乐逻辑"：我们只能为自己的欢乐负责，除了承认由资本主导的生活逻辑之外，我们没有能力创造另一种获得欢乐的方式。简单来说，就是谁更顺应这个由资本机制主导的丛林逻辑，并从中获得实现感，谁就可以享受美好人生，并拥有甜蜜爱情；要想学会在规则中获得这种成功，就只有具有良好的自我管理能力——即深深懂得只有一切以私人生活为第一要义，才能更好地融入这个社会，获得满足。

当大老板魏渭在电梯中遇见小白领邱莹莹时，邱莹莹天真地询问如何才能成功，魏渭对她真诚鼓励；而当魏渭见到了恋人安迪后却轻蔑地道出自己的真实想法：对于邱莹莹来说，除了鼓励她之外，别无可做，因为她注定不会成功。

邱莹莹之所以被"唾弃"，乃是她的天真和冲动已被我们看作是毫无用处的东西：缺乏自我管制的能力，不懂在既定的规则系统中做事，就永远没有成功的资质。樊胜美总是想通过自己的姿色获得富人垂青，这同样也是对规则的破坏——如果你清贫，你就顾好自己；如果你富有，你也要顾好自己。这部电视剧无处不在宣扬这样一种"自制崇拜"：车上工作的魏渭和安迪，即使疯疯癫癫也会时刻收心为赚钱拼命的曲筱绡，时刻冷静处理复杂事务的谭宗明，虽然看似花花公子却有惊人资权分析能力的包奕凡……在剧中，富有的族群总是具有良好的自制能力，衣冠楚楚而彬彬有礼，貌似冲动又适可而止；一旦破坏这种自制，就立刻变成被排斥的对象（曲连杰），或者懂得了自制就立刻被接纳（王柏川）。

与之相对，合租在22楼的三位姐妹，唯一可与富人族群交往的能力就是她们那充满冲动的"姐妹情深"。表面看来，这部电视剧与《小时代》相似，通过强调"姐妹情深"来掩盖阶层的区隔，富人族群被姐妹情深反复感动，从而接纳并认同合租三姐妹；但是，归根到底，《欢乐颂》又在无形中表达合租三姐妹对安迪和曲筱绡族群的羡慕与跟随。如果说《泰囧》还是让富人向穷人学习道德的话，《欢乐颂》则毫不客气地让"合租三姐妹"向两位或多位富豪学习如何做人，并暗示说，之所以他们是成功者，乃是因为他们不是抱怨和对立，而是顺应和懂得，不是因为创造这个世界，而是因为适应这个世界，不是来自他们的真性真情，而是来自他们管理自我性情的能力。简单说，这个时代，不鼓励批判、质疑和对抗，无论你面对怎样的规则和职场，它只允许俯首帖耳的自制者进入。

显然，放纵和自制变成了当前显性娱乐文化的内在逻辑。只要你有良好的自制力，即不质疑权威、不对抗管理、不批判职场，那么，你要么成为成功者，要么被成功者接纳；反之，就面临被集体避开的窘困。在大型户外竞技真人秀节目"奔跑吧兄弟"中，看似自由随性的兄弟们，首先是被置放在遵守既定规则的基础之上；在音乐选秀节目"中国好声音"中，除非参赛歌手学会讲述一个感动大家的奋斗故事，否则就无法获得认同；而另一档音乐选秀节目"我是歌手"更是毫不犹豫地把离经叛道和随心所欲的声音排斥在外……

我所谓的"自制主义"，一方面是这个时代社会维持基本运转的动力，另一方面，又是冷峻而理性地把"特立独行"看作是蠢笨傻瓜的逻辑。你有自由奔跑的权利，却没有放弃奔跑的自由。从《欢乐颂》到我们的人生，大家都在拼搏奋斗，但是，这一路的拼搏，不是为了改变世界，而是为了被世界改变。归根到底，自制主义鼓吹理性，却在养育随波逐流和浑浑噩噩；而"资本+恋爱"的小手，召唤我们认可：除了跟着走，再也不会有其他的希望。

《文学报》2016年6月9日

一曲中产的"欢乐颂"

/张慧瑜

近日，根据网络小说改编的电视剧《欢乐颂》成为热门话题。这部白领剧以五位职场姐妹为中心，讲述她们工作、爱情和家庭的故事。一般舆论对这部剧有两种看法：一种是感动，五位姐妹在大城市里的人生际遇获得青年观众的认同，尤其是合租房里的三姐妹呈现了白领打拼的辛酸生活场景；第二种是不满，认为这部剧过于美化社会上层职场精英的生活：有钱就是有文化、有教养的白富美，没钱就是没文化、没品位的土肥圆。这样两种意见都有道理，因为这部剧具有大众文化的典型特征：一方面触及社会敏感话题，如阶层分化、大城市"居不易"等，另一方面对这些问题提供了"大众文化式"的解决方案：把现实矛盾自然化，或者"化敌为友"转移矛盾，最终展现一个乐观、充满希望的结尾。

成熟的大众文化一般不会违背当下社会的主流逻辑，《欢乐颂》即是如此。

中产故事的建构历史

在大众文化领域，与现代社会最相关的是讲述原子化的个体在陌生、无名的大都市里生存、成长的故事。这种都市故事的另一幅面孔是孤独的个体在大海、荒岛、森林等自然化的环境中历险。

比如，在19世纪的现实主义文学中，出现了大量外省青年在当时的世界之都巴黎奋斗、往上爬的故事。对于现代资本主义社会来说，一无所有的个体打破封建贵族制的藩篱变成有钱人，这意味着时代的巨大进步，因为个体的命运不再是"天注定"，而是把握在自己手中。尽管现代社会不允诺每个人都蜕变为成功者，但它始终相信幸运儿可以依靠自身能力和机会来改变命运。从自由竞争到高度垄断的资本主义，有钱阶层变成新的封建贵族，现代社会重新封建化，这就是19世纪两极分化的欧洲社会。

因此，美国这一新大陆对老欧洲而言，其最大的进步性在于提供了新的白手起家的美国梦。"二战"后，美国也进入垄断资本主义阶段，个人成功的美国梦被人人皆可晋级中产阶级的中产梦所取代。这种"有美国特色的"资本主义改良方案，试图通过建立以中产阶级为主体的社会来克服现代社会的封建化。中产梦的出现有两个前提，一是大公司、跨国公司成为主导商业模式，二是由实体经济为主的工业社会升级成为以服务业为主的后工业社会。这样两个条件使得白领职员从事办公管理、信息技术、文化创意、金融投资等服务行业，而支撑工业生产的蓝领工作则转移到第三世界或发展中国家。在此背景下，以公司职员为主角的职场剧成为中产阶级故事的重要类型。

对于资本主义文化来说，以工业生产为核心的生产领域一直是隐而不彰的黑洞，反而家庭、酒店、咖啡馆、购物广场等消费场所是文化表现的主导空间。这种消费领域对生产领域的屏蔽，不仅隐匿了现代人作为生产者（雇佣劳动者）的身份，而且使得生产领域（如工业、工厂）中存在的压迫、剥削关系变得不可见。

与之形成鲜明对比的是，社会主义文化实践打开了工业社会的生产空间，让工人及现代化大生产变成文艺表现的主题，这与社会主义政治经济实践中改变资本与生产者之间的生产关系、赋予劳动者主体位置有关。不过，后工业时代的职场故事却把白领从消费主义空间中"拯救"出来，恢复了其作为生产者的身份。只是这些在整齐的格子间里紧张工作的白领们不再是流水线上的蓝领工人，而是从事非物质劳动和非工业劳动的从业者。

在这个意义上，职场剧一方面大胆地暴露白领工作的生产场所，另一方面又"掩耳盗铃"地遮蔽了被转移到别处的蓝领工人及工业生产的空间。《欢乐颂》里提到的公司大都与实体经济有直接关系，如曲筱绡所属的家族企业涉及工程建筑业、安迪所属的盛煊公司涉及PC业务、邱莹莹所在的小公司也有下属工厂，可是这些实体经济及产业工人在剧中完全不可见，就连追求安迪的富二代包总带安迪参观的家族企业也是企业研发中心，而不是工厂。

白领和中产的沦落

中国职场剧的出现联系着20世纪80年代以来计划经济社会向市场经济社会的转型，一种以工农为主体的社会结构转向以都市白领为理想主体的后工业社会，与此同时，这种以生产者为主体的工农兵文艺也转向以消费者为中心的大众文化。与家庭伦理剧、古装剧、战争剧等其他类型不同，白领职场剧对应着一种特殊的公司制度和职场文化。

20世纪90年代市场化改革之后，建立在现代企业管理制度基础上的"公司制"，逐渐取代了计划经济时代国有企业所采取的"单位制"。那些端着"铁饭碗""生老病死有依靠""不思进取"、缺乏竞争意识的单位职工，转而变为朝九晚五、穿着职业装、坐在窗明几净的办公室里工作的公司白领。90年代以来，在外企或民企工作的白领一直是光鲜亮丽的代表。首先，白领生活在大城市，享受着都市的繁华和梦幻；其次，这被认为是一种逃离旧体制、追求个人自由的生活方式；再者，白领从事非物质劳动，既体面又收入颇丰，是个人奋斗的典型。

可以说，白领职场剧只发生在"北上广"等大城市的外资企业或民营企业，如《小时代》《欢乐颂》等所表现的高楼林立的浦东陆家嘴和摩天大楼里的办公区，这些大企业和企业中的高管占据着城市的制高点。对于从事工业劳动的生产者以及大都市当中的低端服务业的从业者，则无法进入职场剧的视野。在这个意义上，所谓的职场有着特定的含义，仅指白领、中产阶级在大公司、大都市中所从事的非体力劳动。

近些年，白领职场剧时常成为热播剧。白领职场故事的流行，则说明了个人成功的美国梦已经转变为努力工作的中产梦，那种渴望建功立业的个人主义英雄，化身为按部就班、兢兢业业的好员工，这种转变本身，即呈现了中国社会从90年代的自由竞争越来越走向高度垄断的市场经济的过程。此外，金融危机以及高房价加剧了社会的不平等，使得"不抛弃、不放弃"的"许三多精神"（《士兵突击》2006年）迅速沦落为尔虞我诈的"甄嬛腹黑术"（《后宫·甄嬛传》2013年）。如果说甄嬛尚且能够逆袭成功，那么对于大多数职场菜鸟来说，想历练为职场达人的"杜拉拉升职记"则变得越来越艰难，恰如《北京爱情故事》中成功和爱情只属于富二代，穷小子不得不出卖灵魂获得第一桶金，最终还"赔了夫人又折兵"。在这种曾经作为社会中间（中坚）的白领阶层"底层化"、蚁族化的大背景下，一曲看似圣洁美好的"欢乐颂"悄然奏响。

被再阶级化的白领和中产

20世纪六七十年代，白领、中产阶级在西方发达社会的出现，被认为是一种相对两极分化的19世纪阶级社会的进步，以中产阶级为主体的社会也被认为是一种去阶级化的社会：因为中产阶级的收入使其能够在西方社会过上有车有房有工作的稳定生活，而且中产阶级内部的收入差距不大。可是，自80年代以来以市场化为主导的新自由主义改革，到2008年爆发的金融危机，不仅使得"二战"后"养尊处优"的中产阶级的整体社会地位有所下降，而且中产阶级内部的差距也逐渐扩大。

借用剧中角色关雎尔的话，"虽然人跟人是平等的，可这社会就是有阶级之分。你无视阶级只会碰壁"。也就是说，阶级壁垒是客观存在的事实，这成为《欢乐颂》讲述故事的前提。第一集甫一开始，画外旁白就介绍了住在同一楼层的五姐妹分别从属于不同的社会阶层：留学美国的企业高管安迪和富二代曲筱绡分别占据两套独立的套房，中间是合租在一起的三姐妹樊胜美、关雎尔和邱莹莹，她们的阶级位置与居住空间的大小完全吻合，甚至很多网络评论把《欢乐颂》里的人物与社会学著作中的阶级分布图一一对照。

从这个角度来说，改革开放三十年以后，阶级不再是一个敏感的词汇，也无法唤起社会主义革命的历史记忆，阶级变成了一种正常社会都会存在的现象。在这个意义上，《欢乐颂》把白领、中产等去阶级化的社会身份，重新赋予了阶级的内涵。如果考虑到富二代曲筱绡直接创业开公司，可以说剧中的五姐妹都工作在一种现代公司制的环境中，而这部剧的特殊之处在于揭示了公司制为基础的现代企业——我们社会的隐秘王国。

20世纪90年代市场化改革，使得由股份制、私人资本主导和雇佣劳动制组成的现代公司制度重新出现。外资企业所带来的不仅是外国资本的投资，更代表着一套先进的现代企业管理经验和高效率的盈利能力，这正是彼时"低效率"的、人浮于事的国营单位所缺乏的。《欢乐颂》中确实呈现了一种从企业高管安迪、公司老板曲筱绡到中层管理者樊胜美、底层员工关雎尔、邱莹莹"忘我"的工作精神和全心全意为公司服务的意志。然而从刚进入职场的关雎尔、邱莹莹，到霸道的企业高管和工作狂安迪所有人都处于一种高度紧张和工作压力之中，这不得不探究她们的工作动力是什么。

对于关雎尔、邱莹莹来说，工作是为了挣钱，是为了更好的生活，是为了留在大上海，她们作为雇佣劳动者，公司是她们的衣食父母，除了心甘情愿地努力工作之外没有其他的选择。而对于管理者安迪而言，工作是为了企业获得更高的利润，包括神秘的老谭在内，他们都不过是电视剧中看不见的企业大股东（投资人与资本）的代理人。这种建立在雇佣劳动和私人资本基础上的公司制，实现企业利润最大化，即资本实现增殖是唯一的目的，从高薪聘任的企业高管到保住饭碗的底层员工都是为了这个最终目的而工作。

从剧中可以看出，为了实现管理的高效率，企业内部采取的是一种高度等级化的管理结构，员工要绝对服从部门主管的指令，部门主管要服从企业高管的意图，而企业高管对集团董事会负责，这是一种类似于军队式的现代科层制。

这种高效的、细密化的管理模式兴起于20世纪70年代美国、日本等发达国家，它有两个基本的核心理念：一是以资本收益为核心，二是重视精英管理者，以此拉开金领、中层管理者与底层白领的收入差距。剧中有一个小细节，关雎尔好心替同事工作却因一个数据错误而被主管领导严厉批评，而失业后做咖啡销售员的邱莹莹却因为提出开网店的想法受到领导的表扬，相比大企业员工只是被动工作的、不能出错的螺丝钉，小公司却有可能发挥底层员工的能动性。从这里可以看出，越是大公司越呈现出一种高度集权化的、从上到下垂直式的权力图景。

因此，2013年流行的古装剧《后宫·甄嬛传》用封建化的后宫来隐喻大公司职场的权力结构再准确不过了，这种"科学化"的现代企业制度，是一种以资本（皇帝）为核心的等级化的宫廷，职员不过是这幕大戏中带有依附关系的秀女和奴才。这种生产经济领域的等级化成为资本增值最为重要、最有效的手段，也正是这种权力结构，使得白领职场故事经常被讲述为女性的故事，如杜拉拉、甄嬛、《欢乐颂》里的五姐妹等，这与其说是对女性的性别偏见，不如说在以资本为核心的企业结构中，白领、中产阶级处在女性化的从属位置上。

这种以资本为核心的公司制变成了现代社会里的隐秘王国。在政治领域对均质化的个人权力的追求与在经济领域对金字塔式的等级结构的认同，成为现代经济社会的"一体两面"。

"欢乐颂"小区的社会功能

《欢乐颂》中最为重要的空间就是这个名为"欢乐颂"的社区，片名来自于代表乐观、希望的西方古典音乐，"欢乐颂"小区也发挥着这种神奇的功能。对于五姐妹来说，走出"欢乐颂"小区就会遭遇到各种人间悲苦，而走进"欢乐颂"，则其乐融融地生活在同一个楼层，同心协力化困窘于乌有。虽然电视剧一开始就呈现了五姐妹之间的阶级差别，但是很快通过一次电梯事故（估计来自于现实生活中电梯吃人的新闻报道）使得五姐妹成为患难与共的好朋友，也改变了商品楼中"老死不相往来"的邻里关系，变成大学同宿舍的姐妹淘。此后，每个人所遇到的人生困境，如曲筱绡想拿到外资品牌 GI 项目的中国代理权、关雎尔面临实习期的年终考核、邱莹莹失业后再创业、福利院孤儿的经历给安迪留下的心理阴影以及樊胜美的家庭危机等，只要五个姐妹都齐上阵，问题就迎刃而解。

这个无所不能的"欢乐颂"，使得生产领域中安迪、曲筱绡与关雎尔、邱莹莹之间支配与被支配、管理与被管理、压迫与被压迫的对立关系，转化为生活领域里温馨感人的姐妹情谊，安迪甚至成了关雎尔的偶像、曲筱绡变成邱莹莹的创业导师。这种跨阶级的、非利益的邻里关系发挥着大众文化"化敌为友"的神奇功效，成功化解了她们在公司领域所遭受的等级化和压迫感，郭敬明的《小时代》也使用过这种女性同窗友情来转移无处不在的阶级落差。显然，在真实的社会空间中，这种"与白富美做邻居"的可能性和"与白富美做同学"的可能性同样低。

除了这种姐妹情谊之外，家庭在《欢乐颂》中也占有重要的位置，按照外企资深HR樊胜美的说法，"人要是投胎投得好，一生下来什么都有了"。确实，五个姐妹中只有安迪因为聪明有幸被美国家庭收养，后又就读于美国哥伦比亚大学商学院，最后变成华尔街的管理精英，可谓一个中国孤儿的美国梦。相比之下，其他四个女孩子如同穿越到封建社会，出生在什么样的家庭就只能拥有什么样的人生。在剧中家庭充当着两种功能，一是助手和坚强的后盾，对于曲筱绡来说，有钱的父母是取之不尽的摇钱树，对于关雎尔、邱莹莹来说，不管遭遇多大的委屈和困难，生活在小城市的父母总是情感的慰藉者和资金的供给者；二是包袱和拖累，这体现在退休职工家庭出身的樊胜美的故事里。家庭之所以成为社会阶层分化的固化器，与家庭这一社会空间在市场化改革中成为个人唯一的庇护所有关。教育、医疗、住房等社会领域的市场化改革，使得养子女、养老、养家等社会化责任都转移到家庭空间中来完成。既然家庭如此重要，樊胜美自然把嫁给一个有钱人作为改变自身命运最重要的捷径。

不过，这种姐妹情谊、家庭的后援虽然可以"春风化雨"，却无法改变她们各自的阶级出身。从《欢乐颂》开始到结束，五个姐妹依然停留在各自的阶层位置上，这不仅体现在"什么层次的人跟什么层次的人交朋友"，高阶层的人只和高阶层的人谈婚论嫁，而且通过樊胜美的逆袭失败来证明僭越阶级的灰姑娘之梦是不可能实现的。剧中有一个插曲叫《樊胜美的向往》，由樊胜美的扮演者蒋欣演唱，每当樊姐陷入人生低谷时就会响起，因为这是一首给"背起行囊/离开故乡"的灰姑娘疗伤的歌，"灰姑娘不再怕/午夜钟声敲响/南瓜马车带我奔赴战场/只有你能救赎自己的梦想"。

这首歌中没有出现让灰姑娘变成公主的水晶鞋，因为如今的灰姑娘只能永远做灰姑娘，最终樊姐经历了一系列挫折之后只能接受小企业主王柏川的追求，她总算认清了自己的命运并不得不接受自己所属的社会阶层。在曲筱绡、魏总等有钱人看来，樊姐的"要混入其他阶层"的做法不仅不值得同情，反而是虚荣的、不择手段的"捞女"。这种对于有钱人更高尚、没有钱更卑劣的漫画式呈现，固然引起一些观众的反感，但也说明中国的大众文化终于和当下社会的政治经济结构匹配起来。

社会阶层固化与历史的阴影

如果说白领、中产阶级地位的下降是金融危机时代全球化的通病，恰如学术畅销书《21世纪的资本论》用大量的数据所揭示的贫富分化加大这一人尽皆知的社会事实，那么从《欢乐颂》中可以看出一些当下中国社会阶层固化的原因。

首先，是房子的问题。在大城市的高房价面前，住在合租房里的三姐妹并不低的工资收入不仅迅速贬值，而且变相为房地产打工，即便房东增加几百元的租金，三个人也要过上省吃俭用、节衣缩食的日子，使得这部剧带有40年代中后期讲述国统区中产阶级艰难度日的《还乡日记》《万家灯火》《乌鸦与麻雀》等批判现实主义作品的色彩。第二是社会资源的高度垄断。剧中淋漓尽致地呈现了安迪、老谭、曲筱绡等有钱人在调配资源、人脉等方面的惊人能量，不管是调查安迪的身世，还是帮樊姐搞定地头蛇的要挟，都使观众看到"有钱任性"的道理，更不用说邱莹莹、关雎尔、樊胜美跟着"白富美"出入高档私人会所、上层聚会、豪华酒店时的兴奋和羡慕。第三是资本收益远高于工薪阶层的劳动收入。剧中安迪的男朋友魏总有一句人生总结是"人生钱比较难，但是钱生钱却更容易"，这既说出了金融、投资行业比实体经济更容易赚钱的道理，又道明了资本家比普通人更有钱的秘密。

面对这种不平等的社会结构，2202合租房里的三姐妹除了说出她们的困苦之外，只能用她们对上层生活的"向往"以及跨越阶级鸿沟的姐妹情谊来奏响"欢乐颂"，仿佛除了"天注定"般、自虐式地接受这种阶级的位置，没有其他的出路。

不过，剧中安迪的身世之谜使得这部剧拥有了一种历史的视野。尽管父亲已经被找到，下乡知青父亲与精神病母亲的结合也被"宣判"为特定历史时期的悲剧，但是安迪无法接受这个早已洗刷了自身罪孽、并"漂白"为成功人士的父亲，三十年前的历史孽债如同随时有可能爆发的精神炸弹。在这里，即便借助美国梦而"漂白"自身的安迪，依然无法摆脱历史的阴影，这种潜藏在内心深处的精神疾患恐怕既是历史的，也是当下的。

《南风窗》2016年第12期

《北京遇上西雅图之不二情书》：
全球化时代的纪念与想象

/苏七七

　　2013年，薛晓路导演的《北京遇上西雅图》收获了超乎预期的好票房与好口碑。在中国当代院线电影中，都市爱情片是一个相当难操作的类型：作为类型电影，一方面它必须配置颜值很高的男女主角，必须配置让人视觉上有舒适感的风景与场景；另一方面这个故事在现实中展开时，过于优美与精致的风景与场景却显然是对现实的掩耳盗铃式的选择性呈现，被安排在景区与样板房里的恋爱很难接得到地气——甚至于很难拍出一点现实感，除了脑残粉和傻白甜，实在很难引起真正的情感上的共鸣。浮华的场景与矫揉的故事是都市爱情片的通病，而《北京遇上西雅图》相当巧妙地解决了这个矛盾。当爱情故事被放在一个更为全球化的背景下，主角被设置为在异国生活的中产时，《北京遇上西雅图》就神奇地接上了《西雅图未眠夜》这种爱情轻喜剧的气韵，优美的生活场景、丰裕的物质条件、更有弹性的道德观念，一切都言之成理，叙事与视觉都有了现实的基础，爱情也变得触手可及。

　　这是《北京遇上西雅图》对中国当代爱情片的贡献，它拍出了给成年观众而不是低龄观众看的、有质感的中产阶级爱情电影。于是，当《北京遇上西雅图之不二情书》（以下简称《不二情书》）出现时，它依然贯彻了这条境外路线，把场景设在了中国澳门与旧金山。然而，与拍一个单纯的爱情电影不同，导演在这部电影里放进了更多的东西，给了它更高的主题与更复杂的结构。

《不二情书》中，男女主角的身份设定是很不常规的。汤唯饰演的焦姣是漂在赌场的女公关，吴秀波饰演的大牛是漂在北美的房产中介；同样的全球化背景，主人公身份上与地理上的漂泊感加强了，共同的无根感与孤独感是他们以书信沟通的基础，而面对这样的漂泊状态，女性对感情的着落有更强烈的需求，而男性则被赋予了文化传承者的角色。全球化不再是一个美好爱情的展示背景，而演变为对地理上、感情上、文化上的落脚点的追寻——从这个意义上说，导演的野心比第一部要大得多，也因此，《不二情书》搭建的故事框架是错综的。

这个电影的叙事主线是两个人物之间偶然开始的通信，通信经历了一个互相攻击、彼此好奇猜测、深入沟通、心理依恋的过程，最后是两个人终于在现实生活中的相聚。这样的主线安排有个显然的难处是：两人之间没有真正的互动，因此关系难以在互动中推进，他们之间的关系是一种想象性关系：赌场女公关被想象成一个伦敦女学生，房地产经纪人被想象为一个老教授——这种感情是柏拉图式的纯精神之恋，亲密感建立在他们各自向对方暴露了自己的精神困境。但这种困境又是从现实中产生的，所以电影在这个第一层的主线上必须展开的，是第二层的双线并进的两人各自的现实生活。

在焦姣这条线索上，是一个女性寻找经济与感情上的着落的历程。从两部《北京遇上西雅图》来看，导演有一个比较独特的人物设定偏好，即把女主角放在一个道德上不那么站得住脚的位置，比如第一部里，女主角是个怀了孕的小三；第二部里，女主角是个自律性很差的赌徒（虽然身份上是一个赌场工作人员，但她显然还是有赌瘾的），她们的共同点在哪里呢？她们没有独立的经济能力，但是处在社会阶层中上流与底层之间的一个模糊的灰色空地，可以出入在很上流的场所，也可以直接掉下来就一无所有。归根到底，她还是一个传统爱情叙事中的灰姑娘，但在当代语境里，这个灰姑娘已经不再需要纯洁这个基本属性，并能直接遇到一个拯救她的王子，她在舞会里自己已经尝试过寻找爱情了——她的选择范围只在这个舞会之内，也就是说，只在一个至少经济上处于占人口总比极低的精英阶层里，但是她又总是受到欺骗与伤害，于是认识到金钱与爱情不可兼得，并且果断地放弃了金钱。——在"主动放弃"这一步里，她体现了作为女主角必须有的道德素质，女性观众也在这一点上依然可以把她作为一个代入对象。

《不二情书》的长处是，汤唯饰演的焦姣这个人物，有演员所赋予的性格魅力，就是在名利场中，她外表有一种侠气，喜欢就喜欢了，放下就放下了，不纯粹地将青春与金钱作为互换的资本，而内里有一种低回，有一种藏而不露的敏感与软弱。应当说，导演与主创在设计这个人物时，是重层次感与丰富性的，但是在电影里，情节段落安排得太片断——焦姣以迅雷不及掩耳之势谈了三场恋爱，每受一点伤害就去大牛那边补血复活，这有一种打游戏时快速操作的眼花缭乱之感。这条线索的节奏安排得太快，其实不利于女主角真正树立起一个丰满、坚实的形象，而像是为这个时代的精英男性描绘了几幅漫画：陆毅式名校出身理科高智商男，遇到变数毫无担当，转瞬就在电影中消失了踪影；祖峰式的逼格极高、温情脉脉的诗人，有白衣飘飘时代的遗民感，但成了富婆的老公还动不动与年轻姑娘有深情款暧昧；王志文这种动不动就纳斯达克敲钟的终极大魔王，既为自己想要的年轻姑娘与陪伴方式给出分期付款的方案，又在这种方案被唾弃后提出这可能只是个"考验"的妙极了的理解方式，焦姣用她的好运气加好姿势与大魔王打了个平手，有一种棋逢对手的喜剧感——总之，在《不二情书》的叙事模式里，灰姑娘最后找的不是舞会王子，她不是因为深夜12点了马车要变南瓜而退场。普洛普总结的叙事范式在现代社会里失效了，与一个为玛丽苏女主角提供一个高富帅男主的比较低端的爱情白日梦不同，《不二情书》有一定的现实洞察力，舞会里多的是各种各样的渣男与骗子，真爱在哪里呢？真爱在你看清现实从舞会中离席后，一个吴秀波式的中产优质男。

任何以点代面的归纳法在逻辑上都是不成立的，《不二情书》对上流阶层的总结并不是一个社会学研究式的准确答案，而只是站在另一个阶层立场上的，为自身树立起的一个简单对立面。在第一部里，吴秀波是一个医生；在第二部里，他退格了点，但还是一个高收入的房地产中介，勉强还算一个专业人士。为了不过于美化中产阶级，电影也同样给大牛安排了阴暗面：欺骗客户在一份不明细则的文书上签字。但是上流社会更冷漠、更残酷，而中产阶级还有内心的迷茫与良心的软弱，能够改过自新。与焦姣那条线索安排了三个情节相对称，大牛这条线索也安排了三个情节：与外国女同事无疾而终的恋情，与出国读书的母子的交流沟通以及最重要的，与一对民国范儿老夫妇的交往。

斯维特兰娜·博伊姆在《怀旧的未来》有这样一段话："怀旧是对于现代的时间概念、历史和进度的时间概念的叛逆。怀旧意欲抹掉历史，把历史变成私人的或者集体的神话，像访问空间那样访问时间，拒绝屈服于折磨着人类境遇的时间之可逆转性。"①老夫妇为大牛或者说为整个漂泊异国的中产阶级，提供了一个文化上的落脚点。按电影中的设定，他们生于20世纪30年代，新中国成立前出国，在美国安家生子，但他们在生活环境上虽然西化，思想与行为方式还是中国传统知识分子的路数。电影中出现了大量的诗词与古文辞，它们依然保持着感染力，不论是对大牛，对焦姣，还是对于观众来说，大家都从中感受到文化上的自豪与依靠。导演用这些优美的语言编织出一个精神家园，试图给所有人提供荫庇，然而，这个精神家园过于唯美而浮于表面，在与现实越来越脱离逻辑上的关联后，这些诗文不免沦为一种虚幻的修辞，只能带来吟咏的快感。关于这一点，博伊姆还有一些精妙论述："怀想可以使得我们和他人沟通，然而在我们设法以归属修补怀想，以重新发现身份来修补失落恐慌感的时候，我们和他们常常分手，中止了互相的理解。""这种重建理想之家的应许位于今天许多强有力的意识形态核心，诱引我们为了情感的羁绊而放弃批判性思维。"②

《不二情书》沿着这样的双线进展，对全球化背景下的性别关系与阶层关系进行了新的建构与梳理，并把重心放在了中产阶级对文化身份的寻根上，但是当情节进行到这里时，观众会发现两个主角之间的爱情主线太薄弱了，难以为继。姑且不论纸质书信作为交流工具的速度问题，早在《伤逝》中，鲁迅就写过："爱要附丽于生活。"他们之间的亲密是孤独与吐露带来的，既没有拧在一起的内部矛盾，也没有要并肩作战的外部矛盾，这种感情其实无法生长，像《查令街84号》的两个主人公，他们再心心相印，互为世界另一个遥远地方的知己，也很难发展出爱情来。精神之恋是存在的，但要求两个人都有很高的精神维度，交流的内容远不止于日常生活与个人情绪，这对大牛和焦姣是太高的要求。在《不二情书》里，书店老板之死造成联系中断，从而推动两人相见，这是因为可以构成两个主人公相见的内在动机太小，而不能不启动一个外在的偶然性大动作作为相见的推动力。

这个时候电影中最重要的悬念解开：大牛和焦姣两个人各自寄书，为什么会演变为互相的通信呢？因为查令街84号的管理员充满温情地将顾客的邮件互相投递，从而带来了意想不到的沟通，甚于促成了不止一对恋人——这算是鼓励一种无功利目的人与人之间的交往，一种纯粹的精神交流？片尾的字幕说这个片子纪念了《查令街84号》出版一百周年，但是这实际上还是一个灰姑娘找了一个中产大叔的故事。

因为这个纪念从导演的主观上说可能是真诚的，但它实际上成了一种包装。《查令街84号》既把这个故事包装成了一个唯美的爱情故事，又包装了它的主要线索。《不二情书》其实是有很多的生硬之处的，包括坚持互写纸质书信这一点，都很难在常理上说通，而"纪念"给出了最好的托辞。在想象性关系里，大牛与焦姣荡涤了对金钱的不择手段的追逐，有了教授与学生这种最单纯的身份，而这种想象居然毫无障碍地冲破了次元壁，着落到现实中。这是《不二情书》无法解决的问题，当在全球化背景下讲述一个中产阶级爱情故事时，纪念这个渠道太粗暴，想象与现实的联结太简单，都难以提供足够的说服力。

虽然最后取得了比前作更高的票房，但《不二情书》从作品而言是失败的，它有一种内在的断裂：一方面坚定而明确地站在中产阶级立场上，不无偏颇地给出了这个时代的一个浮泛而失真的镜像；另一方面它试图把全球化语境下的中产阶级的感情与文化上的着落放在一个纯粹的、怀旧的向度上，这既与电影本身提供的现实镜像冲突，同时也是一个空洞的幻想。

注释：

①② ［美］斯维特兰娜·博伊姆：《怀旧的未来》，译林出版社2010年4月版。

《电影艺术》2016年第4期

看懂了《小别离》, 就看懂了中国中产阶级的焦虑

/张畅

　　近日热映的一部电视剧《小别离》，围绕孩子的升学和留学问题，讲述了三个不同经济条件的家庭中，父母与孩子之间的紧张而复杂的关系。

　　当护工出身的社区医生和她的的士司机丈夫，处于普通的工薪阶层，一心想让学霸女儿金琴琴改写自己一辈子受欺负的命运。靠白手起家、身家过亿的丈夫，和他的二婚的年轻妻子则希望靠将儿子张小宇送出国，让家族扬眉吐气，也好继承家族产业。另一个家庭则是一个典型的中产阶级家庭。方朵朵的爸爸是眼科医生，妈妈是公司高管，住着不错的小区，虽然不算多富有，但收入稳定，女儿还算乖巧，在外受人尊敬。尽管如此，夫妻二人还是时常因为女儿的教育问题发生争吵。尤其是妈妈，更是将朵朵的考试成绩和前途、幸福、出息相挂钩，向朵朵提出近乎苛刻的要求，母女之间的矛盾不断激化。三种家庭，在当下的中国都不鲜见，甚至就在我们身边。家境稍有余力的中产阶级，"当妈妈的只要想到小孩有个好前景，哪怕只有一条门缝宽的机会，都会不顾一切向里挤，哪顾得想后面的事"（《小别离》原作者鲁引弓）。

　　对子女近乎偏激的爱、过高的期待，不仅影响了年轻一代看待自身婚姻和家庭的方式，也加剧了父母辈对待子女的成长、求学、离家、结婚、生子的焦虑。虽然看起来，他们的生活什么都不缺，却在面对日常生活的

起起伏伏时，脆弱得不堪一击。虽然依靠自己的打拼，赢得了这一代生活的逆转，却难以将信心延续到下一代。只敢认认真真地生活，靠消耗健康和精力卖命工作，却不敢独自面对自己的内心。表面上优雅风光，其实早已心力交瘁。　中产阶级的这种焦虑症究竟从何而来？身负重任的他们，又如何和自身的困境共处呢？

抱歉，请别叫我"中产"

在这个语义含混的互联网话语时代，少有一个概念像"中产阶级"这样牵动神经，同时又充满理解上的不确定性。随着过去三十年间，阶级话语在公共话语体系中的逐步淡化，阶级的辨识度已然不如从前那样清晰。直到21世纪，"权贵阶级""新农民工阶级""中产阶级"开始进入人们的视野，阶级的观念才再度被唤醒。　对于中产阶级的定义，无论是从时间向度还是空间向度来谈，都相当繁复。在当下的中国语境中，定义之一是：人们在低层次的生理需求和安全需求得到了满足，中等层次的感情需求和尊重需求也得到了相当满足，但尚未达到追求高层次的自我实现需求的阶级或阶层。

一般来说，中产阶级需要满足以下条件：

1. 分布在中国的一二线城市。2. 年龄在二十五岁到四十五岁之间。3. 受过良好的教育，在某一领域或多个领域具有专业的能力。4. 大多从事脑力劳动，也有以技术为基础的体力劳动。5. 靠薪资为生，家庭年收入约在七万一二十八万人民币之间；每月能自由支配至少三分之一的个人薪资（房费、水电费、保险、各种贷款等基本花销除外）。6. 生活有一定闲暇，对生活质量要求较高，对劳动、工作对象多有一定的管理权和分配权。

2015年10月13日瑞士信贷（Credit Suisse）研究院发布的2015年度《全球财富报告》称，如果以财富存量来测算中国的中产阶级规模，一个成年人至少拥有28000美元的中产群体超过1.09亿，相较于21世纪初规模扩大了五倍，占总人口的10.3%。时至今日，这一数量已经增长到2.25亿，中国中产阶级的规模和财富总额均居世界首位。　中国当前的中产阶级有着相当可观的消费能力，正逐渐成为世界领先的消费群体。中产阶级在生活各方面日益增长的消费需求，直接带动了诸多产业的兴旺，比如海外代购、旅游产品、电影和视频网站、汽油消费、时尚奢侈品、广告业等。随着网上购物、网络平台支付、境外旅游业的极速发展，消费主义这一浪潮的势头之猛，甚至远超出西方一些消费主义泛滥的发达国家。

和二三十年之前相比，子女的海外教育也日渐成为中产家庭的重要投资。就像《小别离》中演的那样，每个中产家庭，尤其是那些由于年代原因，自身教育有缺憾的父母，都将子女的教育视作对自身地位、阶层、幸福感的一种弥补。反映到现实生活中，几乎可以勾画出这些中产家庭辛酸而又现实的脸谱：尽力维持现有收入、迫切渴望子女成功、通过家庭内部的资金周转获得子女有限的教育资金、子女出国之后在自我安慰中度过一生。 尽管数据表明了在中国这一阶层的庞大数量，但现实中却少有人认同自己是中产。在大多数国人心目中，对于中产的印象源于由美剧或美国电影勾画出的美好蓝图：林荫大道、两三层高的小楼、修建整齐的草坪、独立车库、一辆敞篷轿车、两三个孩子在院子里嬉戏，每逢周末夫妻二人带上孩子和狗，开车到海边追浪或到山顶宿营……此般惬意、闲适、富足、无忧无虑的画面，显然还没有完全进入中国中产阶级的生活。 物质水准达到了，消费水平符合了客观标准，但却难以对中产这一身份产生真正的认同。根据中国社会科学院社会学研究所"中国社会状况调查"（2015年），从全国范围来说（排除特大城市），个人年收入十万元以上，应该可以维持中等生活水平，但达到这一收入水平的人只有约四成认同中产身份。个人年收入二十万元以上，即使在大城市也可维持相当水准的生活，而个人年收入超过三十万元应该可以过上较高水平的生活，但达到这种收入水平的人只有约半数认同中产身份。

更多时候，人们虽然赚着符合中产标准的钱，内心渴望着中产的生活，口头上依然会把中产当句玩笑话，甚至以此自嘲："等我还完了房贷，交完了保险和孩子的学费，解决了父母的养老问题之后，再来和我谈中产吧。"

命运的夹层：想攀爬，却止于原地

为什么在现有的物质条件下，难以形成普遍的中产身份认同？为什么明明收入可观，却依然觉得自己"被中产"？对于自身产生的焦虑，看起来和收入的关系并不明晰，哪怕财富聚集，心态依然萎靡。物质增长的背后是社会、文化、价值、道德、行政等各个维度的扭变，任一维度的滞后或错位都有可能带来不安和急躁的心态。对于那些准中产的青年群体而言，他们的压力似乎每一年都在加重。大学时代自由的余温尚未散去，前一天还在谈论诗歌和梦想，一旦踏出象牙塔，就会面临失业的危险。他们从小接受的信条多半是"知识改变命运"，道理本身依然成立，却在短期内无法在他们身上适用。当诗歌和梦想的话题，变成了车子、房子和票子，他们发现，"能实现的就不叫梦想了"原来还有另一层意思。

现实和固有认识的断裂，让他们不得不自寻出路，一方面通过拼命工作，牺牲休息或健康；另一方面，他们却发现，职位竞争的激烈超出想象，他们有可能随时失掉工作，也可能沮丧地发现自己的工资还不如保姆和保洁。房价自2006年以来，经历了十年狂飙突进，已让人望而却步。海外移民潮、购房潮不再止步于上流社会，而是渗透进了中产阶级，深刻影响了他们的日常生活。

对于三十岁以后的中产阶级而言，虽然眼下日子过得不错，但一场大病或意外就可能会一贫如洗。除了医疗，子女的教育、结婚、自身的养老费用，都开销不菲。自己几乎是在用生命赚钱，钱却好像始终不够用，是大多数人的心理常态。飞速的经济增长和急剧的社会变迁，让人们有了强烈的物质欲求，这种物质欲求只会不断提升，不会封顶。当个人收入达到一定水平之后，薪资的高速增长很难持续，但欲望确是无穷无尽。久而久之，就会产生自我怀疑、希望落空的倦怠感。而这种倦怠感，恰恰是快乐和健康的大敌。于是人们想到了逃避、逃离，只是逃来逃去，最终还是要回到现实。

除了和金钱有关的顾虑之外，食品安全、个人隐私安全和环境污染也让中产阶级倍感困扰。根据中国社会科学院社会学研究所2013年全国抽样调查数据，72.8%的中产阶级认为"食品安全"没有保障，54.6%认为缺乏"个人信息、隐私安全"，48.3%认为缺乏"生态环境安全"，39.8%认为缺乏"交通安全"，28.5%认为缺乏"医疗安全"，22.5%认为缺乏"劳动安全"。认为缺乏"人身安全"和"个人和家庭财产安全"的比例分别为11.7%和13.8%。 引用前阶段引发热议的《节节败退的中产阶级》中的一段话："他们曾无比相信，知识能改变命运，奋斗能带来成功；他们强调法制化，需要权益与尊严得到保障；他们认可全球化，认可自由主义，因为只有市场经济才能让他们的价值获得最大体现；他们强调个人价值，强调生活质量，强调教育质量与公平。但是，目前的形势，正在逐一否定他们的价值观。"

孩子，我们要给你最好的！

做了父母的焦躁的中产，深知自己奋斗的艰辛、生活中诸多力不能及的无奈以及重压之下的精神抑郁，他们一方面对自己的现状不满，一方面对下一代是否能维持中产、同时向更高的社会阶层流动没有信心。久而久之，他们变得越来越焦躁。无形之中，他们将这种近乎狂暴的急功近利传递给家庭和孩子。这体现在教育的方方面面。尤其是当他们发现考试是向另一阶层流动的唯一有效途径之后，会想尽一切办法，哪怕牺牲自己，让子女受到最好的教育。在一二线城市，我们处处都能看到这样的父母：为了给孩子争取教育机会，学区房的争夺大战年年都在上演；因为老师能力不足而恼羞成怒的家长围攻了校长办公室；减少录取名额之后，校门前的家长情绪激动；为了送孩子出国留学，卖掉家里的房子，甚至不惜负债……似乎说孩子是这些父母悬于高崖时眼前的唯一稻草，死死抓住，以命相搏，都不为过。

于是，父母，甚至父母的父母，都将各种可用的资源用于独生子女的培养和教育，原因很简单：只有这样，才能让自己的后代继续接力，在保住精英阶层的基础上，向更高的社会经济地位跃迁。目的也很简单：让他们在长大之后不必像自己一样，经历贫穷、依靠关系、看人脸色、在规则的灰色地带摸爬滚打。然而，生活如同流沙，越抗争，越深陷。当父母们发觉，孩子未来的处境，很有可能依然只是考试、学习、毕业、工作、失业时，便开始为他们寻求更好的上升途径。海外留学，从众多选项之中脱颖而出，成为稍有财力的中产家庭的首选。对于一些"70后""80后"的父母而言，他们或者自己早年就有过出国留学的经验，对海外的高校有着感情上的联络；或是自己当年受条件和视野所限，未能接受海外教育，就更希望自己的子女能够比自己更出色。随着国内的竞争压力呈几何级数增长，加上媒体报道的食品安全问题、环境问题日益凸显，一些父母就将国外视为理想生活的翻版。

今年3月份，一位自称是上海的中产阶级在博客中写到孩子的教育费用已经取代房子，成为家庭最大的支出负担。为了让孩子有海外教育的经历，一些中产家庭会选择将孩子送入私立国际学校就读中学。在上海，这样的学校每年需要至少十万的开销，孩子出国之后还要每年将人民币换成美元。似乎从此就走上了一条"不归路"。 和"50后""60后"的家庭教育不同的是，"70后""80后"的中产家庭不再将国内的应试教育视作唯一的砝码。他们大多受过正规的大学教育，比前辈有更开阔的国际视野，同时自身也处于事业的上升期，上大学已经不是他们培养子女的唯一目标，教育渗透进了生活的方方面面。

从孩子婴幼儿时期的国外绘本开始，他们会自主选择更适合的，筛除那些不利于孩子价值观确立的部分。在幼儿园和小学的选择上，大部分家长都会综合考察教师的能力、性格、水平、爱心、耐心，以便自己的孩子能够全方位地感受优质的集体生活。一些家庭深知语言对于未来视野的影响，较早对孩子开始进行双语甚至多语教育，为他们找合适的外教，或是送他们到国外参加各式各样的夏令营活动，开阔眼界。兴趣班依然颇受欢迎，乐器、棋类、运动、表达、艺术等训练班如雨后春笋般滋生。以早教、亲子等名目进入市场的课程，更是层出不穷。亲子旅游团也成为各大旅行社比较抢手的项目之一。 一位1980年出生的母亲曾亲口对我说，一放假，自己就不得不领正在上幼儿园的孩子到处旅游。原因很简单：幼儿园其他的小朋友都会在假期去旅游，回到幼儿园之后会分享旅行的经历，没有旅行过的儿子就会感到失落和沮丧。为了不让自己的孩子失落，她只能带着他跑来跑去。

"前年去了杭州，去年去了海南，今年估计要去马尔代夫。明年可能就是欧洲了吧。"年轻的妈妈眼神里并没有太多兴奋。

孩子的教育是提升了，家长们却累得喘息不得。他们几乎是在用生命为自己和家庭拼一个不确定的未来。 像《小别离》中的方圆（黄磊饰）、董文洁（海清饰）这样，将几乎全部的生活围建在孩子周围，让彼此都负荷极重的父母，让人觉得辛酸又好笑、隐忍又乖戾、可怜又让人心疼。在中国，这样的父母千千万。

这样的家庭教育，所面临的困境之一就是，当有一天，孩子通过努力走进了父母期待的象牙塔之后，反而会无所适从。第一次为了自己而活，他们反而染上了"空心病"，于是孤独、茫然、无原因地感到痛苦和焦虑。殊不知，这些情绪早就渗透在他们成长的过程中，来自同样焦虑、痛苦、不知所措的父母。

焦虑的孩子，焦虑的父母，一个个焦虑的个体，构成了当下这个焦虑的时代。

美国心理学家罗洛·梅曾说："生活在一个焦虑时代的少数幸事之一是，我们不得不去认识自己。"我们有幸见证了这个焦虑的时代，有幸成为这个焦虑时代症候群的一份子，剩下的事，就是如何认识自己了。

《新京报·书评周刊》2016年9月2日

《小别离》背后的小确幸

/乔伊斯

　　《小别离》让人看见了中国教育之殇，也让人看见了中国教育的希望。电视剧写了三个家庭的故事，分别来自三个阶层，其共同点就是三个孩子都在中国的教育系统里挣扎，而有的缺分、有的缺钱、有的缺爱，各有各的苦。

　　作为一名受过高等教育的知识分子、知名企业的中国区经理，海清饰演的董文洁说自己比谁都清楚计算三角函数、抛物线，在高中之后对大多数人没有半点用处。但是，升学就靠这些，明知道系统的荒谬，她也只能让女儿朵朵学着"然而并没有什么用"的知识。用她的原话来说，如果朵朵考不好这次测验，就上不了重点班，上不了重点班，就上不了重点高中，上不了重点高中，就上不了重点大学。如果上不了重点大学？董文洁倒吸一口凉气，表示"那她一辈子就完了"。

　　在欧美社会，中产阶级往往没有董文洁这么强烈的不安感，因为"龙生龙，凤生凤，老鼠生的儿子会打洞"的魔咒在阶级固化的英美显得格外属实。

逼着孩子去"爬藤"：美国亚裔新移民中不乏"董文洁"

　　我很难想象一个美国白人中产母亲对她的孩子说，你要是上不了常青藤，你这辈子就完了。相反，一个美国中下层的父母应该忙着失业、忙着打三份工养家，或者干脆领着救济住在经济适用房里吸毒酗酒。他们可能英语都说不清楚，自己高中没有毕业，更不可能像琴琴的父母那样尽一切办法让孩子"出人头地"。

我在美国中西部一所名校念书的时候，系里的教授大多数四十至六十岁，不少都有着将要上大学、正在上大学或者刚刚毕业不久的孩子。这些教授都是藤校毕业，算是事业有成，住在环境雅致的郊区别墅里，虽然不是大富大贵，但在美国是坚实的中产阶级。

其中，白人教授的孩子往往都上的是些我没有听说过的学校，其中不乏一些圈外人不得而知的文理学院，但这些教授都表示很为自己的孩子自豪。但如果看印度人、中国人和韩国人的孩子，往往最差的都是康奈尔这类藤校；而华人圈子里，谁家的孩子爬藤失败，都要被周围的人谈论几年。这种集体焦虑来自东亚文化对于教育的重视，但同时也体现了这些非白人移民对自己中产地位的焦虑。

相反，逼着孩子去"爬藤"，弄得全家怨声载道的，往往是来自中国、印度、韩国等国家的一些新近移民。这些移民父母励精图治，虽然自己可能是大企业的码农或中餐馆老板，但还是要坚持送自己的儿子女儿去上MIT和哈佛。

因为新近移民没有象征着现代性的白皮肤，也没有积累多年的社会关系。和董文洁一样，虽然领着不错的工资，本身中产地位是不稳的。孩子只能靠藤校"盖戳"，才能被社会认可。

这种集体焦虑在华人聚集的加州更加普遍，以至于湾区的Gunn High School（戈恩高中）以亚裔人数众多和每年自杀人数众多著称。每年都有几个孩子因为考不进哈佛、斯坦福，不得不上伯克利，不堪压力，跳楼或者割腕。因为亚裔之间竞争实在太激烈，而亚裔学生占了这个高中总学生数的百分之六七十，很多白人父母害怕自己的孩子被弄出病来，纷纷搬离了这所美版人大附中。

美国教育被戏称用钱堆出来：藤校更想要"不太傻的富二代"

在很多东亚移民心里，董文洁式的思维根深蒂固："如果你考不上重点大学，那你一辈子都毁了。"而很多中产白人已经摆脱了战战兢兢的新移民身份，对于中产身份的焦虑缓解了，对于孩子的教育相对也就释然了。

而从大学内部来看，美国精英大学除了加州大学伯克利分校等一两所公立大学以外，基本是清一色的私立大学。而进入20世纪90年代以后，美国U.S.News大学排行榜上前二十名的大学里几乎看不到公立大学的身影。而进入21世纪后，以加州为首的州政府一直处于财政崩溃的边缘，很多伯克利的教授都纷纷被东西海岸的富可敌国的私立名校挖走，一度让公立学校的处境更加窘迫。

高中的情况更甚。公立学校中虽然也不乏几个大家耳熟能详的名字（比如，位于华盛顿特区旁的托马斯·杰弗逊高中），但是绝大多数为顶级名校输送生源的还是私立高中。在藤校里，一大半的同学都来自私立学校，尽管全美上私立学校的高中生连百分之十还不到。而美国私立学校的学费动辄两三万，如果住宿的话，四五万美金也算公道。琴琴如果出生在美国，绝对不可能负担得起这样的学费。

如果孩子从六年级开始上到高中毕业，还没有上大学，只是学费就先要花出去将近三十万美金，约合二百多万元人民币。这还不算课外活动、足球队、补习班、学区房、去非洲拯救吃不饱饭的儿童等上不封顶的"包装"花销。所以经常有人调侃美国教育是用钱堆出来的。而藤校的目标不是那些"聪明人"，而是那些有着光鲜简历的"不太傻的富二代"。

在美国，一个出租车司机的女儿，是很难在美国教育系统里如鱼得水的。从大概率上来说，琴琴是不会和朵朵在一个学校念书的，朵朵在学微积分在"爬藤"的时候，琴琴应该在派对、尝试毒品和酗酒，搞不好还会怀孕。如果琴琴是一个爱学习的人，她的学校甚至不会开微积分课，她可能在高三还在学着三角函数。

英国阶级固化严重："朵朵"和"琴琴"难成同窗

如果说美国还在标榜自己的"美国梦"，即一个一文不名的新移民只要愿意用自己的双手努力工作，就可以变成一个受人尊敬的中产，过上稳定光鲜的郊区别墅生活，英国的阶级固化情况则更加严重。中产阶级的孩子和中下层的孩子所思所想完全不同，别提像朵朵和琴琴这样天天混在一起玩耍了。

英国有一套风靡全球的纪录片《56 Up》，整个拍摄过程历时半个多世纪，旨在记录英国不同地区、阶层的家庭五十年的生活。1964年的时候，格拉纳达电视台选取了来自英国不同阶层的十四位恰好七岁的孩子，记录了他们的生活环境和所思所想。

之后每隔七年，都会再把同样的十四位找来，重新记录他们生活的进展。全篇历时五十年，记录了"二战"后一代英国普通人的一生。在纪录片里，七岁的上中产孩子正在读着昂贵的寄宿学校，当问起他们的阅读习惯时，他们都说自己读《金融时报》或者《泰晤士报》，还有一位说自己经常看《经济学人》。

《经济学人》是服务各界精英人士的一本老牌英国杂志，主编经常收到各国总统、国务卿等政要的来信。而中产阶级的孩子七岁就开始和克林顿和罗斯福看同一本杂志，只能是受到了律师父母或者其他寄宿学校小伙伴的影响。

当中产孩子说自己的目标是进入剑桥，成为一名优秀律师，参政，并且持续阅读《经济学人》时，在慈善儿童中心长大的西蒙的生活只有福利院的一亩三分地。而当中产和精英的孩子练习着马术的时候，西蒙说只要知道自己的爸爸是谁，就已经很开心了。当问起他对自己的未来有什么规划，对钱有什么想法的时候，他表示从没想过。也许，对于在福利院长大的西蒙来说，和琴琴不一样，他根本没有见过一个真正的有钱人，寄宿学校、马术和剑桥大学实在离他太远。

在某种意义上，英国的阶级固化到了如此严重的地步，以至于一个中产的孩子（比如朵朵）和一个中下层的孩子（比如琴琴）看到的世界是完全不一样的。而这些孩子中绝大多数都保持了自己原生家庭的阶级，中产和精英的孩子成了公务员、律师和医生，而在福利院长大的西蒙等中下层的孩子成了卡车司机和养老院护工。尽管这些孩子在幼年的时候，并没有体现出智力上的极大差异。

凭分数说话的中高考制度：让穷二代也有逆袭机会

了解了欧美的情况，反观《小别离》，其所折射的并非尽是中国教育之

201

殇，仍有诸多积极之处。中国城市的阶层还没有固化到英美的程度，凭分数说话的高考还是给了琴琴这样的孩子更多的选择。而即便是"富二代"小宇，也只能选择"出逃"到国外。即便对于小宇这样的"富二代"来说，"出逃"其实也是高风险的事。剧中董文洁上司的女儿就是因为在年龄尚小的阶段去了美国，经历了校园暴力之后，精神失常，数年都不能回到正轨，这样的遭遇，让其家长懊悔不已。

　　每年中高考时节，社交媒体上都浮现出一群批评高考制度惨绝人寰的网民，看了朵朵的生活，这些批判不无道理。但在英美游学数年后，我不禁感叹，也就在中高考考场上，我们拼得过"富二代"。而随着学区房的价签后面的零越来越多，资源更多向富人集中，我担心，也许在中高考考场上，我们也拼不过"富二代"了。

《留学》2016年第17期

今天如何读经？

20世纪90年代后期,台湾学者王财贵的"儿童读经教育"理念传入大陆,随即引发了儿童读经运动,至今未衰,且第一代读经少年已然成年。与之相伴随,读经运动引发的争议也从未间断。

今年5月,同济大学复兴古典书院院长柯小刚教授在"2016首届上海儒学大会"上,对儒学教育和近年来昂首的"读经运动""国学热"等现象进行了反思,指出体制内外存在的四种读经形态所共享的高度一致的缺点:僵化。由此引发了读经理念践行者、质疑者以及读经少年三方的大讨论。作为在读经办学教学一线十年有余的教师,吴小东在《就反思"读经运动"致柯小刚先生》一文中反驳了柯小刚先生对读经运动认识上的三个误区。随后,化名为"惟生"的读经少年和柯小刚先生展开了书信对话。8月9日,《新京报》上一篇题为《读经少年圣贤梦碎:反体制教育的残酷实验》的深度报道更是推波助澜,将矛头直指"读经少年识字难"的问题,使讨论近乎白热化。

《少年读经:启蒙还是愚昧?》一文则通过回溯历史,回顾了民国时期的一场读经大讨论,为思考当代中国社会的"读经"问题提供了历史维度。我们今天究竟如何读经?怎样才能让传统经典与当代社会产生健康张力和良性互动?仍有待进一步的讨论、反思与探索。

当代社会的儒学教育：以读经运动为反思案例

/柯小刚

多谢朱杰人会长邀请，今天有幸来首届上海儒学大会做一次主题发言，很激动，也很惶恐。近年儒学发展非常快，成绩很多，问题也不少。这个时候开会非常及时，可以总结经验，讨论问题，展望未来。我觉得儒学界应该引入更多的批评和自我批评，要和而不同，不要乡愿，形成良性互动，这样才能长期健康发展。去年暑假我参加法兰克福大学社会研究所的工作坊，曾谈到儒学自古就有非常强的批判传统，是一种富有建设精神的批判理论和实践智慧，今天想就一些现实问题具体展开一下。

今日儒学复兴被太多敌意和误解包围，困难重重。儒学界的任何微小偏差和失误都有可能被蓄意夸大，变成儒学复兴的障碍。不过，这同时也未尝不是一种督促。在虎视眈眈的注视下，复兴儒学的最好方式不是互相吹嘘、隐瞒缺点，当然也不是互相拆台、恶意批评，而是要发扬"和而不同""过失相规"的良性自我批评传统，加强自律，有问题自己先提出来改正，才能更好地面对外界批评。万一有儒学界自我批评不到的地方，外界指出，我们也应虚心接纳，有则改之，无则加勉，有辩则言，无说则默，莫不从善如流也。

一个主题、两种读法、三个立足点、四种形态

我今天想谈的主题是"当代社会的儒学教育"。刚才谢遐龄老师在主题发言中说"中国人反儒家那么长时间，现在终于醒悟过来，懂得要通过儒家为现代化事业培养君子人才了"。我的发言正好可以接着这个话题讲，思考如何培养的问题。

"当代社会的儒学教育"这个题目可以有两种读法：一种是"儒学教育在当代社会"，一种是"儒学教育当代社会"。前一种是名词的读法，后一种是动词的读法。名词的读法是静态的思路，把"儒学"理解为一套现成的传统文化教条，把"当代社会"理解为一套固定的结构形态。所以，这种思路必然会把"教育"理解为"宣传"和"灌输"，即"把一套现成的价值观灌输到一个固定的社会形态里面去"。相反，动词的读法则是"生成论"的思路。它首先把"教育"理解为一个动词，理解为生命的成长过程、社会的形成过程。所以，对于这种思路来说，"儒学"并不是一套现成的僵化体系，而是一种动态的朝向历史经验和未来可能性开放的生命学问，"当代社会"也不是一种僵固的结构形态，而是充满可能性和可塑性的"生成之物"。

从上述两种读法出发，"当代社会的儒学教育"可以有三种可能的立足点。一个立足点是固化的"当代社会"，一个立足点是现成的"儒家"。立足于这两个点之上的教育思想都是名词化的、静态的思路，本质上可能都不是真正的教育，而不过是宣传和灌输，无论其立场是迎合当代社会还是批判当代社会，无论其宣传和灌输的形式有何不同（这一点后面还要详细分析）。

第三个可能的立足点便是作为生命学问的动词化的"教育"。在这个意义上，教育不只是一个"专业领域"，而是"人之为人""社会之为社会"的根本存在论与政治学。从这个意义上的"教育"出发，"儒学教育"才能回归其作为一种"人的养成"意义上的生命教育，从而与当代社会的"工具培训"（包含现代国家公民培训和现代企业劳动力培训等）形成一种有益的张力，通过一种批判性的教育实践来参与当代社会的建设，帮助现代社会提高"工具培训"的质量。

在这个意义上，我们或许可以说，所谓"当代社会的儒学教育"，就是

日新其德的"儒学"与充满可塑性的"当代社会"之间的张力、对话、批评性建设和建设性的批评。这个过程本身就是儒学和儒家学者的自我教育过程以及当代社会的气质变化过程。于是，教育不再被理解为一种工具性的培训手段（即使培训内容是"儒家价值观"），而是教育者和被教育者"教学相长"的共同成长。

从名词读法的静态思路出发，"当代社会的儒学教育"或可区分为四种形态：基础教育体制中的传统文化教育、反体制的儿童读经运动、体制内的大学传统文化教育和研究、面向成人社会学员的国学培训。这四种形态是体制内外、成人儿童的两两组合。这四种形态虽然年龄不同、体制内外有别，但却共享高度一致的缺点：僵化。

体制内基础教育和高等教育中的儒学因素正在逐步加强。然而，体制的僵化已经深入骨髓，以至于在体制教育的设计者那里，所谓"当代社会的儒学教育"并不意味着对于"什么是教育"的根本反思和重新学习，而只不过是换一下教学内容，或者增加一点儒学经典课文的比重。至于教学方法，仍然沿用一种与真正的儒学教育、古典博雅教育格格不入的"宣传""灌输""应试教育"。"儒学教育"是否首先意味着"教法""学法"乃至"活法"的自我教育、自我提升，完全没有进入僵化体制的视野。

那么，反体制的读经运动是否带来希望呢？很遗憾，目前的情况恰恰是极端的体制化、僵化和"应试化"。读经运动只不过是把体制内基础教育的内容完全替换为传统文化经典，而且是不允许讲解的、强迫背诵的、意义锁闭的、僵化的经典。反体制的读经不但没有解决体制教育的灌输教育问题，反而发展出一套更加极端、更加野蛮的灌输方法：全日制封闭背诵，每天八小时，连续十年，单纯背诵，不允许讲解，不学其他课程。

应试教育问题同样如此。千千万万读经的孩子确实不用参加体制内的考试了，也因脱离学籍而无法参加体制考试了，但他们现在有了另外一种"考试"方法：一本接一本地录制"包本背诵"视频（一本书从头到尾连续背下来叫"包本"），以便升入一所书院听"解经"。背书十年（五岁至十五岁），包本背诵百万余字（严格来说不是百万余字，而是一百万个意义锁闭的音节组合），千万人过独木桥，然后才有听讲经义的机会：这是比体制内"应试教育"还要残酷的"应试教育"。

那么，体制外面向成人社会学员的国学教育呢？是否情况乐观一点？这里确实不存在强制问题，因为社会成人学员都是自己真的想补传统文化的课，积极性很高。然而，这些年来的"国学热"提供了什么儒学教育呢？很遗憾，都是一些毫无批判性的迎合当代需求的国学文化消费。在这一点上，读经运动反而显得更有当代的批判性，虽然他们滥用批判，把儒学固有的"建设性的批判精神"极端化为宗教形式的"反体制运动"。

　　无论是成人国学热的完全迎合当代社会的鸡汤化，还是读经运动的完全对抗当代社会的激进化，都未能保持"儒学"与"当代社会"之间的健康张力、良性互动。国学热是立足自我固化的"当代社会"（实际当代社会并不像他们想象的那么固化，而是充满了变化气质的可能性），用一种鸡汤化的"儒学"来为当代人的文化消费口味服务，丧失了儒学的批判性，同时也就丧失了儒学真正的建设性作用；读经运动是立足于自我僵化的"儒学"（儒学本身并不是僵化野蛮的东西，而是活泼泼的生命学问），用一种高度体制化的"读经教育"来批判当代教育体制和社会价值观，丧失了儒学的建设性，同时也就丧失了儒学真正的批判性作用。

　　无论丧失批判性还是建设性，都会丧失"儒家"和"当代社会"之间的良性张力，丧失真正的"儒学教育"品格。一种"儒学教育"形态，无论它是立足于自我固化的"当代社会"之上，还是立足于自我建构出来的一种僵化的"儒学"之上，无论它是为了"服务当代社会"还是"弘扬儒学"，都将错失真正的"儒学教育"。真正的儒学本身就是生命成长的学问，或者说就是教育的学问。这种意义上的教育是《易经·蒙卦》所谓"山下出泉"的"发蒙"，是陶冶涵泳、变化气质，是新旧之间的健康张力，是生命本身的自我突破和成长。下面我想结合"启蒙"问题，谈谈什么是"发蒙"的教育。

启蒙未遂的现代性坏病与"发蒙"的儒学教育

　　"当代社会的儒学教育"这一话题的时代背景是（我下面的说法可能批判性有点过强，希望号称有反思批判精神的现代人能受得了）：当代社会是一个貌似多元而实则高度单一化的社会，现代人是一种自以为经过了启蒙而实则高度愚昧的物种。在这个"启蒙未遂以至于残废"的时代，儒学不得不担负起"坏病治理"的全球责任。《伤寒论》所谓"坏病"指医源性疾病，即被错误的医疗方案误治之后的各种病状，这种病是最难治的。古人说"上医治国"。教育作为灵魂医疗事业不只属于"教育学"问题，而且属于政治问题，事关人类生活根本的深层政治问题。

儒学怎样治理"启蒙未遂的坏病"？通过《易经·蒙卦》所谓"山下出泉"的"发蒙"。"发蒙"与"启蒙"的区别，不但是教育学的，也是道学的和政治的。启蒙是要揭破现象的蒙蔽而来显露确定不移的形式真理，以便在此基础之上确立一个可以在其中进行公开活动的有边界的政治共同体空间。这个边界空间的希腊原型便是城邦，尤其是城邦的广场、市场和剧场；其现代形式则是意识形态化的政治宣传（无论哪种"主义"）、资本主导的投票竞选和商业广告、自觉洗脑的各种现代原教旨主义团体。政治宣传、商业广告和迷信团体（包含各种党团和NGO）是现代社会的政治、经济、文化"三位一体"。

发蒙则是开辟道路。道之所之，无远弗届，与之相应的是一个广土众民的天下政治（并非宰制性的帝国）。因此，道学政治的基本词语是远近，而不是明暗；基本方法是教育，而不是宣传。在"启蒙"的思路中，明暗是绝对二分的，要么是丛林蒙昧，要么是空地光明，要么是被现象蒙蔽，要么是明见真理，要么是自然的野蛮，要么是技艺的文明。而在行道的远近往来之中，明暗则是随时变化的：眼前明亮的路段，会没入身后的阴影；前方模糊的远景，又会逐渐来到眼前。《易·系辞传》谓"一阴一阳之谓道"，又谓"日往则月来，月往则日来，日月相推而明生焉；寒往则暑来，暑往则寒来，寒暑相推而岁成焉"。"明"不是"揭露"和"启蒙"出来的"真理在握"，而是"日月相推""生"出来的"道行"（参拙著：《道学导论（外篇）》，华东师范大学出版社2010年版），此理孟子和《大学》论之甚详。所以，"推明"的"发蒙教育"是生命本身的成长历程，超乎所有宗教、意识形态或政治立场的差别之上，可以成为人类通识教育的基础。

"启蒙"教育的文化革命和社会运动特点与现代政治的全民动员、现代工商业的大生产和大众媒体广告宣传是高度配合的。因此，"启蒙"教育无论出发点如何，最后结果实际上变成了大面积的现代国家公民培训和大批量的现代工商业劳动力培训。这些培训当然很重要，但它付出的代价如果是古典意义上"人的养成"教育的完全堕落，则是得不偿失的。"人的教育"降低为"工具的培训"，是教育古今之变的大端。儒学教育在当代社会的任务，首先必须介入当代教育实践，为当代社会提供批判性的观察和多样化的探索，帮助现代教育克服"见器不见人"的根本缺陷，回归"人的教育"，并在此基础上提高公民培训和劳动力培训的质量。

儒学之所以能有此潜力，是因为"发蒙的教育"是从人的生命成长经验中体贴出来的教法，深具道学的性质：它不期望通过大面积的运动形式宣传某种主张、培训工作技能（"小人的然而日亡"），而是结合各种可能的具体形式，因势利导、潜移默化地渗透进去，发人端绪，使其自成，勿忘勿助长，闇然而日章。所谓"不愤不启，不悱不发"，"导而弗牵，开而弗达"，都是"发蒙"的教育思想。这种教育思想不只是一种微观的教学法或教学技术，而且具有宏观的教育哲学意义和教育制度批判意义。

关于读经运动的八点疑问

从"发蒙"的教育思路来看，近年来日益风行的"国学热"和"读经运动"，恰恰运行在文化革命—商业传销—政治宣传"三位一体"的"社会运动"轨道上，创造了越来越简单化、可复制的连锁读经培训模式，以及越来越成熟的"国学文化产业市场"。这些东西貌似属于"传统文化"，实则毫无古典心性，完全是从属于现代生活方式的一点"古典文化消费""国学心灵鸡汤"。它们的制造和传播机制完全走在"启蒙式的""景观社会的""大众文化的"轨道之上。

当然，无论其中存在多少问题，"国学热"和"读经运动"非常成功地在这个"拼数量"的当代社会吸引了数量巨大的人群来积极支持传统文化、热情学习儒家经典。一百年来备受摧残打压的传统文化第一次获得了广泛的社会大众支持，这是划时代的成就。不过，为了将来的持续健康发展，今天有必要在充分肯定其固有成就的基础上总结经验教训，检省问题，改正错误，调整方式方法，升级换代，推动当代社会儒学教育的新一轮健康发展。我想，各位老师今天一起在这里开的儒学大会，本来就负有这样的历史使命。近年来涌现的许多以儒家学者和学术机构为背景的儒家社团和书院，都负有这样的历史使命。

毋庸讳言，"国学热"和"读经运动"作为传统文化复兴的初期发展带有非常浓厚的民间通俗文化色彩乃至民间宗教色彩。其中做得比较好的项目，譬如某电视台的著名国学节目，问题还只是出在低智化、娱乐化、鸡汤化，即使有些知识性错误倒也无伤大雅；但有些较差的项目，譬如近年来日益流行的愚昧读经、野蛮背诵（全日制专门读经，十年不许讲解，只能背诵，每天背书八小时以上，不允许读经典白文之外的书籍，包括古人注疏也不许看），则必须认真检讨一下了。

与很多儒家学者一样，我对这些"热"经历了一个态度转变的过程。起初自然是抱一种同情的态度。经历百余年来的反复摧残，传统文化教育几度中断，所剩无几。体制内教育中仅存的一点古文也往往是在非常任意武断的所谓"取其精华、去其糟粕"方针指导下的阉割残废经典以及基于各种现代性偏见的片面讲解。学生有权利了解真实全面的华夏文明。在这种历史背景下，主张全日制忠实背诵经典原文的做法构成了一种重要的补充，弥补了体制教育的缺陷，也为那些希望读到未经阉割、未经现代人歪曲解释的完整经典的学生和家长提供了一种选择。

然而，过犹不及。当我在儒学教育第一线接触到越来越多读经老师、读经家长和学生，了解到一些实际情况之后，发现问题不少。主要问题有如下七点：

一、全日制读经，彻底脱离现有基础教育体制，只读经和其他传统文化，不学数学、英语等其他课程，好不好？（有些学堂有英文经典背诵，但是在字母都不教的前提下进行的，学生对所背英文经典一句都不懂。还有梵文经典背诵也是这样。）

二、如何读经？只背诵经典白文，不读传、注、疏，好不好？

三、背诵是好方法，古代有效，今天仍然有效。不过，是否需要背那么多（"四书"、《诗经》、《尚书》、"三礼"、"春秋三传"、《易经》、《黄帝内经》、《道德经》、《庄子》、《莎士比亚英文全集》，等等）？有否必要"包本"（从头到尾一口气背完一本书）？有否必要为了突出背诵的重要性而片面排斥理解？

四、究竟什么是"背诵"？在完全不予讲解的情况下"包本背完一本书"是不是真正的"背诵"？甚至在不认识一个英文字母、不懂一句英文的情况下"背诵莎士比亚剧本的原文"是不是真正的"背诵"？记住毫无意义的音节顺序是不是"背诵"？

五、背诵和理解能否截然划分？经典白文和注疏能否分离？单纯背诵十年（大概五岁至十五岁），不许讲解，十五岁之后才开始"解经"，如此机械地划分读经阶段是否合理？如果十年没有启发式教学、理解力和想象力的训练，只是机械背诵，即使到十五岁的时候能倒背如流，学生是否还有理解经典、思考经典、发挥经义的能力？尤其是，如果这些孩子十年之中都是在一种封闭的环境中日复一日地重复背诵那些毫无意义的音节，严重脱离社会现实，当他有机会开始理解经典和解释经典的时候，即使他尚有理解和解释能力，他能在他的经典解释中融入时代问题的思考，做"活的经学"吗？至于那些无意做学问的读经毕业生，问题更麻烦：他能有效地融入当代社会吗？

六、儒家经典本来是生命的学问，是从先王历史和圣贤生命中生长出来的活泼泼的生命学问。儒家经典的学习方法是不是应该采用《论语》中比比皆是的对话式、启发式、情境化的教学？也就是前面谈到的"发蒙"的教学？"读经规划"的"背诵十年、解经十年"貌似是对现代体制教育的抵抗，实则是比现代教育体制更加僵硬、更加机械化的极端现代化和粗暴体制化。

七、读经运动的理论基础"教育简单论"是否可信？"做读经老师不需要有文化，不用讲解，也不许讲解，只要会按复读机按钮、督促小朋友背诵，就是最好的读经老师。""小朋友读经是最简单不过的事情，不需要讲解，不需要读注疏，只需熟读经典白文一百遍，一千遍，直到能背诵即可。先只管背，背十年，十年后全部会背了再讲解。"……这些在"读经圈"流传甚广的说法是否可信？

八、读经运动圈中广泛流行的"读经万能论"是否可信？"数学不用学，只要背熟经典，半年就能学会全部中小学数学。""英语不用学，字母、发音、语法都不用教，只需背熟莎士比亚，将来到国外就会说英语，而且是高级英语。""不用学那么多课程，背熟经典就能上清华北大哈佛耶鲁。""什么都不用学，从小只需要背熟经典，不用讲解，长大后在生活中遇到事情会突然想起经典的句子，自然会养成君子人格，乃至成为圣贤。"……这些在"读经圈"耳熟能详的基本教义是否可信？

背诵、简单可复制与反现代性的吊诡

提出上述八点问题不是拆台、找茬，更不是"判教"，搞"大批判"。这些问题是客观存在的，提或者不提，它们都在那里。提出来可以改进，不提出来只会更糟。提出这些问题与其说是在问难谁，还不如说是儒学教育界的自我反省、自我批评。儒家向来勇于自我检省，三省吾身，日新其德，还没有弱到讳疾忌医的地步。这些问题也不只是我个人提出的问题，而是很多儒学界朋友共同发现的问题，提出来只是为了引起讨论，促进发展。当然，我既然提出来，如有错误，责任都在我个人。我在这里的发言也只代表我自己，与儒学研究会的立场无关。我与任何人素无私怨，只是事关经典教育大事，不敢不尽言。

清末废科举、民国废读经科以来，经典教育命途多舛。今日重提读经，应该怎样做才有利于良性发展？儒学界应鼓励多种探索，也要及时总结经验教训，发现问题，自我批评，改正偏差。儒学界的自我批评不是打倒读经，而是帮助读经。如果儒学界内部不发展良性的自我批评，不敢自我反省，发现问题也不讲，等到问题闹大了，官方出来取缔了，媒体开始讨伐了，整个儒学界都会受连累，圣贤经典也将再次遭受误解和污蔑，我辈岂不是儒学罪人、乡愿小人？哪里配得上"儒士"之名？所以，在今天这个严肃的儒学大会上，我想提出这些问题，分享一下我和一些儒学朋友的困惑，希望能引起讨论，交流看法，推进读经事业的健康发展。

读经的意义自不待言，功德无量，但如何读经却值得思考、实践，总结经验教训，调整方式方法。目前读经运动的关键问题集中在"背诵"。时间有限，我只集中谈下"背诵"的问题。背诵毫无疑问是非常有效的经典学习方法，我从小就自发地热爱经典背诵。我出生在"文革"后期的农村，几乎在文化荒漠中长大。我如饥似渴地背诵能找到的任何美好的句子。我从小的语文成绩和作文成绩得益于我爱好背诵的天性。然而，在接触了一些读经运动实际情况之后，我开始思考一个从来没有思考过的奇怪问题：究竟什么是背诵？这本来不是问题，然而读经运动的独创教法迫使我不得不思考如此奇怪的问题。

我听过一些读经学生"背诵经典"。我发现这些孩子不但不懂所背的文句是什么意思，而且甚至不能清晰地读出他们自己所"背诵"的句子。他们只会用一种非常快速而模糊的发音去重复那些似是而非的音节。你甚至很难区分他们"背诵"的是中文经典还是英文莎士比亚或梵文佛经（后者也是被要求背诵的，而且竟然是在不认识字母的情况下要孩子"背诵"）。你如果要求他们缓慢而清晰地背诵，他们就一句也背不出来了。更有意思的是，如果你提第一句，他可以快速而模糊地"顺"到最后一句，但如果你从他"会背"的经典中任意抽取一句，问他下半句是什么，他就答不上来了。

所以，这根本就不是背诵，而是一种类似于摇头丸效果的摇滚 rap。我从小就背课文、背英语，大学以来也背诵过儒道经典。背诵是非常好的学习方法，但那些孩子用一种极为快速而模糊的发音"嘟嘟嘟嘟"地摇滚出来的东西，不过是一些被迫记住的毫无意义的音节组合。这种所谓的"经典背诵"被日复一日、年复一年地重复，十年之中不允许读任何其他书籍，不学其他课程，直到这个孩子可以在摄像机前连续"嘟嘟嘟嘟"地"背诵几十万字的经典"（拍摄背书视频是他们的考试方法），实际上是要他重复几十万个毫无意义的音节组合。他因为不懂这些音节组合是什么意思，自然无法清晰地说出其中的任何一句话，更不可能在将来需要的时候引用经典文句。

我见过一些曾经在读经学堂"背过几十万字经典"的孩子。一个月不复习那些音节组合，他们就忘记了。当然，我接触到的读经学生有限，可能会有更优秀的学生，真正能清晰明白地背诵经典的学生。不过，可想而知，太过功利性的、强度极高的"背诵目标管理"会把一个孩子弄成什么样子。一月背多少万字，一年背多少万字，三年背多少万字……每背下来一本就及时录像保存，作为"包本背诵"的证明，然后冲刺下一本，等到下一本背完，前一本早就忘得精光。

而且，在这些年中，一本一本的包本背诵录像成为唯一的学习目标。如今，遍布城乡的数千家读经学堂都在夜以继日地倒计时，驱使学生狂热背诵，明确的目标是录制包本背诵视频，以便有资格升入一个书院听"解经"。这些学生被要求每天诵经八小时以上（我见过因此落下哮喘病的学生），普遍处在一种非常癫狂的状态。我去过这样的读经班现场，其紧张程度和无意义指数远超高考题海战术。高考复习做题虽然紧张，还略有智性愉悦，毕竟做题是要思考和理解的，而不许理解的机械音节背诵则是彻底无意义的事情。

对于这些读经学生来说，经典的丰富意蕴都是锁闭的。别说十年，恐怕三五年下来，多么聪明的学生也会变傻，多么热爱经典的学生都会心生厌恶。到那时，恐怕你给他讲解经典，他也没有能力听懂，或者没有兴趣听了。当然，天性好学的学生会因此激发出更加强烈的求知欲，想一探究竟，那些背了几年的经典文句到底是什么意思？不过，经过多年的智力发育停滞和与世隔绝的封闭读经，他们能理解到什么程度仍然是不容乐观的。

第一批经过多年背诵的孩子已经在接受解经教育，他们几年后即将毕业。按照读经运动的宣传，他们中将诞生一批圣贤君子和经学大师。读经教育的结果即将揭晓，成千上万学生家长和社会公众都在等待最后的惊喜。我自然也希望从中诞生大师，为往圣继绝学，为万世开太平。但我更担心的是，如果结果令人失望，那些曾经的狂热支持者有可能会被激怒，转而过度批评读经运动，甚至否认读经的意义，加上蓄意攻击传统文化的大众媒体推波助澜，有可能出现崩盘效应，给整个传统文化复兴事业带来负面影响。我已经见到一些读经家长开始对读经运动的结果表示焦虑。宗教化的发展模式总是难免信徒信心的变化问题。儒学教育下学而上达，发蒙而疏通知远，本来就不应该建立在这种宗教化的宣传和"启蒙—启示"之上。这种宗教化形式的蓬勃发展必然只是传统文化复兴初期的现象，未来一定会复归平正，气象正大。

这种貌似背诵而实非背诵的经典教学方法无疑是荒谬的，并不是儒家传统的读经方法。我见过一本经典背诵教材的序言中，编者明言：最好的读经老师不是人，而是复读机，或者会按下复读机 Power On/Power Off 的人。如此明显荒谬的"读经方法"为什么风行全国（保守估计有几千家读经学堂，遍布城乡）？只能归咎于传统文化土壤的贫瘠、教育生态的畸形。读经运动的产生，诚然是出于对现代社会问题的反思，尤其是对现代体制教育的反动，但吊诡的是，读经运动本身很可能是一种现代性病症的体现。

读经运动的推动者反复宣传读经是简单的，无须理解，只需背诵，起初很可能是出于师资缺乏的无奈之举。但当他们发展简单可复制的连锁模式的时候，简单化、数量化、标准化就成为一种现代快餐企业的必备商业技术了。这个案例告诉我们，"当代社会的儒学教育"是多么困难的一个话题。所有现代性的批判都有可能走向其初衷的反面。

十多年来，我自己也一直在探索，在当代社会实践经典教育的现实可能性。道里书院、同济复兴古典书院也是问题重重，教训多于经验。其中最基本的一点体会是：现代性批判不宜采用现代惯用的运动形式、革命形式、非此即彼的激进形式，而应该回到因势利导、潜移默化的古典品格，用保守的态度做保守的事业，不要用激进的态度做保守的事业。"君子之道，暗然而日章，小人之道，的然而日亡。"千百年后，千百年前有的仍然有，千百年前没有的仍然没有。现代性的激进和喧嚣不妨当戏看。读经运动作为反现代性的现代性，亦作如是观。

"发蒙""包蒙"：从内部转化当代社会的儒学教育

所以，我想回到起初的话题：《易经》所谓"发蒙""包蒙"的教育如何可能？"发蒙"意味着因势利导的道路探索，"包蒙"意味着建设性的批判精神。不放弃儒学的批判性，保持对现代性的批判立场，但不激进地对抗和抛弃，而是进入它，从内部转化它，可能是"当代社会的儒学教育"未来的任务。两年前，我在云南支教的时候，给腾冲一中的师生做过一场"体制内外相结合，提升国学读经品质"的演讲（后以"现代社会的古典教育"为题发表在《文化纵横》），曾讲过这个意思，今天有必要在更新的问题脉络中继续推进。

现代国家的公民培训、现代企业的劳动力培训是现代教育不可消解的基本目标。儒学教育的批判性并不体现在反对现代公民培训和劳动力培训，而体现在不满足于把教育降低为纯粹工具性的培训，从而丧失"人之为人"的基本属性以及由此导致公民培训的败坏、劳动力培训的异化。

当代社会的儒学教育作为一种批判性的社会建设实践，其批判性体现在对工具化培训的抵抗，其建设性体现在：通过对工具化培训的批判，而且是通过一种渗透到现代培训体系内部的潜移默化式的实践批判，帮助当代社会把"工具培训"提升为"人的教育",从而取得更好的培训成果。

只有通过当代社会的儒学教育培养出"人",现代国家才能培训出真正自由的、自我负责的、有德性的公民(现代所谓"自由"根本配不上真正属人的自由),而不只是低质量的"守法公民";只有通过当代社会的儒学教育培养出"人",现代企业才能找到真正自由的、幸福的生产者,而不只是"能创造财富的人力资源"。以一种批判的姿态介入当代社会,儒学教育反而能更好地帮助当代社会。子曰:"君子和而不同。"儒学自古以来就是这样的形象。在每个时代,儒家都是不合时宜的诤友。帮助你,但不讨好你;批评你,但是爱你。

因此,对于弊病丛生的现代教育体制,儒学教育可以而且应该保持批判性,但不宜像读经运动那样对此采取一种激进的"保守主义革命"态度,谋求完全脱离现代国家公民培训体系和现代企业所需的劳动力培训体系,另起炉灶,用一种与世隔绝的形式做全封闭全日制的纯粹经典背诵班。这种模式的危险在于,它的初衷是为了对抗现代性,但结果恰恰可能变成一种现代性,而且是畸形的现代性。我相信读经运动的倡导者是诚恳热情的儒家同情者和志向崇高的教育家,但我希望他们多一些冷静的理性,多一些自律,加强读经学堂和老师的监管,不要再宣扬"教育简单论""读经学堂谁都可以开,读经老师谁都可以做"的不负责言论,不要为了追求数量扩张而降低品质,辱没斯文。

我相信儒学经典本身有抵抗畸形现代化的能力,但当代儒家有责任看到危险的可能性。尤其是当这样一种决绝地反对现代教育体制的读经运动拥有了成千上万追随者、已经成为一种大规模社会运动的时候,我宁愿冒着说错话的危险在此提出我的担心。我衷心希望我的担心是多余的,我今天的发言完全是错误的。如果我的担心不属多余,发言尚有可取之处,我希望儒学界能负起学者应有的责任,帮助读经运动拨乱反正,走上正轨。如果有更多学者能行动起来,向读经运动的倡导者学习,效仿他们投身基础教育的热情和勇气,探索多种可能性,为当代社会的儒学教育奉献自己的学识,就更好了。

十多年来,我也做过很多形式的探索:读书会(包含线上线下)、会讲、讲座、论坛、工作坊、大型系列课程和小型特色课程(以"十三经"

为主，涵盖经、史、子、集选读，以及书画、中医等修身内容）、国学师资培训班、少儿古典班、经典研究丛书出版，等等。我们的学员来自各行各业，有成人也有小孩，所有活动都是公益的。我总是首先把自己理解为一个普通读书人和教师，其次才是学院的学者和教授。"普通"是社会的和人类的，"学院"是特定职业的。我从不参与学院学术资源的争夺，但也不刻意排斥"体制"。我一直尝试在体制内做体制外的事情，在体制外做体制内的事情。子曰"有教无类"，教育本来应该是打成一片的事业。

理性的公开运用、观察与批评是学者的天职；站到社会教育的第一线，践行大众教化，更是儒家士夫的当代责任。学院学者办社会教育难免有其局限性，所以，我在此恳请学界同仁和社会公众对我的实践探索予以批评指正。我上面所讲对于读经运动问题的观察和思考，不是说他们做得不好、我做得好，而是希望引起体制内外的良性互动，以及儒学界内部的良性自我批评。我对读经运动的观察和问题分析难免有错，我自己的社会教育实践也难免问题重重。我今天来谈读经运动的问题，目的不在针砭他人，而在提醒自己。我们每个人都深处当代社会的困境之中，没有任何人能简单摆脱"启蒙未遂的坏病"所导致的现代性吊诡。在恢诡谲怪的吊诡处境中，团结很重要，而自我检省和互相批评可能更是"悬解"的佩纕。诗云"容兮遂兮，垂带悸兮"。童子永远是无辜的、开放的、可塑的。儒学教育如能解开现代性的死结，未来就仍然是充满希望的。谢谢！

"道里書院"微信公众号 2016 年 5 月 7 日
后发表于《湖南师范大学教育科学学报》2016 年第 4 期

就反思"读经运动"致柯小刚先生

/吴小东

　　近日，不断有朋友转来柯小刚先生题为《当代社会的儒学教育：以读经运动为反思案例》的发言稿，征询我的意见。柯小刚是知名的儒家学人，多年致力于儒学研究和教育，我素所敬重，然读罢柯先生的文章，甚感意外和遗憾。柯先生对当前的"读经运动"（其实读经界甚少使用"运动"一词，而是称"读经教育"），误会甚多，既缺乏基本事实的了解，也有思想上的盲点。像柯先生这样对读经教育知之不多、误解甚多的学人并非少数，故我觉得有必要予以回应，澄清误会，希望学界能够全面、深入、理性地看待方兴未艾的"读经运动"。

　　先说对事实的不了解。柯先生对"读经运动"批判之激烈，近年少见，但我发现，柯先生对读经教育现状是很陌生的，其所批判的种种，多来自道听途说，并非真实存在，故柯先生之批判，多是打"稻草人"。作为一个在读经办学教学一线十年有余的人，我自信比柯先生更了解读经教育的现状。

　　比如，柯先生质疑"是否要背那么多（"四书"、《诗经》、《尚书》、"三礼"、"春秋三传"、《易经》、《黄帝内经》、《道德经》、《庄子》、《莎士比亚英文全集》，等等）"，"要背百万字以上"，就暴露了柯先生对读经教育其实知之甚少。王财贵教授只是建议背诵三十万字而已，其中"四书"、《诗经》、《易经》、《老子》是全的；《书》《礼》《春秋》是选的，合成一本两万多字的《书礼春秋选》；《庄子》也只选了《内篇》和《外篇》中的"天下篇"，不过两万多字；《黄帝内经》根本不在必背之列；背《莎士比亚英文全集》更是纯属想象，不过是背《莎士比亚十四行诗》或《仲夏夜之梦》而已。柯先生想象中庞大的背诵书目，恐怕三百万字都不止，那当然是可怕的，而一个孩子要背三十万字，其实是很轻松的，五六年就可以完成，有些大孩子，三年左右就可以完成，哪有柯先生想的那么可怕？

又如，质疑"只要会按复读机按钮、督促小朋友背诵，就是最好的读经老师"，这也是误会，这只是对英文教学而言，中文经典教学，没有哪一个学堂不是由老师来教读的。

说"他们只会用一种非常快速而模糊的发音去重复那些似是而非的音节。很难区分背的是中文经典还是英文莎士比亚或梵文佛经"，首先读经学堂没有背梵文佛经的，那是当孩子完成基本背诵量，十几岁后到"文礼书院"才要学的；其次读经孩子书背得熟，速度比较快，一般可能分辨不出来，但对经典熟悉的读经老师是可以分辨出来的，听得出他背到哪里，有没有背错。大人听不出孩子背到哪里，多数情况下不是因为孩子背得快，而是大人对经典不熟。

说"你如果要求他们缓慢而清晰地背诵，他们就一句也背不出来了"，不知柯先生抽查过多少样本，是否多数孩子都只能快背不能慢背，至少我所见到的读经孩子，多数并非如此。能"缓慢清晰"地背当然不错，但孩子背快一点也不是多么了不得的毛病，只要能分辨出字音，即算达标，毕竟包本背诵的目的是检测他对经典的熟悉度，不是表演，不必要声情并茂，字正腔圆。

说"更有意思的是，如果你提第一句，他可以快速而模糊地'顺'到最后一句，但如果你从他'会背'的经典中任意抽取一句，问他下半句是什么，他就答不上来了"，这近于天方夜谭。事实正好相反，要一个背过某本经典的孩子，随时从第一句顺到最后一句是有困难的，记忆力再好的人也会有所淡忘，但如果你提上半句，孩子一定能接下半句，这就是所谓的"接龙"，是最容易的，三四岁的孩子都可以做到，这在读经教育界可以说是尽人皆知的，有时我讲话中引用某段经文临时忘记了，一问孩子，他们马上就能不假思索地接下去。

又如，"每背下来一本就及时录像保存，作为'包本背诵'的证明，然后冲刺下一本，等到下一本背完，前一本早就忘得精光"，说"忘得精光"太夸张了。一本书背过，诚然会有淡忘，这是人之常情，没有哪一个人背过一本书后就永远记得，聪明善记如大儒顾炎武能背"十三经"，每年也要抽出三个月来温习。背诵的目的并不是全部记住永远不忘，只是增加熟悉程度，让印象更加深刻，更能够潜移默化而已。有时看似忘了，其实不会真忘，稍微复习就可以捡回来。我曾一再检测包本背诵过几本经典的孩子，大都比较熟，个别生疏的给予适当时间复习，就可以再背。我还曾经在手机上搜出经典让孩子读，那么小的字，排版与书籍也完全不一样，他们都能够很熟练地通读下来，我认为这就是了不起的，不信你找一个大学生、研究生，用手机搜出《易经》《庄子》让他们读读看，他们看着就头疼。

另外王财贵教授设计的"读经十年"，是从三岁到十三岁，不是柯先生讲的"五岁到十五岁"，虽只有两年之差，但柯先生的讲法更容易给人"一味硬背"的印象。读经界也没有人宣扬"背熟经典就能上清华北大哈佛耶鲁"，也许有个别人如此夸张，但那绝对不是读经教育的正式说法。

如此等等，都说明柯先生其实是很不了解读经现状的。

其次是认识上的误区。择其大者有三：

一是对"背诵"的理解有偏颇。柯先生认为背诵必须有理解的同步跟进，没有理解同步跟进的背诵不算背诵，只是记住"毫无意义的音节顺序"，会阻碍孩子理解力的发展。这是柯先生在读经理论上最大的盲区。其实记忆与理解的关系，从本质上说，记忆不必依靠理解，凡是依靠理解辅助的记忆，严格地说还不是真正的记忆，还停留在浅层记忆的水平；而理解却必然依靠记忆，没有记忆，理解完全不可能发生，故在教育上，记忆是本，理解是末，记忆是体，理解是用，记忆在先，理解在后，故严格说来，对于什么是"背诵"，与柯先生的观点正好相反：有理解跟进辅助的"背诵"其实不是真正的背诵，不依赖理解、单纯记忆的背诵才是背诵。单纯记忆的背诵比理解辅助的背诵进入意识的程度更深。当然，虽然如此说，我们并不反对有人教孩子读经时辅以讲解注释注，以帮助他背诵，但绝不能反过来说，不讲解注释就不能读经，并简单化地批判"纯读经"为"愚昧读经""野蛮读经"。

柯先生之所以激烈反对"纯读经"，是心中认定让孩子在不了解意义的情况下背诵经典，是毫无意义的和痛苦的。这其实是把孩子看死了，没有体贴到孩子心灵是活的，虽然没有人给他讲解，他读经时仍然会对经典有默默地感受和领悟，每个人都有对经典的感悟能力，尤其是孩子，他对经典的直觉感悟能力比大人还要强！不要以为孩子不理解就不能感悟经典，这是现代人对读经的最大误解。经典的语言与生活的语言并非完全隔绝，只要一个孩子活在人间，他自有他对经典的体会，只不过他表达不出来。孩子的特点是记忆力强大，该记忆的时候就让他充分记忆吸收，到他十三岁左右理解力接近成熟时，再让他理解，这不是顺理成章水到渠成吗？再者，智慧的养成需要长期酝酿，厚积薄发，不给孩子充分的酝酿，提前让他理解，并不一定是好事。柯先生担心孩子读经三五年都"读傻了"，担心这样只读不解的孩子长大了也不能理解经典，实在是杞人忧天，只是因为不了解记忆是理解的基础，有记忆一定有理解，记忆越深理解越容易。我见过太多读经的孩子，都是越读越聪明可爱，见过"纯读经"几年的孩子，一旦进入解经阶段轻松自在势如破竹，比有些早开解经的孩子还要好学，甚至一些智力迟钝、自闭症的孩子，读经几年都有很大改善，真不知柯先生为什么会担心孩子读经会"读傻"，究竟见过几个读经"读傻了"的孩子？

二是不相信读经可以笼罩其他的学科。柯先生质疑读经孩子只读经不学数学英语等体制课程，是否能适应社会，这是对经典的笼罩性认知不够，对经典的价值意义信心不够。经典是文化的源头，"统摄一切学术，不只中国学术，西来学术亦统一于'六艺'（即六经）"（马一浮），读经是"一元开出多元"的教育，看似单一单调，实则含藏万象，能生万法。另外，不学数学英语就不能适应现代社会吗？对绝大多数人来说，数学英语对他人格的成长和人生的幸福度有很大的影响吗？柯先生作为认同经典和儒家价值的学人，对这些工具学科还如此放不下，岂非有违孔子"士志于道""君子不器"之训？况且，读经教育也没有说一辈子只读经，只是在十三岁之前大量读经，十三岁之后还有充分的机会学习其他学科才艺，博闻强识，因为有大量读经的积累酝酿，学起来更加方便高效。为什么要急于一时？

三是不相信教育可以如此简单。大道原本至简，易云"易则易知，简则易从；易知则有亲，易从则有功"，又云"夫乾，确然示人易矣；夫坤，隤然示人简矣"。老子云"天下难事必作于易，天下大事必作于细"。天下事本来就是简单的，得其道，就简易有效，不得其道，则繁难无功。教育本来也是简单的，现代教育越来越繁难，究其实，就是违背了教育之道，进一步说，就是不了解经典的高度笼罩性和儿童心理成长的规律。因为不了解经典的笼罩性，只好开出无穷无尽的课程使孩子不堪重负；因为不了解记忆力与理解力不同的发展规律，片面强调理解而排斥记忆，使孩子错失吸收高度文化的时机，导致先天不足，一辈子学习困难。儿童读经正是把握住了教育的本末先后，让教育回归易简之道，变复杂繁难为简易明白，变劳而少功为简单高效。不是条件限制下的权宜之计，不是为了方便复制扩张，才要"老实读经"，而是教育本该如此。不回归"老实读经"，教育永远不能走出"折腾"。

基于以上认识上的误区以及对事实缺乏基本的了解，柯先生对读经教育的描述与解读存在严重的歪曲，轻率宣告读经教育是比体制教育还要"僵化"的另一种"体制教育"，这不能不令人深表遗憾了。

其实"体制"与否并不重要，任何教育都有一个体制，不只今日中国教育有体制，外国教育也有体制，中国古代科举考试也是体制，问题不在于有没有体制，而在于这个体制是否合理。今日体制教育的根本问题，在于它内容上的知识化、碎片化、肤浅化，方法上的"成人中心本位"（极端重视理解，强迫性理解而排斥记忆），师生关系上的世俗化、庸俗化（完全丧失师道尊严，教育变成购买服务），而不在于它有考试。有评价标准并不是坏事，关键在于这个标准对不对。儿童读经教育的内容是有永恒价值的经典，方法是正好符合儿童心理的诵读，师生关系上恢复尊师重道，与当前体制教育完全不同，难道就因为有一个"包本"背诵的标准，就把它判入比体制教育还"僵化"的"体制教育"？柯先生说，目前读经教育只是"换了内容的体制教育"，我想说的是，如果小学阶段体制教育什么都不变，只是把内容换成读经，那是中国人莫大的福气！果真如此，中国文化、中国教育就有希望了！

再说，所谓"体制"，是有国家力量强制才称得上"体制"，读经教育不过是民间的自发行为，不存在任何强制，任何读经学堂，也不可能强制家长送孩子上学，都是家长完全自愿的选择，故读经教育其实与"体制"不沾边，即使有问题，也可以在双向选择中最大限度地消解，我们应该相信家长的眼光和选择，今天的家长，岂是那么好蒙蔽的？我们为什么不相信别人也可以做出正确的选择？

柯先生对读经教育的批评未尝不激烈，然柯先生开出的"药方"，总结起来，也不过是不与体制对抗、读经同时还要理解、因材施教、启发式教学等，这其实与现今流行的西方教育观念并没有多大的区别，以此来指导读经，并不见得比目前的读经教育更为可行有效。读经教育从来没有故意与体制对抗，在体制不能满足家长和老师教育理想的情况下，有人脱离体制另立炉灶也是自然之事，古往今来，官学私学并行不悖，私学的存在恰恰为体制教育保留一个可以缓冲调整的窗口，以避免教育走向完全僵化。关于要不要加入理解，是一个见识高低的问题，十三岁之前，读经的同时加入理解是可以的，这比较容易为人认同，但不加入理解，只是"呆呆"地读，并非就不可以，它也有它的道理，而且可能是更高的道理，没必要为只读不解而大惊小怪。极端重视理解、一切以理解为标准，正是现代西方教育的主要特征之一。

因材施教、启发教学虽古已有之，但不过是具体教学中的方法技巧，只是到了现代社会，在西方自由、个性思想的推波助澜下，才被推尊为至高无上的教学原则，泛滥至今，因材施教已沦为教育者不敢施教的阻碍和受教育者拒绝受教的借口，启发教学则沦为言者谆谆、听者藐藐的说教。其实因材施教并不意味着教育可以没有统一要求，尤其在基础教育阶段，应该更加重视培养人之为人的共性，而非张扬个性，人且不成，个性焉在？启发教学也不能滥用，《学记》云"幼者听而弗问，学不躐等也"，"时观而弗语，以存其心也"。因材施教、启发教学其实主要适用于十几岁以后青年阶段的教育，那时真正的个性显露，思考力开始运作，因材施教、启发教学正当其时，在童蒙阶段，其实是并不需要太强调因材施教、启发教学的。有人总是以孔子的教学为例来证明因材施教、启发教学的重要性，不知孔子面对的学生，都已经是二十岁以上甚至几十岁的成年人。

总之，柯先生的这篇发言，是基于错误信息和不自觉的思想盲点而对读经教育做出的严重误判，是一个不太了解读经实情的学院知识分子对"读经运动"的臆想。柯先生警惕"启蒙的坏病"，但柯先生这种不充分了解事实，轻率攻击，一棍子把人打死，置之死地而后快的鲁莽激烈，反而让人感到森冷的"五四"遗风。柯先生据以批评读经教育的理论根据，其实是披着"古典心灵"外衣的西化思想。我相信柯先生是真诚的，是真正为文化的复兴而用心良苦，但也确实暴露出一个学院知识分子对读经教育的浅尝辄止、习惯性误解和骨子里的傲慢。这是一个普遍现象，当民间读经运动渐成气候，正在成为文化复兴最具活力的部分，学院知识分子没有虚心地了解它接纳它研究它，反而站在自以为是的"学术制高点"，轻率地批评它愚昧低级、头脑简单、动机不纯。

我真诚地希望像柯小刚先生这样的知识分子，能够对读经教育多一点了解，多一点反省，多一点同情，多一点切实的建设性建议，不要高高在上抓住一点皮毛就做无情的嘲笑批判。"儿童读经"看似简单，但它背后的背景和学理并不简单，"儿童读经"看似草昧，但它有真诚的心在跃动，在这中国文化命若悬丝的时代，我们最需要的是俯下身来，虚心了解，深刻反省，同情鼓励，共同呵护中国文化复兴的这一点点根苗，让它稳固扎实，成长壮大。

"儒家网"2016年5月12日

原标题为《多一点了解，多一点反省——致柯小刚先生》

一个读经少年的来信

/惟生

无竟寓先生道鉴：

我叫惟生，从十岁开始退出体制学校，进入私塾学习传统文化。迄今虽已九载，但也仅仅背诵了些经典，略知训诂，学问尚未入门。期间，我经历了对读经教育的狂热、受挫、困惑与反思，现在非常迷茫。上周一个偶然的机会，我看到先生在首届上海儒学大会上的演讲《当代社会的儒学教育：以读经运动为反思案例》，深受触动。先生演讲中对于读经运动的分析，尤其是对那种全日读经、拒绝理解、单一"背诵"（正如您文中所说，其实这不是真正的背诵）的批评，非常恳切。这是我第一次看到对当今私塾与经典"（伪）背诵"问题最为透彻而符合实际的分析。

我是从小脱离体制学校，在读经学堂长大的。这些年来，读经越来越热，像我这样的孩子也越来越多。我属于较早的一批，已经成年，开始思考未来的出路，但非常迷茫。同学相谈，最多的是焦虑。父母怀着圣贤憧憬，为我们选择了一条特殊的求学道路。今天，我们长大了，却开始面临特殊的问题。这些问题鲜为外界所知。学生想就自己的学习经历以及遭遇的问题和困境，向先生汇报和请教。

在太平间打手电筒偷偷看书的日子

2007年夏末，我的母亲由于受到"读经运动"和国学热的影响以及希望孩子能够受到更好的教育，决定让我退学进入私塾。这个决定在我的家庭引起了强烈的反对，但因我母亲态度坚决，所以我仍然踏上了私塾之路。

我最初进入的是一家"综合型私塾"，每天读经大概四小时左右，其余有书画、武术、讲课等课程，体制内的课程多不开设，对学生前途也没有清晰而明确的规划。但刚刚脱离体制学校的我，仍然感到非常兴奋。一个学期结束之后，我妈妈因为注意到这家私塾的一些孩子有说脏话的坏风气开始影响到我，于是决定带我换一所学校。

第二次入学的私塾是在一个偏远的山区，宗教化极强，信仰佛教"净土宗"（我后来怀疑真正的净土佛教可能并非如此），学习、生活皆以宗教思想严格落实与约束，背诵经典虽然也包括"四书"和"五经"的一部分，但更多的是佛经。老师要求学生要"销落妄想"，以"禅定的状态"背诵经典。这里杜绝电子产品，没有节假日，甚至有一年的春节都没让我回家。

这里有图书馆，但未经老师许可的书籍不许读。即使像《史记》《曾国藩家书》这样的名著，都被列为禁书，理由是"这些书增长所知障"，禁止读书是为了"培养清净心"。甚至到最后，我只被允许拥有一本《古代汉语词典》。我发现《词典》的词条释义中会引用古文例句，我只好在经典背诵的间歇偷看那些零碎文句。可是到最后，我这本可怜的词典也被没收了。于是，我又尝试在老师去卫生间的时候，迅速冲到柜子前，拿出"禁书"偷看两眼。后来有一次，老师从卫生间回来时突然问我："看到哪一页了？"吓了我一跳。

一年后，我被允许独立学习，不再派老师监管。我知道这个山上有很多古典书籍放在另一个山头的"往生堂"（实际就是太平间），于是我开始了一项冒险的读书计划：每天午夜十一点，等老师和同学入睡之后，我悄悄地溜进"往生堂"，打着手电筒读书。如果说后来我还有点独立思考能力，可能都要归功于手电筒的光照为我驱走了太平间的黑暗。

白天的"课程"几乎没有其他内容，只是一味背经典，没有老师讲解。现在想起来，这种状况的造成，一方面是由于师资的缺乏，另一方面是出于某些似是而非的"宗教理念"的偏执：所谓"一门深入，长时熏修""般若无知，无所不知"，等等。他们以佛经中周利槃陀与六祖慧能等故事为依据，特别强调"智慧"与"知识"的区别、"德行"与"才能"的区别，夸大出世入世之间的矛盾。这些宗教思想都是用"理所当然"的态度灌输给我们的。

现在回想起来，这些思想可能并没有错，甚至非常好，但在我们这些小孩的感觉中，这些都未免过于愁苦了，带有太多成人世界的幽怨，让我们感到压抑，黯淡无光，毫无生机。我不相信传统文化是这般灰暗的东西。在"往生堂"的手电光照中，我发现了另一个国学经典的世界，这个世界是生灵活现、熠熠生辉的。我不知道"往生堂"的鬼魂有没有"往生"，但我肯定是"穿越"了，穿越到古代，与过去的伟大灵魂为友。我开始逐渐感觉到这些被幽闭的精魂才是斯文所系的命脉，而私塾的"读经教育"则很可能是背道而驰的东西。

最初的疑惑和觉醒

我在这种压抑且荒谬的教育环境中学习了四年半。后来，我曾反省自己为什么没有及时觉醒？我想一方面是因为年龄幼小，心智不成熟，另一方面可能要归因于环境的巨大压力。压力有多大，我只需讲一个鸡毛蒜皮的小故事。

《战国策》有"三人成虎"的故事，而我经历的比这还要荒唐。记得我刚到一个月时，有一次我走进教室，看到一个同学用手在空中极力比画一个巨大的圆形，说"这么大的橘子"，我反驳说"那怎么可能呢？"于是我遭到了围攻。他们纷纷指责我"诽谤因果""肯定会堕地狱"。原来他的原话是"西方极乐世界有这么大的橘子"，但我依然认为匪夷所思，再欲竭力反驳，反而招致"对牛弹琴"的讽刺，只好默然无言。

虽然身处封闭灌输的环境中，但我逐渐在儒家经典中发觉端倪，感到私塾所教与经典相矛盾。私塾老师常常以《弟子规》为依据，极力渲染知识的罪恶、习劳的伟大，可我在《论语》中看到的却是"樊迟请学稼，夫子曰：'小人哉！'子路曰：'有民人焉，有社稷焉。何必读书，然后为学？'子曰：'是故恶夫佞者。'"

在《中庸》里，我看到夫子教导说，君子在笃行前必须经历博学、审问、慎思、明辨四个阶段。在《四书章句集注》中（在董惟一同学上过的私塾里，甚至连这本书也是被禁止的，因为老师不许学生看注解，只需背诵白文），我看到在"行有余力，则以学文"句下（这段话是《弟子规》的依据），朱子注曰："愚谓力行而不学文……而所行或出于私意，非但失之于野而已。"朱子对后世学人特意说明，不可对"行有余力，则以学文"做过度理解，否则就会走向反智主义。

稍加观察即可发现，今天流行的各家读经模式虽以"儒家"为名，但绝大多数都是以反智倾向的"（伪）佛教"为背景的，只不过有的明显，有的隐蔽。净空比较明显，"老实大量纯读经"比较隐蔽。古代儒家并没有这样的"读经"方法，佛教恐怕也没有。明代莲池大师在《竹窗随笔》里说："儒佛二教圣人，其设化各有所主，固不必岐而二之，亦不必强而合之。"如何会通儒佛，固非我等凡夫所能窥知，但看出今天所谓"读经"的"强而合之"，并不需要多少眼力。

这时我虽已察觉到读经私塾与真正的古典文化教育有很大区别，但仍未能完全认识到里面隐藏的问题究竟有多严重。对于读经老师倡导的"读经扎根""传统至上"的理念，我仍然深信不疑，时刻约束自己的起心动念，最顶峰的时候一天读经十一个小时。

2012年，私塾课程日益宗教化，我就离开了那里，去了另外一个学堂继续读经。这个地方也在山区，但更偏远。有好长时间，孤独的大山中，加上我在内，总共只有三个人七条狗。发电靠太阳能，雨天和大雪时会断电。

就这样全天候读经五年，基本经典早已背完。但由于没有老师讲经，我们只能被迫一遍又一遍地重复背诵那些不知背了多少遍的书。那时候，我才开始对这种教育的意义产生真正的怀疑。

2013年秋初，我转到一所专为较大的读经学生开设的学堂。学堂的规划据说是旨在帮助学生进入大学，但迟迟未能落实。脱离体制太久，除了背经什么都不会，谁都没能上大学。我只能又离开，转到另外一家学堂。在这里，我终于可以学一点经典文句的训诂，第一次搞明白了"四书"和《孔子家语》的章句大意。不过，这些简单的字面解释并不能满足我的思考，于是不久之后也离开了。

包本！包本！

2014年夏天，有同学认为我适合学术研究，向我推荐了一家书院。看了这家书院的入学要求（包本背诵三十万字录像）和教育规划之后，我不禁满腹狐疑。要求包本背诵的经典虽早已背过（"包本"指不间断地连续背完一本书），但若要求录像，我不得不重新背诵。这意味着我又要去重复那个曾经机械性地重复了无数遍的过程。

虽然时间也许并不需要很长，最多一年，但我找不到这样做的意义究竟何在？难道就是为了进入这家书院吗？我感到这种机械重复的背诵应试之无意义，更甚于高考！进入这家书院对我真的有意义吗？会和之前经历过的私塾一样失败吗？即使能进去学习，但对于毕业之后的前途又毫无交代。书院先生对我说："如果你还考虑前途名利这种东西，那就不要读书了。"我顿时不知所措。我并不在乎名利，但我关心我的未来。年轻人关心自己的未来被粗暴指责为追求名利，我很委屈，却又无话可说。

我已经付出了八年的青春热血来背诵那些经典啊，然而只是因为以前的背诵没有包本录像而被一笔勾销。那段时间我真感觉"欲渡黄河冰塞川，将登太行雪满山"，歧路彷徨，不知所之。我走访了一些专门做"包本"的私塾，希望能找到进书院的途径，但这些都是刚开始背诵经典的学堂，包本速度太慢，我于是决定自己背。

2014年8月至2015年6月期间，我足不出户十一个月，一个人关在房间里包本背完了二十万字。这是一段极端孤独的历程。毫无意义的机械背诵给我带来越来越冷静的思考，我的疑虑也越来越深。读经界一直在极力宣传"读经万能论"，亲身经历的事实且不说，经典中为什么也找不到一句类似的说法？

子曰："诵诗三百，授之以政，不达，使于四方，不能专对，虽多，亦奚以为？""记问之学，不足以为人师。"为什么经典中只有孔子反复警告我们：单纯的记诵读经恰恰是无用的？后来，我读了一些研究古代私塾教育的书籍，明白了古人读经之前，必先习小学训诂。由此可见，古人读经显然是建立在一定理解基础之上的。理解不必很深，将来也可以逐渐加深，但"不许理解"的"背诵"肯定不是古代私塾的读经方法，只能是"前无古人，后无来者"的当代创造。

回望这些年身边那些和我一样背诵了大量经典（二十万字以上）的同学，多因没有出路而终止了十多年的读经历程；而当他们一旦停止私塾学习，又没有进学深造途径，大多数同学都变得非常沉沦，情绪低落，只能借电视剧和电子游戏排遣焦虑、打发时光。至于那些曾经背得滚瓜烂熟的经文，很快就忘得一干二净了。而且，由于当时背的时候并不理解意思，等到电视剧中听到台词里引用经典名句，也并不知其所以然。

铁一般的事实证明，不许理解的记忆是极其脆弱的。稍一停搁，便随风陨灭，毫无踪迹。即使有包本录像为证，又能说明什么呢？我甚至怀疑高考成绩单能证明的东西，比包本录像还要多。我知道这样的想法在读经界是非常大逆不道的"危险思想"，但我无法抑制自己的怀疑。

发芽还是腐烂？

无论如何，传说中"经典的种子"并没有发芽。原因很简单：因为没有阳光、空气和水，多好的种子都会腐烂。经典是有生命的种子，但生命的种子必须种进能呼吸的土壤才能发芽。野蛮粗暴的读经方法窒息了生命的呼吸，土壤早已板结，种下多少种子都是徒劳。

其实，对经典的感觉和理解，即使非常朴素，谈不上多深的经学和义理，也是读经生活的阳光、空气和水。只有阳光、空气和水才能带来土壤的呼吸和种子的萌发。古老经典和鲜活生命的相遇本来是经典生命日新的保证，但这二者如果被禁锢在一个缺乏阳光、空气和水的地方，读经的人生命萎缩，经典怎么可能发芽？

或许，事情会不会像他们所说的那样，那种不求其解的背诵过程是完全不动脑子、不用心智的（不需要用，更无法用）？最典型的例子是我在山上的那家宗教私塾中背诵的"楞严咒"。咒语长达两千六百字，"南无萨怛他，苏伽多耶，阿啰诃帝，三藐三菩陀写。南无萨怛他，佛陀俱胝瑟尼钐……"这里如何运用心智？

也许确实像他们所说，咒语是无须理解的（我对此存疑，因为我不相信其梵文原文毫无意义），但儒家经典也是这样吗？英文莎士比亚也是这样吗？我对此深深地怀疑。但他们已把这种教法上升到了神圣不可侵犯的程度，似乎只要试图理解"学而时习之""天命之谓性""to be or not to be"是什么意思，就是对孔子和莎士比亚经典的亵渎。

我曾经在一家私塾学背英文莎士比亚，笔和纸是违禁品，不许带入教室，因为老师怕你在纸上记单词、标音标。老师的全部工作只是按下神圣的读经机按钮，不解释句意，不教发音。读经机发出的每个音节都是神的语言，只许跟着重复，而且要用最大的声音一起齐声呼喊出来。发音听不清楚，但不许问，老师也不纠正，意思更不许问，老师也不讲。所有人的嗓音早已喊哑，但每句话的发音都仍然是混浊不清、蒙混过关的。莎士比亚千言万语，但听他们吼出来的每一句都是差不多的。这样"背诵"了莎士比亚，二十六个字母却还认不全，一句简单的英语问候也听不懂、不会说，但他们的宣传却是："什么，你问我能不能去哈佛留学？我告诉你，背完经典，我们是要去哈佛做教授的。"

我不知道这种"背诵"叫什么，我甚至怀疑这是不是真正的背诵？这不过是一种"肌肉运动"，土话叫作"凭嘴吐噜"，只要念的遍数足够多，即使一心二用都可以背过。我有一个同学的背书绝活是一边看韩剧一边包本"背"下了《诗经》。这种所谓的"背诵"并不培养心灵的感受力和理解力，相反，它需要的恰恰是心如木石。这不是耐心，更不是定力！

读经界喜谈"读经培养定力"，以为学生既然可以稳坐数小时，当然定力高强。我信之多年，直到后来目睹一些结束读经开始其他学习的同学，确实可以稳坐书桌前半日不动，但是学习效率很低，"定力"并没有发挥作用。我于是明白，这并不是定力。真正的定力指的是能够排除外界与内心杂念的干扰，心思专一，感觉敏锐，理智通达。如此静坐修行是定力，如此写一篇文章是定力，如此扫洒应对是定力，如此做一道数学题也是定力；而很多读经同学只不过是习惯了久坐，习惯了心如木石，习惯了内心无所事事、心神涣散，这怎么会是定力呢？

孔子亦曾历数错误读经方法导致的偏失

读经界对背诵经典惯用"扎根"的比喻："南方有某种竹子，前三年只见它成长了三厘米，实际竹子的根已经成长了十米，于是第四年可以一天一米的速度迅速成长。读经亦是扎根，根本既深，大才自然成就"云云，听起来非常巧妙。我曾深信不疑，但付诸实践，八年如一日地"扎根"，直到现实的失败才促使我不得不深刻反思这种理论的问题。有生命力的根自然可以深藏待发，但朽木深植却只能腐烂。

《大学》云："苟日新，日日新，又日新。"生命的特点在于自我更新，在于能试错和自我更正。怕理解错误而不许理解是愚昧的，也是毫无用处的，甚至会带来比"理解错误"更加有害的结果。中庸是动态的自我调节，而不是教条的偏执。经典当然是好的，但读经并非万能，错误的读法甚至有害，《礼记·经解》云：

> 《诗》之失，愚；《书》之失，诬；《乐》之失，奢；《易》之失，贼；《礼》之失，烦；《春秋》之失，乱。

孔子亲自历数错误读经方法导致的问题，警示后人不要把经典教条化、宗教化、庸俗化为"狗皮膏药""万应灵丹"。经典当然是神圣的，但是那种庸俗的伪神圣化毋宁是对经典的妖魔化和亵渎。读经界几乎对儒家义理一无所知（他们甚至看不懂上面那段《经解》里的话），却盲目对儒家经典进行肆意教条化，以神圣之名行亵渎之实，真可谓"一粉胜十黑"。

2013年6月，带着这些质疑，我来到一家非常有名的御定"包本"专门私塾，冲刺最后四本英文经典的包本背诵录像摄制，以便获得进入书院学习的资格。进门后先没收东西，只允许携带三套换洗衣服和目前正在背的那一本书，其他任何东西甚至纸笔都不许带入。严格管制我早已习惯，虽有诧异，并未不满。老师见我在《莎士比亚英文十四行诗》的书上注了音标，当即令我擦除。

我听不清读经机，又没有词典和音标的辅助，既不明白意思，也找不准发音，无法跟上。我不愿自欺欺人，"凭嘴嘟噜"，蒙混过关。于是我找到总管老师，向他表达我对这种"读经"方法的疑问。老师当即勃然大怒："老祖宗留下来的东西，你有什么资格说三道四！"我只好对其深施一礼，起身离去。

出门后，我在城市的街头伫立良久，茫然不知所之。我努力让心情平静下来，排除情绪，冷静思考。经历了太多，早已没有时间去带什么情绪。我必须冷静地想想这些年的读经之路是怎么走过来的，将来去往何方？"老实大量纯读经"的偏激排外、教条僵化、狂暴欺人，已经无须多言。只是这么多年来，我的一切都倾注在私塾和读经上了，早已视读经老师和同学为亲人，但他们却只是因我提出心中久存的疑问而视我为寇仇，视我为懦弱、没有毅力、半途而废的逃兵，千夫所指，实在感到难过万分。

走向生命的学问

在那次彷徨街头的深思中，我终于想明白，读经的命运就是我自己的命运。我的个人生命与读经息息相关，因为，我的青春岁月就是在读经中读过的。

所以，在反思读经方式的问题时，我不可能有一丝一毫恶意，因为读经方法的所有失误都将是我个人生命的失误，读经教育的每一个问题也必然是我个人生命的问题。我多么愿意相信"老实大量纯读经"是完美的啊，因为如果是那样的话，我自己也将是更加完美的。

与局外人的反思不同，对读经私塾的每一点怀疑都是对我自己生命意义的怀疑，令我心如刀割。像我这个年龄的体制内学生都在反叛体制，而我却不得不过早地学会怀疑自我，这也许是读经经历的意外收获。

当我注意到在那个唯一允许解经的书院规划中有"最后三至五年的学习统归牟宗三全集"的时候，忽然惊觉读经之路可能会使自己的人生越走越窄，最后目的竟然是要限制到一个学派里的一个人。扪心自问"读书的志向究竟是什么？"是为了别人口中"有价值""有意义"的事情吗？

子曰："古之学者为己。"但我读经八年，却从未真正地将经典对照自己的人生！过去私塾的老师问及志向，我坦诚地说"是政治，但不是当官，是研究政治"，得到的回答却永远是批评和抨击："只有文化教育才是值得从事的事业，只有孔子才是值得效法的榜样，只有做读经老师才对得起读经学堂的培养！"这种说法也许是对的，但我必须自己去理解，而不是被指责、被强迫接受。

虽然已经彻底认识到单一读经的错误，但当我真的想到要放弃这件行之多年的事情时，仍令我感到十分艰难。父母问我："你背诵了这么多年经典，难道真的愿意就此作废吗?"是啊，我知道此时放弃，舍长用短再走新路，将对我非常困难。

但那天在街头彷徨无地的冷静思索让我明白，我必须去探索一条新路，很多迷茫的读经班同学也都在探索，我们必须找到一条真正的读经之路，在这条路上，我们曾经读过的经典应该成为生命的学问，而不是包本背诵录像里的升学资格凭证。所以，我最后决定不论前方有多少困难，都决心依从自己的志向而行。

2015年7月至今，我在各地求学访师，思考自己的志向，确定人生的方向与计划，明白了读经圈中流行的"大学垃圾论"的偏激和读经学堂的局限。通过对比各种求学门径，我选择了自考本科、然后再考研的计划。

先生，我作为第一代"读经学生"，对您分析读经方式利弊的阐述有着特别切身的体会，而今我虽已决心从过去错误的学习方式中走出来，但有些严重的问题依然在困扰着我。我听说在您主办的"同济复兴古典书院"有一批像我这样的读经学生在深造，我也特别想来学习，不知有否可能?我看到古典书院的介绍里说，书院希望通过公益教学和经典研究来沟通大学和社会、古典和现代，做生命的学问。

我想，大学与民间、古典与现代的隔阂，这不正是我目前所遭遇的根本困境吗？如果能打通这些关节，曾经所读的经典或许能化为生命的学问？所以，我不揣冒昧写了这封信，向您介绍我自己的求学经历和遭遇的问题，希望得到您的理解和指教，希望古典书院能接纳我这个彷徨无地的学子！我四处求学并不是为了"世俗的前途"（他们如此指责我），而只是想走出一条属于自己的道路。这条路也许最终会跟他们期望的目标殊途同归，但我必须自己走出来。呈此衷心，伏惟先生鉴之！

"道里書院"微信公众号2016年6月23日

《南方周末》7月18日摘录发表

回归生命的学问：给读经孩子的一封信

/柯小刚

昨天开始写这封信时，夜色渐浓。熬过午夜，天色一层一层亮起来。现在是凌晨五点，键盘的声音已经融入窗外的鸟鸣。这一向，亲人朋友都在劝我"一定要懂得保护自己"，"社会很复杂，触动某些人的利益会有危险"，"你这样辛苦，究竟是为了什么呢？""明天的讲座不要去讲了，在家里安全"。但对我来说，只有心安，才最安全。诗云："泛彼柏舟，亦泛其流。耿耿不寐，如有隐忧。"人最可畏的是内心的疚责，而不是外界的威胁。

拙文《当代社会的儒学教育：以读经运动为反思案例》发出后，读经少年惟生给我写了一封信，诉说了他读经的一些痛苦和迷惘，反映了一些读经方式方法的问题（《一个读经少年的来信》，另可参考董若岐的信《感恩读经，永远读经，平常心读经》）。随后，我从微信上又看到读经少年黄雨林等五六位同学写给惟生同学的信，叙说了读经的收获和快乐，表示要维护"纯读经"的方法。

几位同学的信写得都很好，充分证明了读经的益处。不过，我注意到，无论诉说痛苦还是快乐，无论反对还是维护"纯读经"，这些同学都不是"纯读经"（三岁至十三岁全日读经，只许背诵）出来的，而是"不纯读经"（读经和大量阅读、感受、思索、对话）出来的。我怀疑，如果他们是"纯读经"出来的，别说写这么好的信，恐怕连字都不认识几个（很多读经堂主和家长已经披露了很多"纯读经多年但不识字"的案例，参看《一线读经教师的反省：纯读经真的可以认字吗?》）。

看了各位同学的信，我一直在思索，如何给大家写一封回信。不是站在惟生同学的角度回复黄雨林等同学，也不是站在黄雨林等同学的角度回复惟生同学。我只能站在我自己的角度，给所有读经的孩子，包括惟生、黄雨林和其他所有读经孩子写一封信。前段时间一直在德国开会、写作（我在法兰克福的讲稿《现代性吊诡与当代中国的跨文化古典复兴》和在魏玛的讲稿《气化与修养》，实与读经问题深度相关），没有时间做这件事。最近《读经杂志》控告我和其他一些"读经异议学者"（郭齐勇、陈明等学者也都批评过"只读不讲、大量死背"的"读经方法"）"犯了反人类罪""该杀"，"国学新知"又邀我讲读经问题，所以不得不停下手头的研究工作，写这封信，帮助自己澄清一下思路，与各位读经同学一起思考下读经的意义和方法。

首先，我想说，脱离体制学校，你们这些读经少年是幸运的，也是不幸的。幸运，因为你们较早接触了大量经典；不幸，因为恰恰是在所谓的"读经学堂"，经典被教条化和意识形态化。好在早期的"读经学堂"还没有走向极端的"纯读经"，使你们还有比较自在的生命空间，可以活动、探索、阅读、感受、思考。

牟宗三先生在《五十自述》的第一章"在混沌中长成"中，曾深情地回忆那样的生命空间。春天的扫墓，在沙滩上翻筋斗，"不知不觉睡着了，复返于寂静的混沌"，自己动手做秋千；夏天"东钻西跑、挖土坑、攀树木、穿墙角、捉迷藏"；秋天帮大人收庄稼，"扛、抬、挑、负我都得作"，"感觉劳动收获是一种趣味，作起来很愉快"；冬天"溜冰、踢毽、拍球、打瓦，一切泼皮的玩意我都来"，晚上听骡马夜归的杂沓之声，感受"生命的苍茫和安息"。年底看戏，领悟"原始的人情、永恒的人情"和"生命的风姿、人格的风采"，"这是最直接的人格，最直接的生命"（牟宗三《五十自述》第一章"在混沌中长成"是极优美深情的文字）。

这些就是牟宗三先生十五岁以前的教育，生命的教育、生活的教育。用他自己的话说，只有那段时间的生活才是生活，此后都是"生命的耗费"。通观《五十自述》，我们可以看到，牟宗三在每个学术阶段都会不停地回到儿时的生活经验，因为那段经验是他生命的原点，构成了他毕生学问的真正基础、生命的基础。从这个基础出发，不断回到原点，牟宗三的学问才是生命的学问。

牟宗三儿时也上过私塾，但他恰恰不喜欢那一套："我对于穿长衫的秀才们，三家村的学究们，并不见得有好感。儿时我即感觉到他们有点别扭。九岁入学，读的是私塾。在那两三年间我虽然也好好读书，也怕先生，但我对于这些先生、秀才们，总觉着异样，不自在、不自然。"我想，那时的私塾幸亏还比较乡土自然，半天读经，半天玩泥巴，小牟宗三还算能读下去。如果那时的私塾也像今天这样高压紧张，功利性太强（求道之难在于，一不小心也可能功利化、工具化，后面还会谈到），每天十小时纯读经，十年"包本"背诵三十万字，我想牟先生可能早就逃学了，今天也就少了一位新儒家大学者。

其实，真正的传统私塾正是牟宗三小时候上过的那种，而不是现在的读经倡导者根据那些刻意抹黑传统的"五四文学"和"新文化电影"里的"专制私塾形象""复原"出来的样子（他们与"新文化"的区别只在于："新文化"反对的，我们就赞成）。阳明先生在《训蒙大义示教读刘伯颂等》文中所写的"古人立教之意"何其相似于牟宗三《五十自述》中所写儿时生活经验，而其所批判的"记诵词章之习"和"鞭挞绳缚"，又多么像今天的所谓"纯读经私塾"：

> 古之教者，教以人伦。后世记诵词章之习起，而先王之教亡（今日"纯读"之弊正在此）。今教童子，惟当以孝弟忠信礼义廉耻为专务。其载培涵养之方，则宜诱之歌诗以发其志意，导之习礼以肃其威仪，讽之读书以开其知觉。今人往往以歌诗习礼为不切时务，此皆末俗庸鄙之见，乌足以知古人立教之意哉！大抵童子之情，乐嬉游而惮拘检，如草木之始萌芽，舒畅之则条达，摧挠之则衰痿。今教童子，必使其趋向鼓舞，中心喜悦，则其进自不能已。譬之时雨春风，沾被卉木，莫不萌动发越，自然日长月化；若冰霜剥落，则生意萧索，日就枯槁矣。故凡诱之歌诗者，非但发其志意而已，亦以泄其跳号呼啸

于泳歌，宣其幽抑结滞于音节也；导之习礼者，非但肃其威仪而已，亦所以周旋揖让而动荡其血脉，拜起屈伸而固束其筋骸也；讽之读书者，非但开其知觉而已，亦所以沈潜反复而存其心，抑扬讽诵以宣其志也。凡此皆所以顺导其志意；调理其性情，潜消其鄙吝，默化其粗顽，日使之渐于礼义而不苦其难，入于中和而不知其故。是盖先王立教之微意也。若近世之训蒙稚者，日惟督以句读课仿，责其检束，而不知导之以礼，求其聪明，而不知养之以善；鞭挞绳缚，若持拘囚（今日"纯读"私塾荼毒儿童身心健康，往往有过之而无不及）。彼视学舍如囹狱而不肯入，视师长如寇仇而不欲见，窥避掩覆以遂其嬉游，设诈饰诡以肆其顽鄙，偷薄庸劣，日趋下流。是盖驱之于恶而求其为善也，何可得乎？凡吾所以教，其意实在于此。恐时俗不察，视以为迂，且吾亦将去，故特叮咛以告。尔诸教读，其务体吾意，永以为训；毋辄因时俗之言，改废其绳墨，庶成蒙以养正之功矣。念之念之！

联系我自己的经历，我没有牟先生那么幸运，因为我的童年在"文革"后期和改革早期。"文革"时期，我的家庭备受歧视，小朋友们也欺负我。等到改革的时候，父母到处做豆腐糊口，我也随家辗转播迁。不过，我童年时的乡村虽已不如牟先生的栖霞那么淳朴美好，但天上的白云和山间的野草却同样是儿时最好的伙伴。

我也没有你们那么幸运，可以那么早就接触到经典书籍。我从小没有什么书看，经典没有，闲书也没有。我只有一本字帖，每天用毛笔蘸水在地上写。大概七八岁时的一天傍晚，我在阁楼上看字帖（一家六口人挤在十平方米的小房里，我和哥哥们只能爬到低矮的阁楼上睡觉），忽然感觉字帖上的每个字都那么好，不多一点，不少一点，正到好处。那一刻，仿佛每个字都从纸上跳出来，向我微笑招手，告诉我什么叫作"好"。我激动不已，摸黑爬下梯子（会翻的那种，我小时候经常梦见从梯子上翻下来），跑到豆腐坊找爸爸妈妈（做豆腐要起早贪黑），急于分享我的伟大发现。然而，等到他们想听我说，我却什么也说不出来，只能看着豆浆的蒸汽在空中弥漫，舒卷，忽而成像，忽而消散。我后来读到里尔克的一句诗，大概可以描述当时的懵懂感受："我们只是路过万物，像一阵风吹过。万物对我们缄默，仿佛有一种默契……"（拙文《未名书简》曾引用此句。另参拙著《心术与笔法：虞世南笔髓论注及书画讲稿》，燕凯序。）

自发的感受力和学习的兴趣，是儿童教育中最宝贵的东西，因为这个东西正是人心与自然万物相契、我与他人相与的可能性基点。《论语》开篇为什么"学"字当头？为什么在"学而时习之，不亦说乎"之后，立刻接以"有朋自远方来，不亦乐乎"？正是因为这一点。

僵硬死板的"分析讲解""中心思想、段落大意"自然是最有效的阅读兴趣杀手，但一味不允许理解的死记硬背恐怕更能迅速扼杀孩子的自发感受力。牟宗三先生说得好，真正的"理解"并不是"外延性的解析"，而是带有生命感受的契入。为了培养这种深度的契入，生命感受、知性解析、精神理性三个层面必须相须为用、相与涵养，相机教学，因为，它们的源头本是一个东西，只是在不同的时候有不同的发用和表现。正如拙文《当代社会的儒学教育》曾讲过的那样，片面的"理性启蒙主义"诚然有害整全心性的养成，但是，刻意排斥理性的蒙昧主义读经方法恐怕也只能养成封闭麻木的心灵。诚然，儿童有较多感性，教育应以感性培养为主，不宜过多理性讲解。然而，在"纯读经"的理论和实践中，只有简单粗暴的背背背，完全没有感性培养的位置（感性的教育被粗暴地斥责为"西化教育"），所有期待都被付诸"右脑（伪）科学"的"深度开发奇迹"（他们所谓"越是有口无心的背诵，越能深度开发右脑"，不知左右脑也是相须为用、相与涵养的。截然划分左右的脑根本就不是人脑，而是电脑；截然划分背诵和理解的读经根本就不是读经，而是流水线装配；截然划分十三岁之前和之后的人生根本就不是人生，而是"民族文化复兴计划的试验品"）。

牟宗三先生也常常把个人生命和民族文化的生命相提并论。然而，无论个人，还是民族文化，在牟先生那里首先都是一个生命体。生命是需要从容涵养的，容不得病急乱投医的仓皇失据，即使其出发点是为了救助这个生命。在近现代中国的危局中，各派思潮几乎都处在病急乱投医的仓皇失据中，只有熊十力、梁漱溟、马一浮、钱穆、牟宗三、唐君毅、徐复观等新儒家师友们站稳脚跟，从容论学，发挥经义，从文化生命的深层根源出发，思考时代的问题和未来的命运。以他们为参照系，今天的人们可以非常清楚地看到，各种"病急乱投医"的仓皇虽然出发点是好的，都是为了救中国，但最终却只能导致越来越急迫、越来越激进、越来越极端的生命形态。这种形态虽然跟上了"更快更高更强"的现代性节拍，但终究是不可持久的，只能与全球现代性一起走向灭亡。如今，当代中国主动回归了文化生命的自觉，想要重建和倡导一种更加健康的人类生活方式，这种生活方式在中国圣人的经典中昭示了几千年，也在中国人的历史中探索了几千年。在这个时候，重建从容涵泳的学术生活成为学者的时代任务。然而，正是在这样的关键时刻，我们看到了什么呢？我们看到"体制内学者"汲汲于课题和职称，毫无担当；"民间学者"仍然在"病急乱投医"，胡乱担当。今日教育的困境，无论"体制教育"的困境还是"读经教育"的困境，皆源于此。

我非常能理解"纯读经"倡导者的毅然决然、义无反顾，我也非常能理解为什么会有很多读经家长宁愿离婚（夫妻双方在孩子读经问题上产生剧烈冲突，这种情况非常多见）、变卖家产，也要让孩子脱离体制学校，全日制读经。在"儒家网"的群里，我看到有人转发了一位读经家长的话：

> 经是要读的，但经也是要活出来的。只提倡大量读经也是大人的功利心作怪，我们错把自己读经的感受当成孩子的感受了。我们忘记了自己也曾经是个孩子，也有童年。我们以为自己的一些陋习是因为没有读经所致，所以我们悔恨自己那个曾经没有读经的童年。我们信誓旦旦要改变，却找不着北，以为大量读经、只读经就可以改变这一切。

是啊，在时代的急迫中（以前的急迫是救中国，现在的急迫是新中国，"新"用作动词），我们忘了人是有生命的，文化是有生命的。我们这几代人没文化，文化断了，亟须补课。然而，文化是生命的修养，"恶补"不来，只能"涵养"，徐徐得来；只能自己养，服务外包得不来，灌输孩子得不来。无论个人生命还是文化生命都是"活出来的"，不是工具性地"读出来的"，更不是高强度的十年全日制"纯读经"背出来的。

时代的急迫驱使人"物化""工具化"，因为只有工具化和物化才能达到最高效率。无论在过去"救中国"的时候，还是在今天"新中国"的时候，这都是可以理解的。然而，无论时代多么急迫，牟宗三和他的新儒家师友们的从容笃定却承自孔孟程朱，以至于未来，永远是士人济世的典范。在"救中国"的革命事业中，他反对"病急乱投医"的极端激进，在"新中国"的文教事业中，他也同样会反对极端激进的"纯读经""老实大量只读经"。革命者和读经者的决绝心态和孤往之勇是令人感佩的，但也是令人惋惜和担忧的。拙文《当代社会的儒学教育》发出后，有位朋友批评我"本是同根生，相煎何太急"，何不成人之美，乐观其成？而上海儒学会的李耐儒秘书长帮我回答这位先生说："成人之美易，不成人之恶难。"真是深明大义者。

黄雨林同学在尝到解经乐趣之后，曾后悔早年没有"纯读""包本"更多经典；而牟宗三先生却在回首私塾读书经历时说："读书固然重要，但我当时似乎总感到有在读书以外超越了读书涵盖了读书的气氛。读书不是唯一凸显的生活，这意识一直维持到现在。"（《五十自述》第一章）雨林的后悔自然是向道之心的热忱，但也未尝没有功利心的夹缠。如果不是为了刻意捍卫那种连他自己也没有试过的"三岁至十三岁十年纯读理论"（雨林读经时已是十六岁中学生），这种功利主义的推导（如果"非纯读"都这么好，"纯读"岂不更好？）是不可能蒙蔽向道之心的。精神的生命没有一段是白过的，即使这一段是"弯路"。

牟宗三先生就走了"弯路"，而且执着地要走"弯路"，必须走"弯路"。生命的道路曲折通幽，峰回路转，风光无限。反之，欲速则不达。这特别是文教的道理、学习的道理。为什么《论语》开篇在学而时习之悦、有朋远来之乐后面接以"人不知而不愠"，恐也在此"曲"的道理。在《五十自述》第一章"混沌的长成"末尾，牟宗三写道：

> 学是在曲中发展，不断地学即不断地曲。在不断的曲与"曲之曲"中来使一个人的生命远离其自己而复回归于其自己，从其"非存在的"消融而为"存在的"，以完成其自己。

这是（图见下页——编者注）我送给朋友何乏笔先生的两幅画："曲通文质图"（同济三好坞松树写生）和"曲通三统图"（仿吴镇墨竹）。近年常与乏笔先生讨论通三统和文质史观，乏笔从牟宗三得到启发，以为文

质、三统皆须"曲通"，故为画此。（参《从兰亭到兰溪》及《法兰克福通三统工作坊发言》）

所以，虽然怀着无比的眷恋，少年牟宗三还是离开了他的山村，去到外面的世界读书；虽然怀着对中国文化的深情，他还是勤奋学习罗素和怀特海的《数学原理》、康德和黑格尔的哲学、基督教和佛教的经典。那个混沌的、原初的、直接的生命并没有消失，但必须经过间接的、曲折的路程，才能重新找回（参拙文《春天的心志》对"与点之意"的分析）。对于原初直接性的缅怀是可贵的，但如果被作为粗暴的极端的教条，也是可悯的，乃至可怖的。学院知识人的"博学"诚然是"弯弯肠子太多的"庸俗浅薄，然而，求道的热望如果过于直接，以死士之心和孤往之勇来强推，却也足以灼伤自己和他人，带来灾难。

最后，我想顺便给读经孩子的父母们写几句话：除了生命的自省、自修，没有什么东西能改变自己和孩子的生命形态、生活样式。即使"读经的声音"也没有这个魔力。无论"读经机"的声音，还是您的孩子"有口无心"的琅琅书声（"有口无心"在"读经界"不是贬义词，而是他们追求的"最高读经境界"），都没有这个魔力。《大学》云，"自天子以至于庶人，壹是皆以修身为本"。"纯读"提倡者宣导的"声闻大法"不是儒学，牟宗三没有修过这大法，孔子也没有修过。

《易》云："复，其见天地之心乎。"读经没有捷径，善复者近之。"复"是"生命远离其自己而复回归于其自己"。多年读经乱象，可能也是"必要的弯路"，但现在应该已经到了回归生命学问的时候。让我们一起努力！

"道里书院"微信公众号2016年8月6日

读经少年：背了十年书，识字却成了问题

/罗婷　汪婷婷　付子洋

　　自20世纪90年代以来，台湾学者王财贵在大陆宣讲并建立起一套名为"老实大量读经"的"理论体系"，自言以培养圣贤为目的，以全日制读经为手段。彼时，正是国学热兴起，"读经运动"在中国勃兴之时，王财贵的理论获得大量信众支持。十年前，读经热进入高潮，全国近百家读经学堂如雨后春笋般建立，大批少年离开体制教育，进入读经学堂求学。如今，最早的一批读经孩子已经成人，他们也成了这场体制外"教育"的实验品。

　　那么，近十年的"读经教育"成效如何？最早的这批读经孩子又有什么样的心路历程？新京报记者关注读经现象，勾勒出一条以王财贵为主导的读经教育产业链条。

　　很少有人的求学经历，比济南少年郑惟生更曲折。

　　小学四年级时他离开体制教育，此后九年，辗转八省，先后在十个读经学堂求学。郑惟生回忆，那是一种接近清修的生活，居于深山，无电无网，与经书为伴，每天背诵十小时。

　　郑惟生退学的2008年，正是"读经运动"在中国勃兴之时。这种新的教育模式，宣称能帮孩子找到安身立命的精神家园，让他们与孔孟产生心灵呼应，造就大才，甚至圣贤。

这与家长们逃离体制教育、追捧传统文化的热忱不谋而合，此后在全国建起的上千所读经学堂里，都是摇头晃脑背着经典的学生。

如今，较早的一批读经孩子已经成人。十九岁的郑惟生在背完二十多万字的经书后意识到，自己为之努力的一切都已付之东流；二十岁的江苏姑娘李淑敏在大学旁听时，被突然的震撼所包裹，平生第一次感受到了文学的美。

从狂热、受挫、困惑到反思，他们推翻了自己曾真诚信仰，并奉献了全部生活的东西。

正如读经界一位人士总结：现在回过头去看，对孩子来说，这真是一场残酷的实验。

"你儿子是大才啊！"

郑惟生的书架与同龄人不同，没有科幻小说，没有日本漫画，除了儒家经典，就是佛经。

《沙弥律仪要略增注》《大佛顶首楞严经》……

过去九年，郑惟生曾整本背诵过这些经书。但如今，他已不愿哪怕再翻开一下。

这个炎夏，他正在备战英文自考。十九岁了，最基础的小学英文都不甚了解，一切都得从头再来，很是吃力。

8月12日，在济南家中，说起儿子读经这九年，郑惟生的母亲李璇感到迷茫，为什么这条开局充满希望的读经之路，最终偏离了正轨？

2008年，郑惟生在山东师大附小上四年级，他从小爱看书，但作文成绩老是上不去。在李璇眼里，儿子上学是在受罪，而受罪的根源是学校教育出了问题。

一天，学校发了一张光盘，是台湾学者王财贵的演讲。王财贵，台中教育大学教授，1994年在台湾发起"儿童诵读经典"的教育运动，随后来到大陆宣讲。历经二十年，他一手缔造了"老实大量读经"思想体系。而这个体系被大量拥趸所追捧。

演讲中，王财贵描述了李璇一直梦寐以求的愿景——教育是不费吹灰之力的，只要通过简单的读经，就能将孩子塑造成大才，甚至圣贤。

她被这种理念感召，送孩子去上读经学校的作文培训班。第一篇作文郑惟生写的是孔子，六百多字，读经班的老师感叹：你这儿子是大才啊！千万不要在学校里耽搁了。

李璇雷厉风行的性格在这点上体现无疑——立即给儿子办了退学手续，送到了北京一家读经学堂。此举遭到郑惟生父亲的强烈反对，但最终没有拗过李璇。

学堂的日常是背书、学书法、武术，不用每天都做作业了，郑惟生并不抵触，还觉得"好玩""新鲜"。

和李璇一样，更多的家长并未读过经典，他们有个朴素的想法：学堂里"不仅教知识，也教做人"。

2008年，江苏常州，读经学堂"吉祥之家"成了李淑敏母亲心中拯救叛逆女儿的救命稻草。

不只是李淑敏，这个学堂里招的二十多个孩子，大多是因为不听话被送过去的。说是读经学堂，其实这更像所谓的"问题少年救助所"。

在这里，李淑敏被要求每天清理卫生间。老师的要求是，台面上不可以有一滴水，马桶不允许用刷子洗，而要把手伸进去擦。墩地也不可以用拖把，必须跪在地上，一寸一寸，用手擦得干干净净。

在"吉祥之家"的封闭式管理中度过两年后，母亲对李淑敏的评价是：嗯，乖多了。

最好的读经老师不是人，而是复读机

对郑惟生来说，读经生涯的正式开端，是2009年，母亲嫌北京的学堂太宽松，把他送进河北承德山中的新学堂。

那正是国学热最盛的时候，这年《百家讲坛》蝉联"中国最具网络影响力的十大央视栏目"冠军。数量巨大的人群支持传统文化、学习儒家经典。遥远的南方，深圳凤凰山上开起了上百家读经学堂。

但郑惟生觉得，日子变得难熬起来。

新学堂在深山之中，满山的草木长得疯野。出山没公路，得坐农用拖拉机。

十多个学生，每人一间十平方米的毛坯房，糊了粗糙的水泥，没有自来水，没有厕所，没有暖气，也没有电子产品。学生们各占一座山头，不许互相来往。四下也没有村落，傍晚时山黑云暗，一两盏灯。十二岁的孩子，这样的生活体验，不免有凄清之感。

漫长的冬日，四点半就要起床读经。寒风瑟瑟，小屋子里，只能听见自己背书的声音、窗外粗野的风声，火炕下柴火烧裂时的声音。

山上没得吃，他们就整月地吃南瓜。没有澡堂，整个冬天也就没洗澡。有一年春节，他甚至不被允许回家。

郑惟生说，他觉得最难克服的并不是生活的艰苦，而是求学的困惑。这里说是读经学堂，实际上是佛家的道场，堂主信仰佛教"净土宗"，宗教化极强。

郑惟生背诵的经典，虽然也包括"四书""五经"的一部分，但更多的是净土宗的佛经。老师要求学生要"销落妄想"，以"禅定"的状态来背经。

佛经中的《普贤菩萨行愿品·别行疏抄》，全书十四万字。郑惟生背了整整一年。

背诵，不认字、不释义地背诵，就是这所学堂课程的全部。郑惟生认为，没有老师讲解，学生不理解文章意思，背诵是没有意义的。老师的观点则针锋相对，反对学生在成熟之前大量读书，"知道的知识越多，你的障碍越重"。

在一本经典背诵教材的序言中，编者明言：最好的读经老师不是人，而是复读机，或者会按下复读机开关按钮的人。

但老师之间也会意见不合。学堂里的老师，有些是体制内的小学教师，有些是佛教徒。郑惟生记得，一位老师要求学生学《弟子规》，全天劳作，一天擦桌子二百遍；另一位老师则笃信佛法，要求全天背经。两人争起来，吵得不可开交。

学堂里有大量藏书，但大部分都被明令禁止阅读。如《史记》《曾国藩家书》等都是禁书，理由就是老师反复强调这些书"增长所知障"，禁止读书是为了"培养清净心"。

刚开始，郑惟生被允许拥有一本《古代汉语词典》。他发现词典的词条释义中会引用古文例句，还能在背经典的间歇偷看零碎文句，但最后，老师发现他在偷偷理解词句的意思，词典也被没收了。

入学一年后，他被允许独立学习，便开始了一项冒险计划：每天午夜十一点，等老师入睡后，溜进另一座藏书山头的"往生堂"，打着手电筒读书。

他此后回忆："在往生堂的手电光照中，我发现了另一个国学经典的世界，这个世界是活灵活现、熠熠生辉的。"他觉得那些被幽闭的精魂，才是斯文所系的命脉，而私塾的"读经教育"，则很可能是背道而驰的东西。

2012年，长长的书单也到了背完的时候。学堂生活的宗教化规定也变得更琐碎严格。比如要进行宗教仪式的早课，念佛、绕佛、拜佛；上厕所要先拍手三声，并念专门的咒语，提醒厕所里以排泄物为食的恶鬼；再比如不小心踩死昆虫，需要进行一整套的宗教仪式，给它超度。

摆在郑惟生面前只有两条路，要么成为职业化的佛家居士，要么离开。他选择了后者，去了密云山中另外一个学堂继续读经。

这个学堂更加偏远。孤独的大山中，加上他在内，总共只有三个人七条狗。发电靠太阳能，雨天和大雪，还会断电。

这时，郑惟生已经长成十五岁的少年。没有老师讲经，他独自背了一千七百多遍《弟子规》。

面目模糊的"最高学府"

浙江、福建两省交界处的温州市竹里乡，"文礼书院"就藏在一片山谷中，山涧深邃，翡翠色的河流，两岸是稠绿的树林。

在读经界，文礼书院是公认的最高学府，相当于体制教育里的清华、北大。如果把读经比作一个流派，那书院创始人王财贵，就是"读经派"的教主。他提倡"老实大量读经"已经多年。

文礼书院于2012年9月28日成立，每年招生两次，现在有学生三十三人，由王财贵亲自授课。

文礼书院入学条件极为严苛，学生们要通过"包本"，也就是对着录像机，一字不漏地背下《论语》《孟子》《佛经选》《莎翁十四行诗》等三十万字经典，才有入校资格。

文礼书院老师裴志广介绍，保守估计，全国至少有五十家五十位学生以上的读经学堂，宗旨就是帮助学生包本进入文礼书院。比如广州的明德堂，北京的千人行书院。

"这么算下来，已经有两千五百个孩子在等待进入这个书院了。"

按照文礼书院的规划，十年读经，十年解经，第二个十年的最后三至五年学习牟宗三全集。牟宗三，是现代新儒家的重要代表人物之一，王财贵的老师。

看到这个培养计划，郑惟生觉得，读经之路可能会使自己的人生越走越窄，最后竟然要限制到一个学派里的一个人。"教育不应该是这样的，怎么会所有人都要往这一个方向呢？"

中山大学教授贺希荣也认为，所谓三十万字的"包本"读经，纯粹是个噱头，是交代给那些试图从反体制的读经教育中培养出圣贤的家长们的安慰剂。

尽管外界对这些学生前途的质疑汹涌而来，书院老师裴志广却胸有成竹：我们这些学生将来可不是做老师啊，要治国平天下的！

按他的想法，文礼书院教出的学生，要么是像孔孟一样的思想家；要么是有思想的企业家；要么是有格局的政治家，为天下苍生谋福祉。

但实际上，书院里不教真正的政治和商业知识。裴志广告诉记者，书院里教的是"道"，"天不变地不变道不变，你把道掌握了，做什么都没问题"。

郑惟生也曾去见过王财贵，问到前途何在，王财贵回答，如果还考虑前途问题，那你就不要读书了。

记者探访时，正赶上书院放暑假。8月15日，新京报记者在文礼书院里读到一些孩子的随笔，一个女孩写道："我体会不到生命的实感，我所接触的只是义理，根本没有去实践。"

导师王财贵在下面的批注则多是，"要静下心来""只有一路，志道乐学，再无他途"。

一位台湾学生的家长告诉新京报记者，已经有几位学生以生病为由，暂停了学业。"这些学生都跟王财贵有渊源，所以没有明确退学，都是请病假。"

书院老师裴志广承认，如今已经入学的三十三位学生，有将近半数的孩子家中都开了读经学堂。而在其他家长们看来，这些学生成为父母招生的"金字招牌"。

回到体制教育

郑惟生最初的理想也是考取文礼书院。辗转多家学堂，准备"包本"背完三十万字。

背了二十万字后，他意识到，一切努力不过是徒劳。"我不是怕困难和枯燥，是怀疑这么做没有意义"。

在海南一家学堂，他把书一扔，干脆跟着渔民出海去打鱼。

不仅是郑惟生，从读经学堂出来之后，很多学生都不愿意碰书了，他们忘掉失败感的方式，是迷恋电子产品，一个学生有一个诺基亚手机，俄罗斯方块他玩了一个冬天。手机没电了，就充着电玩。也有人看韩剧，一看就是一整天。

2015年，郑惟生终于下定决心，准备自考。自考、艺考，回到体制教育，这也是大多数读经孩子最后选择的路。

同年，近十位读经孩子的家长陆续找到同济大学人文学院的教授柯小刚。柯小刚穿布衫，蓄长须，一副夫子模样。他长期观察民间读经运动，常发表建设性意见。他自己也开办书院，在业余时间教授国学。

找过来的家长们，家庭情况大多相似：经济宽裕，母亲是佛教徒，坚持让孩子读经，有人多年陪读，还有夫妻在是否送孩子读经的问题上产生分歧，就此离婚。

母亲们对孩子的未来有美好想象，希望他们脱离体制内的题海战术，成为知书达理、通晓古今、能诗能文的君子，也为自己的家族企业培养出一个儒商。或许孩子还能成为一个伟大的人物。

希望破灭后，她们既焦虑又烦躁，悔的是耽误了孩子的青春，不仅没有成为君子、大才、圣贤，而且连书都不爱读了。

家长们认为，柯小刚或许可以为他们出谋划策，提点一下孩子们的未来。

柯小刚对他们的主要建议就是自考。这两年，有近十位读经学生跟着柯小刚学习，一边在同济大学旁听，一边准备自考。

柯小刚发现，这群学生的功底太差，识字量不行、错字连篇、英语更是处在小学入门水平。一篇八百字的作文他们写得吃力，他也改得吃力，要从标点符号改起。

不仅如此，学生们都处于一种相当不安的状态，没有学习兴趣，没有自觉能力。他们性情很乱，既自我边缘化，又掺杂着傲娇和自卑。

英语底子差，柯小刚就建了一个英语学习小组，让他们每周聚在一起学习。学了两次，学生之间就有了矛盾，几个孩子天天找到他投诉，讲别的孩子怎么不好。

有三四个不能适应的孩子，干脆放弃了自考，又回到学堂里去了。

柯小刚显得很沮丧，他曾对读经教育抱有希望，希望能培养一些真正的能读经、为往圣继绝学的贤者和君子，但在这些孩子身上，他看不出这样的志向。

从狂热支持者到坚定反对者

记者在采访中发现，最早的一批曾被"圣贤教育"吸引的家长们，如今已从狂热支持者变成坚定的反对者。

数十个微信群里，他们每天都在讨论，如何以消防安全、办学资质、非法集资等理由向政府举报，让文礼书院关门。

而少年们心里，这种变化则更为微妙。

他们对十年读经教育的反叛，是余生再也不愿接触和国学有关的任何东西。

柯小刚发现，这些自考的学生，曾相信体制教育是糟粕，而现在，他们会很羡慕体制内的教育。

在对各种专业的憧憬里，他们更倾向于离国学远一点的，比如设计、国际关系。

柯小刚曾建议一位学生，以健康的学习方法学完经典，开学堂教书。这位学生反应强烈，觉得像噩梦一样，马上拒绝了，"宁死我也不干"。

"读经给他们的负面影响实在是太大了，整整十年，没有理智的乐趣，没有感受力的乐趣，没有想象力的乐趣，只有长年累月的无意义。"柯小刚说。

在郑惟生这里，反思读经之路，那是血肉模糊的厮杀——他的青春就是在读经中度过的，与局外人的反思不同，他对读经的每一点怀疑，都是对他生命意义的怀疑，读经方法的所有失误，都是他生命的失误，他说，"我心如刀割"。

对读经教育的另一种反叛，在于学生们与家长的关系陷入紧张。

郑惟生读经九年，母亲陪读至少五年。到了读经末期，前路无着，母子俩都是一个头两个大，关系紧张，频繁爆发争吵。

2015年，他在内蒙古一所读经学堂耗了几个月，决定放弃包本。这决定是他独自做的，他不再愿意征求父母意见。

十七八岁时，李淑敏在家里待了两年。那段近似空白的日子里，她每天都在复盘自己读经的经历，开始有真正的思考和对自我认知的推翻。

说起去年去复旦大学旁听过的两节课，她脸色才变得松快，眉飞色舞起来。

历史系教授韩生讲魏晋史，无论是民族、部落还是农业、政治，都深入浅出，重在启发学生们的思考。台下的同学们，则思维自由，发言踊跃。

一个半小时的课，上了一个小时，老师就抱着水杯离开。剩下的时间让学生们"该玩儿玩儿去"。

还有一节是英裔女作家虹影的讲座，主题是"我的文学之路"。

虹影讲自己出生在重庆大院里，如何度过饥饿的童年，如何在艰难日子里写作。小小的教室坐满了人。

她觉得受到震撼："那是我第一次感受到文学的美，是这么多年我听过的，最浪漫、最感动的课程。"

李淑敏想起自己曾在读经学堂里摇头晃脑地背诵过"博学于文，约之以礼"。十年里，她并不理解这句话的意思，却在大学课堂里，真切地触摸到了。这意味有些讽刺。

（应采访对象要求，郑惟生、李璇为化名）

《新京报》2016年8月29日

后各报刊和门户网站转载时更名为《读经少年圣贤梦碎：反体制教育的残酷实验》

少年读经：启蒙还是愚昧？

/黄晓丹

"读经"在当代的流行与争论

最近十几年，"读经班"渐渐在国内各城市涌现。一些公立小学也将"读经"列为学校文化特色建设的重要项目。我们很容易在媒体上或者在教师和家长的口中听到对"读经"的以下说法："读经"是指读《三字经》《弟子规》，进而读《论语》；儿童"读经"只需背诵，不需讲解，成年之后自然会对早期背诵的内容产生领悟；"读经"可以帮助孩子提高智商、改善行为、培养品德和增进亲子关系。

在这一风潮之下，传统文化固然进入了更多人的视野，但一些令人不安的状况也在发生：一些收费高昂的"读经班"，事实上只教授《弟子规》一部书，且不加讲解；一些所谓"国学经典"在企业培训和家庭教育中被进行了狭隘地阐释，用于将下属和儿童变得听话；附着在"读经教育"上的暴利，使得一些机构宣称仅仅依靠"读经"就可以治疗自闭症和妇科病以及解决离婚、失业等诸多问题。

"读经班"的流行正在改变人们对于古代社会和传统文化的想象。在这样的想象中，"读经"被寄寓了拯救道德沦丧、提供商业智慧、重塑家庭伦理、增加民族自信等种种希望。

这些美好的目标是否能靠"读经"完成？学者龚鹏程在《读经有什么

253

用》的序中说："传统文化与现代文化的恩怨情仇，纠缠了一个世纪。碰到新世纪的读经现象，当然会再爆发。现在的争论，其实正呼应着历史上的读经之争。"回溯1935年那场声势浩大的"读经运动"大讨论，也许能帮助我们澄清一些事实和观念。

民国时期的"废经"和"恢复读经"

现代中国多次发生"读经运动"和"读经讨论"，其直接原因是清末开始的"废经"。19世纪末20世纪初，内忧外患导致了对中国政治、经济、军事、文化的全盘反思。当时知识界形成的共识是必须改革原先科举取士的选拔制度，并将现代自然科学和社会科学引入到教育体系中来。这一共识在民国元年得到了制度化，而中国的整个现代教育制度就是在这一基础上建立起来的。

1912年，民国初建伊始的元月十九日，第一任教育总长蔡元培在《普通教育暂行办法十四条》中规定："小学堂读经科一律废止。"同年五月，第二条法令颁布："废止师范、中小学读经科。"这标志着不再为中小学培养读经师资。同年七月，他在全国第一届教育会议上依据"西方宗教自由的原则"，提出"各级学校不应祭孔"的议案（未通过，但亦达成不作规定之决议），理由是社会虽然允许各种宗教的存在，但教育不应预先将某种宗教信仰或价值观灌输给儿童。

有一种观点将"废经"等同于"焚书坑儒"（蒋庆：《中华文化经典基础教育诵本·后记》2004年版；王财贵：《现代经教复兴的契机》2006年版）。这一观点虽远至一个世纪之后才被表述出来，但一直都有人暗示现代中国在政治、经济、军事、文化上的诸种危机与"废经"有着直接的关联，并试图恢复读经。而事实果真如此吗？

废止读经的内在逻辑，值得我们仔细品读。

20世纪早期的"废经"，与其说是西方经典对中国经典的全面驱除，不如说是中国经典在分殊后被编入现代知识体系。其中关于天地万物、社会治理、国家制度之类的科学性内容已经被现代学科体系所整合，连科举制度所考察的大部分知识内容都在其内。所以，从现实层面上来说，已经不需要靠"读经"来培养一般的劳动者、知识分子或者官僚。但问题在于，

"经典"的神圣性不在它可被割裂的部分，而在其整体。它一旦被分殊，就蜕化成可被更新扬弃的世俗学问，而非价值和意义不可置疑的来源。如果说在现代学科体系产生之前，"经"混杂了世俗知识和绝对理念，既可以用来处理现实问题，又可以用来支撑道德生命，那么在有了现代学科体系之后，"经"最终或者会消亡，或者会转变为纯粹的信仰。所以蔡元培把"经"等同于一种类似于宗教信仰的东西是非常有道理的。

蔡元培并未否认"经"的价值。他只是强调，"经"中宗教性价值的部分按宗教性的标准来处理，世俗知识的部分则需靠专业人士继续研究，以充实或反思现代知识体系。而儿童教育的任务是培养健全的现代人，这个目标完全可以在现代知识体系中更高效地实现，不需要直接依靠读经。但某个儿童完成教育之后，决定去做一个攻经为业的人，则可被认为是合法而有益于社会的选择。据此，将民国元年的"废经"等同于"焚书坑儒"，完全是偷梁换柱且耸人听闻的事。

1913年袁世凯复辟，在《宪法草案》中规定国民教育应以孔子之道为本，在1915年的《教育纲要》中恢复中小学读经，直至1916年复辟失败后，读经被撤销。1925年段祺瑞上台，再次提倡读经，鲁迅著《十四年的读经》大加嘲讽，直至1927年国民党以军事统一中国，读经不再实施。1934年，广东军阀陈济棠、湖南军阀何键再次提倡读经，胡适在香港作《我们还不配读经》的公开演讲，争论持续到了1937年，抗战爆发，读经议题遂被搁置。

1935年"读经"讨论的缘起和参与者

当广东、湖南两省读经正热时，胡适正好去香港大学领取法学名誉博士学位，顺便做了反对中小学读经的演讲。等胡适要取道广州回北平时，中山大学古直等几位教授因对其言论不满，要求广东政府严惩胡适，以起到杀一儆百的效果。当时争论的严峻程度由此可见一斑。在这样的局势下，商务印书馆的《教育杂志》向全国专家发信一百多封，征求关于读经问题的讨论，收到七十多封回复。《教育杂志》1935年第25卷第5期以《读经问题专号》的形式发表了这些观点。

杂志主编，著名历史学家何炳松在序里说："其实所谓读经，假使当作一种专门研究，让一班专家去下若干苦功夫，本不成问题。现在所以成为问题，就是因为有人主张中小学生都应该读经的这一点。本杂志既忝为全国教育专家的喉舌，对于这样一个重大问题，似乎不能不采用集思广益的方法，请求全国专家对于这个问题，分别发表一点高见，使得本杂志的数万读者能够得着一种很可贵的参考，来帮助他们去处理这个问题。"这一段话说清了讨论的缘起、争议焦点和讨论的影响面。考虑到《教育杂志》的影响力和讨论参与者的身份背景，"忝为全国教育专家的喉舌"一语并不算夸大其词。一百年来关于"中小学生是否应该读经"的讨论中，这是规模最大、水平最高的一次。

因为此次稿件的征集并非自由投稿，而是《教育杂志》发函征询，所以参与者皆为当时文化、政治界中业已知名的人士。参与这次讨论的人士有：唐文治、姚永朴、钱基博、蔡元培、陈立夫、陈鹤琴、高觉敷、周予同、陈望道、蒋复璁、吴研因、郑鹤声、柳亚子等人。这些人有的是当时的大学校长、院长或著名教授，有的则是中国某些现代学科的创始者，也有一些是政界要人。他们的意见在当时代表了最尖锐的学术观点，在今天更可视为我们现在所依然沿用的文化、教育体系的发生基础。

作为共识的讨论前提

相比于今天，八十年前这场讨论的优势在于，几乎所有的参与者都在1912年中小学取消读经之前度过了青少年期。一些人出自传统的书院教育，更多人则是跨越了旧式和新式两种教育形态，有很大比例的参与者有着留学背景。这种优势表现在三点：第一，他们对于"哪些书算是经"的概念清楚一致；第二，他们所讨论的是历史上确实实施过的主流的读经形式，而非其他旁门左道；第三，他们从自身的读经体验出发，比较能够就事论事，支持者未将读经神秘化，反对者也未将之妖魔化。1935年的这场讨论之所以能如此集中而有效，是因为有足够的共识作为讨论的前提。

可惜的是，我们今天关于"读经"的讨论已不容易建立在这样的共识之上。这不是因为研究的深入而导致的观点变化，而是因为对于研究对象的隔阂和疏远，导致大量的臆想羼入事实，争论双方所要读或不读的"经"，所要复或不复的"古"，说的都不是同一回事。因此，重温1935年

"读经讨论"的前提性共识，有助于我们澄清概念，搞清楚我们支持或反对的到底是什么。

（一）"经"的范畴是什么？

从七十多篇文章对"经"的概念的使用上看，"经"是指《诗》《书》《礼》《乐》《易》《春秋》及其相关书籍。包含三点含义：第一，"经"包括《诗》《书》《礼》《乐》《易》《春秋》这些作为中国学术总源头的典籍。它是儒家的源头，也是诸子的源头。第二，"经"也包括了儒家对《诗》《书》《礼》《乐》《易》《春秋》所做的传注和解释。这些传注和解释在历史上一直是富有争议并不断发展的。第三，既然"经"的流衍如此之广，在《诗》《书》《礼》《乐》《易》《春秋》之后的典籍中，哪些属于"经"，哪些不属于"经"，是受到国家认定、科举制度和学术评议三者共同决定，并在士人中形成共识的。与之相对应，1935年的这场讨论中，"读经"概念之运用，一不是指《道德经》《佛经》《圣经》等异教经典；二不包括《三字经》《弟子规》《女诫》等通俗读物；三不将某一典籍与其流衍进行割裂，要求单单如记诵符咒一样记诵某书，而全然不顾其传注和解释系统。

（二）"读经"的主体是谁？

何炳松在序中说："在这许多意见当中，我们或者可以归纳成下面几句概括的话：就是若把读经当作一种专家的研究，人人都可赞成；若是把读经当作中小学中必修的科目，那么大多数人都以为不必。"可见，对于专业人士的读经，双方都觉得合情合理。只有当"读经"的主体是中小学生时才有不同意见。

（三）"读经"的组织形式是什么？

第一，作为个体选择的自由读经，是人当然应该拥有的权利。第二，从读书育人的目标来说，自主选择下的读经是诸种可能的路径之一，但没有证据说明它一定好于其他路径。第三，从经学研究的目标来说，当然读的人越多越好，但社会并不需要这么多人研究经学。因此，"反对读经"者真正的意见，正如时任复旦大学教务长兼法学院院长的孙寒冰所说："不反对（自由）读经，反对读经运动。"

在这场讨论中，对诸如"经是什么""经该不该有人研究""某人就是热爱读经该不该干涉"等问题都是没有争议的，争论的重点是"中小学是否应该有必修课形式的读经"及"是否应该鼓励社会性的读经运动"。

1935年"读经"讨论的真正议题

1935年这场读经争论的真正议题是"是否应该鼓励社会性的读经运动，甚至以行政力量将它强制性地纳入中小学课程"？组织者也明确提出希望通过刊载这一讨论向教育部谏言。到底是鼓励还是反对，"读经"争议双方集中在三点上进行了辩论。

（一）通过读经能达到现代社会的教育目标 VS通过读经来达到现代社会的教育目标是低效的。

这是辩论的最低层面，即讨论"读经"能不能帮助学生个体成为社会需要的人才，或者说它是否对个人有益。

正方主要是从语文能力、道德培养和意志力锻炼三方面来维护读经，认为读经可以提升学生的写作水平，并帮助学生成为有道德有毅力的人。这一论证方式的好处在于它确实是可观察的，不仅可以在中小学生中找到这样的成功样本，而且很多著作者本人就是这样的成功样本。

反方则认为如果说读经只是工具，目的是培养语文能力、道德品质和意志力，那么一旦有更高效的手段出现，读经就可以被放弃。他们据此逻辑进行反驳，指出了白话教科书培养语文能力更有效；在情境中养成道德品质比灌输大道理更有效；认识古奥文字时使用的那种意志力无法挪用到其他生活领域中去（高觉敷，时任中山大学教育研究所心理学部主任）。他们并不否认有人通过读经成才了，读经能成才，但成才不必依赖读经，恰如树皮能饱人，但人不必以树皮为主食。

（二）社会危亡是废经的结果 VS废经是社会危亡的结果。

这是辩论的中间层面，即讨论"读经"是否能够挽回社会上业已存在的矛盾，或者说它是否对种族和民族的社会共同体有现实上的益处。

正方认为读经可以挽救社会危亡。如唐文治说，读经可以"固结民心、涵养民性、和平民气、启发民智"。古直、陈运乾、陈鼎忠、方孝岳等说："经也者，吾国立国之精魂，民族由此而尊、民权由此而崇。舍经而言教育，吾惟亡国是惧也。"这一论证方式回避了上一条论证中的弱点（对个体的教育目标而言，读经可能是有效而低效的），转而讨论它对社会民族的益处。在列强瓜分中国的背景之下，"保种保族"似乎比"个人发展"更迫切而不容置疑，故此条论据被使用更多。

反方认为清末废除科举，兴办新式学校的依据即是读经加剧了社会危亡。当王节说："经者，吾国先民数千年来精神所系者也，政教号令准于是，声明文物源于是，世风民情日用起居安于是，实为历代体国经野化民成俗者必循之道，必用之器，崇之则治，违之则衰且乱"时，反对者问到，如果读经可以挽救社会危亡，为什么清政府会失败？袁世凯会失败？段祺瑞会失败？为什么读经两千年的中国会被不读经的列强所侮辱？这些反驳者因为既经历过读经、又眼见过国破家亡，就不易被"崇之则治，违之则衰且乱"的神话所蒙蔽。

（三）以"读经"维护"文化本位" VS 以介绍和创造实现"文化复兴"。

这是辩论的最高层面，即讨论"读经"在文化认同中的作用及其是否可以被替代。此时，"读经"不再是达到个人或社会发展目标的手段，而成了目的本身。

正方将这个问题表述为"不读经，何以证明自己是中国人呢？"教育学家雷通群将这种失去文化认同的痛苦描述为"遗失国性，脱掉中心思想，像无主孤魂般奔放着"。他们将"经"视为知识的最终归依、道德的直接来源，因此，"经"作为"文化本位"的位置，当然无需用"有用无用"的争论来推翻。这种论证是直接击中个人体验的。在那个时代，参与讨论的大部分知识分子正体验着内在同一性的断裂，既不能回归为秉承圣训的儒者，又无法蜕变为现代知识分子，这种断裂被鲁迅称之为"历史的中间物"。

反对者同样属于"历史的中间物"，他们对这一问题的反驳分成了两支，一支认为文化本位确实是重要的事情，但它毕竟是一种价值观，要靠理解才能受到教益，所以可以交给专家学者去提取和论证然后加工成中小学生可以直接使用的文化产品，而无法靠中小学生直接读经来获得。另一支从中国文化自夏商周到明清的变迁实质及经从孔子到汉儒宋儒及清儒阐释的多样性上来看，认为很难说那个至纯至真的文化本位到底是什么，因此必须以动态的眼光看待。如叶青认为："复兴文化的正当办法不是读经，而是大量地和尽情地从事介绍和创造。在其间，自由是一个必需的条件。"反对方虽分两支，但其观点的相似之处在于，都设计了一个由专家学者来负责的中间环节，或者是进行提取，或者是重新创造，都需要取其精华去其糟粕，然后才可以给中小学生使用。这个环节正如中药中的"炮制"环节或西药中的"萃取"环节，无此环节而直接使用药物原料是可能中毒的。

关于"中小学应怎样读经"的建议和对"反刍式读经法"的批判

1935年这场讨论的正反方主要是以对"中小学是否应该有必修课形式的读经"的不同态度确定下来的，但在"经是否可讲、经是否可译、经是否可疑"的问题上，两方的答案都是肯定的。首先，是否应在中小学推行读经之所以成为问题，它的基本假设是"读经的效果取决于理解能力的发展水平"。"理解能力"不仅包括学生能否弄懂它，还包括能否质疑它和能否在现实中使用它。这一前提两方都承认。因此两方都同意：如果真的要读经书，需要由简到难、循序渐进地引入。

其次，另一个基本假设是"因为经是一种知识而非咒语，所以我们必须考虑知识与时代的切合度"。在中国，儒家经典之所以能在2000年之内作用于社会生活，是因为它经过了每个时代学者的翻译、阐释、讲解和质疑，阐释的过程就是将不可直接使用的学术资源转化为当下可用的学术资源的过程。同样，在1935年的这场讨论中，哪怕是最赞成"读经"的学者都认为"若夫经中之微言大义，荦荦大者，其昭示人类生活之原理原则，亘古今，通中外而无以易……古今悬隔，大而伦理政治等等，小而饮食起居交际等等，无一能同，即其所应于彼时代所产生之学说，亦罕能适用。"（广东都督府教育司副司长、中山大学教授杨寿昌）需要"于经之不可变革者继承之，于经之可变革者变革之"（桐城派传人、北京大学教授姚永朴）。

"经可讲、可译、可疑"是1935年新旧学人的共同看法，那他们为什么还会争论起来呢？因为"可讲、可译、可疑"是照着"通经"的标准去做的，而成为话题的"读经"既包括了作为"通经"之准备阶段的读经，也包括了"只读不讲"的"读经"。

反方中的绝大多数人并不反对以"通经"为目的的读经，但也并不认为人人皆需"通经"，所以他们设计了一个循序渐进、并加入了选择机制的教育方案：

一、小学生不应该直接读经。如果经书中有一些内容确实符合现代教育的需要，可以将之翻译为故事或剧本，演示给他们看。

二、中学生可以选读一些经书。依然是选择符合现代教育需要的内容，将易读的片段截取出来编入中学课本之中。

三、大学中文系学生应当认真研读经书。但所使用的方法是将之作为历史文献来读，而不是作为圣训来读。最好能在读者拥有了思辨的方法和世界的眼光之后再去读。

正方有的是照着"通经"去立论的，有的是照着"读经"本身去立论的，因此在"中小学应怎样读经"这一问题上的看法亦是一个复杂的谱系：

一类宣称虽万分支持在小学读经，但考据训诂实在太难，不如弃之，由老师讲解着读；

第二类认为我们最好先花几年时间教小朋友小学入门，再读经书；

第三类则认为可以只读不讲，等长大之后自会自然受益。

其中，第一类观点其实接近于反方中最温和的一派，第三类则不仅在支持方中为数最少，且被正反双方都视为是不可靠的"反刍式读经法"。

孔子从来没有让学生把自己不懂的经文背诵下来，以期成年后反刍。他追求的是教师懂，学生也懂。在1935年这场讨论中，大部分支持读经者最纠结的问题也是如何让学生懂。从经学史的角度来看，恰恰是"讲经""通经"而非"读经"，才是学术的正统。

我们今天如何看待1935年的读经问题讨论

1935年争论的很多方面未必形成定论，我们今天亦可继续。但这场讨论对"经"的概念的共识界定，与今天所谓的"读经班"所读经典可形成对照。何以我们今天的"经"竟变成以《弟子规》为主？耐人寻味。

"经"可讲，可阐发，在1935年时即是主流的意见。与1935年不同，随着经济发展和国际地位的提高，今日中国的文化自信也在迅速提升。相对于通过"读经"维护文化主体意识来说，通过介绍传统与经典，从中发掘出能为今用的价值以为创造的迫切性就更加突出。

1935年的读经讨论，所涵盖面之广，讨论各方既有中肯与克制的态度，又能各尽其说，令人印象深刻，是为讨论的榜样。

在今天重提1935年这场读经问题讨论绝非偶然。从社会文化的角度来说，我们这个时代依然承受着巨大的转变压力。不管是对经济发展的要求、对政治转型的期待还是对道德重建的渴望，都要求寻找某个可靠且能被大部分人接受的依据。"传统文化"及其核心"经"就在这样的背景下重新为人们所重视。其提倡者或者想恢复儒家的伦理文化作为弥合社会裂缝的手段，或者想借助对儒家思想的重新阐释来为政治现代化寻求合法性。反对者的担心则在于儒家中本身存在的道德本位、忠君尊上和家族中心是否会与现代法治、民主制度和商业伦理互相冲突。持论者无论在以上哪个光谱之中，大概都算得上鲁迅和胡适眼里"配得谈读经的人"。

但不同的是，当学界在为"读经"还是"不读经"争论不休时，已有机构借"读经"之名贩卖从未被经典化过的内容来牟取暴利，或作为控制员工或学生的手段。

2014年5月16日，《新京报》以《广西一号传销案背后的打传怪圈》为题报道了涉及十七个省、七千三百余人参与、资金总额达二十三亿的"广西一号传销大案"，即要求参与者每天早课齐声朗诵《弟子规》，以控制参与者的头脑，迫使他们呆板奉行《弟子规》的教诲，对上级的指示遵行不疑，以致在警方侦破前，无一人报案。

2014年6月15日，《法制晚报》报道了《女童国学班遭老师虐待，昌平"国学村"开查黑私塾》，揭露大量黑私塾以读经为名招揽学众，却无能力教授经书，而只能以棍棒对待学生的事实。

2014年9月4日，《南方周末》刊发《这更像是一个耗尽耐心的故事：十字路口的读经村》，以对深圳梧桐山读经村的观察提出了"自2004年开始，约有三千家私塾、学堂涌现全国，读经声响彻各地，民间教育实验盛况空前；人们将对体制教育的不满投射其中，又将对传统文化的热忱附着其上，最后形成的，既有一种宗教性的热忱，也有一种使命感，但十年后，他们收获了什么"的问题。

同年9月12日，《南方周末》名为《"女德班"：教现代女性守妇道》的报道描述了东莞"蒙正女德馆"以"国学"为名教导女性"打不还手，骂不还口，逆来顺受，绝不离婚"，"如果要做女强人，你就得切掉子宫、切掉乳房，放弃所有女性特点"。

我们看到，"读经"被寄寓了解决健康、家庭、经济、道德等多种问题的期待；而为之付出了巨大代价的人们并不知道，他们所依赖的是一套被曲解了的"伪经"以及从未成为过主流的"反刍"盲读法。

对此，我们不得不说，也许从1912年"废经"之始，教育就被赋予了太多的希望。这正如1935年的争论中获得的共识：教育是重要的问题，但并不是唯一的问题。经济上的不景气、国防上的压力、政府的臃肿，需要首先在其各自的领域中得到改变，而并不是靠教育就能解决的。

另外，对于这因为简单极端而极具蛊惑性同时也极具危险性的伪经盲读，我们也可以奉行1935年这些比我们更熟悉读经的学者们的方法：不管你提倡还是反对，都得建立在读正经经书，并且读懂了一部分的基础上才能发言。

《新京报·书评周刊》2016年8月31日

资本介入下的文化政治：
赵薇事件与邱少云案

文化问题不仅关涉政治,也难以避免资本力量的介入。2016年7月爆发的赵薇事件便提供了资本介入文化政治的经典案例。赵薇因在其执导的电影中启用"台独"演员戴立忍和"反华"日本演员水原希子并为之辩护的行为,引发了爱国网民的愤怒,导致部分网民对赵薇背后的资本力量进行爆料,由此也引发了受资本控制的各大网站的强制删帖,网民与资本之间的这场战斗最终牵扯到共青团中央和《紫光阁》微博的介入。

对于这一事件的来龙去脉,李师荀、王帝的《"赵薇事件",是什么让网民感到细思极恐?》第一时间进行了梳理,描述了事件背后各方力量的角逐,并指出赵薇事件最让人细思极恐处便是资本力量的不受限制。鲍子投的《赵薇事件:口水战里,没有你要的自由》以此事件为例批判当下的"明星"与"偶像"不考虑德性与理性的问题,仅仅通过调动情绪与欲望来吸引粉丝,然而,"当人们以为跳脱于某种民族国家的政治之外时,却落入了另一种世界主义的政治之中"。

2016年邱少云亲属状告网络大V"作业本"与加多宝侮辱英雄邱少云的案件宣判胜诉。加多宝在这一事件中的失败营销暴露了资本只追求利益的历史虚无主义面目。高炜的《捍卫邱少云——关于英雄邱少云的网络纷争》与郭松民的《评邱少云案胜诉中的一元赔偿金……》都对此事进行了总结与反思,指出在网络联接四通八达的时代,不能任由网络造谣任意传播,要做好维护英模形象的网络意识形态斗争,反击历史虚无主义。

"赵薇事件"，是什么让网民感到细思极恐？

/李师荀　王帝

最近，娱乐圈最引人争议的明星莫过于赵薇了，其原本只是导演了一个新电影《没有别的爱》，却因启用"疑似"台独的演员戴立忍以及"为辱华照片点赞"的日本女星水原希子，被网友质疑并遭到抵制。不久，"赵薇事件"开始升级，多家中央官方微博对此事发声，实属罕见。而随着网友们的不断深扒，各种"阴谋论"层出不穷，各方势力不断过招、互掐，把网络舆论场搅得"翻天覆地"。

7月15日，赵薇和《没有别的爱》剧组发表了道歉声明，并撤换了电影主演戴立忍。当日，戴立忍和水原希子也先后就此事在微博上发表了道歉长文或视频。至此，"赵薇事件"本该尘埃落定，但网友却未平息愤怒，因为，舆情热度的中心，早已不集中在一部电影身上。

一　传播热度

根据新浪微指数显示，本月"赵薇"的热议指数呈现不断攀升的趋势。7月6日为舆情上升的起点，7日达到第一个小高峰，11日、13日、15日不断再创新高，其中15日达到本次舆情的最高峰，热议指数（该关键词被提及的数值）为532434。

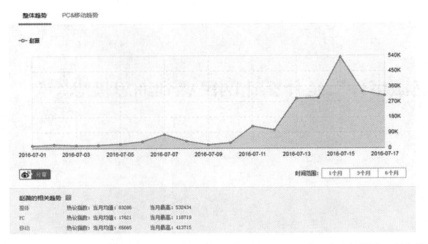

除此之外，微博上还有不少关于赵薇的热门话题，阅读量和讨论量都非常高，如下图所示：

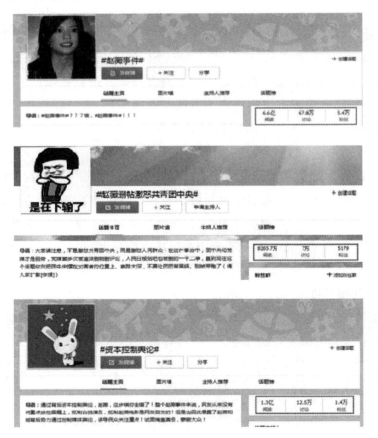

二 事件梳理

2016年4月25日，@赵薇 发微博公布其导演电影《没有别的爱》的主演名单，因主演戴立忍曾参与"台独"相关活动、主演水原希子曾为辱华照片点赞，该电影遭到网民普遍抵制。

6月27日，@赵薇 发表微博庆祝电影杀青，贴出与戴立忍的合影，引发网友更加强烈的质疑与抵制。

6月29日，@赵薇 发微博疑似回应网友批评是"为利益话题让世界更复杂与恶俗"。

6月30日，@戴立忍 发表声明否认支持"台独"。电影《没有别的爱》官方微博声称："关注到互联网上针对戴立忍老师的不实传闻"，并将"诉诸法律、维权到底"。

7月3日，著名导演管虎在新浪微博上发声支持戴立忍。

7月6日，@共青团中央 发表文章《 赵薇、戴立忍及电影〈没有别的爱〉遭网友普遍谴责抵制》一文，梳理网友质疑抵制戴立忍的前因后果。不久，该微博被删除，后又恢复。

7月7日，中共中央国家机关工作委员会《紫光阁》杂志实名认证的微博：@紫光阁 转发@共青团中央微博 称："怕你再被删帖。"

7月11日，国家文化安全与意识形态建设研究中心官方微博@思想火炬 转发《赵薇、戴立忍及电影〈没有别的爱〉遭网友普遍谴责抵制》一文，提出："应明令禁止反华、辱华的一切反动艺人入境并禁止其参演的一切作品在中国国内传播。"

7月14日，《中国国防报》发文评价"赵薇事件"：艺术无国界，但艺术家有国籍，有民族属性，需要尊重大众情感和道德基础，而爱国，永远是最基础的伦理道德。

7月15日，电影《没有别的爱》官方微博声明撤换男主演戴立忍，为用人失察道歉。@赵薇、@戴立忍、@水原希子 相继在发表道歉声明或视频。

三 舆论反响

纵观本次舆情，不仅有@共青团中央、@紫光阁、@思想火炬等官方微博参与其中，更有《中国国防报》的犀利点评，将"赵薇事件"一步步推向

高潮。"赵薇事件"发酵至今，网民的关注焦点已从最初"反对赵薇用台独、反华演员"，转移到"赵薇背后有资本操控舆论删帖"，牵扯到马云等互联网领军人物，涉及新浪、阿里巴巴等企业。各种"阴谋论"和"反阴谋论"层出不穷，不少网友纷纷表示"细思极恐"。

中青舆情分析师通过梳理，发现网友关注的焦点主要集中在以下几个方面：

1.戴立忍是否支持"台独"？水原希子是否为辱华照片点赞？

早在6月30日，戴立忍和电影《没有别的爱》官方微博就发表声明否认支持"台独"。但网友普遍持强烈的质疑态度，扒出其热衷参加政治活动，例如在2014年太阳花"反服贸"运动、2015年的"反课纲"运动、香港"占中"等一系列"反中"活动中，戴立忍都亲身参与或发声表示支持。此外，还有网友爆料，戴立忍曾经抹黑日本慰安妇是自愿的，而不是被迫的。他本人还是"台湾新型政党'时代力量'的成员，该组织致力于"台独"、去中国化、皇民化，他曾被推选进入不分区立委成员"。种种"证据"都将戴立忍往"台独"一方推，也难怪有网友表示，除非戴立忍说一句："我是中国人，台湾属于中国"，不然就不相信他。

直至7月15日，在《没有别的爱》官方微博发表声明要撤换男主演后，戴立忍才发表三千余字长微博称："我从来不是'台独'份子，也从未倡议'台独'"。但为时已晚，网友对其的态度仍未有明显改变。

@Kang_Sicheng：仔细看完了全文，给我感觉是全篇都在表示自己做那些事要么是之前都不清楚背景，要么是被人误带节奏。我觉得吧，一件两件是碰巧是误会可以理解，但所有事都是误解，这也不太合理吧……有一种诡辩的感觉。

7月15日晚，继戴立忍微博致歉后，水原希子也通过自己的官方微博，发布了一则道歉视频。视频中，她明确表示，此前网友曝出的"疑似参拜靖国神社照片中的那个女生不是我"， 而2013年她在国外社交网站上被质疑点赞的辱华图文，"是为了鼓励那位朋友多交朋友、多发文章、多互动，才引起的非常遗憾的误会。自己在不了解情况的基础上，给这位朋友点了赞，随后在一小时内便取消了赞"。对此，不少网友在微博评论下留言支持，称"你没有错，心疼"。

2. 赵薇及其团队，是否删除了@共青团中央的微博？

"共青团中央微博被删"一事，可以说是本次事件的舆论引爆点，也是网友愤怒的关键焦点。对此，赵薇方面并未做出过多回应。@微博管理员 发微博解释，因该文章内容中含

有敏感词汇故被系统自动屏蔽。后经申诉，核实之后恢复显示，不存在该文章被人工故意删除的情况。

此种解释获得了部分网友的谅解，但仍有不少网友并不买账，澄清微博下的热门评论如下：

3. 赵薇背后是否有庞大资本，控制舆论大量删帖？

一方面，赵薇事件在网络上被广泛热议，尤其是作为抵制主战场的新浪微博，相关微博的评论量和转发量都非常惊人。另一方面，网友却发现，不仅微博热搜榜里迟迟没有赵薇的名字，且国内各大门户新闻网站都很少报道此事。还有不少自媒体和网友爆料，自己发布、转发的与赵薇相关的信息被大量删除。

对此，新浪微博的工程师@来去之间解释道："热搜不是根据转评赞来决定上不上的，是根据搜索量上的，一条微博转发一个亿，也上不去热搜。"

不过，此解释并未消除网友心中的疑虑。网络疯传：赵薇以及她背后的资本力量，想利用媒体娱乐资源控制国内舆论。

@打铁的肖邦：共青团发的微博就被删了，天涯论坛这几天只要有赵薇就秒删。而且赵薇找反华艺人演戏的事情是真的，赵薇却矢口否认！明星控制舆论，除了赵薇找不出第二个这么厉害的。网友愤怒的不是赵薇说谎，而是一个艺人就可以这样恶意操控媒体、舆论，太可怕！想想赵薇背后的势力的确很恐怖！

@梦壹般凋零：赵薇不仅用"台独"，最关键问题是她操控媒体，删除评论，让全国媒体，除了官方，没一个敢发声，背后的资本太强大，平时你们看的新闻都是这些资本想让你们看到的、听到的，潜移默化给你们洗脑，配合水军，疯狂地攻击政府、医生、军人、警察、城管，等等，目的就是搞乱政府公信力！

4. 网民被扣"网络暴民"帽子，引强烈抗议。

如今，赵薇、电影《没有别的爱》官方微博、戴立忍、水原希子都发表了致歉声明，看似胜利的网民，却不知何时被扣上了"网络暴民"和"爱国贼"的帽子，由此引发不少网友的强烈抗议。

@崔紫剑同志：不是说网络暴力不存在，也不是说没有网络暴徒。通过各种各样的揭露，都表现出来了，包括收钱的大V、媒体、水军公司，等等，他们在搞网络暴力，在搞网络"文革"，一边给网友们扣帽子，一边收钱，一边搞网络暴力再栽赃网友们。如果说网络暴力和网络暴徒是谁，谁给赵薇洗地就是谁。上到某些权威媒体的下属平台，下到营销账号。个别营销账号明明知道洗地不对，却舍不得钱，于是乎洗得扭扭捏捏的，怕掉粉儿。要我说，你们也是太作了，网友们是消费者，不是傻子。谁把网友当傻子，谁自己就是傻子。

5. 追问马云、壹基金、万惠、共济会等事件真相。

"赵薇事件"后期，舆论开始分化议题，各种传闻不绝于耳，大有众口铄金的趋势出现。例如，网传赵薇与马云关系甚好，而马云的阿里巴巴不仅是新浪的大股东，更控制了庞大的传媒矩阵，是"资本控制舆论"的证据；赵薇多次捐款给李连杰运营的公益基金"壹基金"，而"壹基金"只有少量资金用于慈善事业；"你好万维网"创始人万惠因"说了赵薇的黑势力现象"，赵薇便利用各种手段打击万惠，并导致其夫吴乐水逝世，此后赵薇为了让吴乐水不能"投胎做人"，将一粉丝女儿取名"乐水"；有网友贴出赵薇、马云及外国政要比特定手势的照片，称该手势为"共济会"的手势；有网友贴出希拉里会见赵薇的照片，因此"赵薇向希拉里或者美国提供了非常重要的情报"，或者"赵薇给希拉里竞选账户捐献了非常多的钱"……此类传闻大多为网友猜测，事后多被证实只是以讹传讹，并无事实根据。但却依旧能混淆视听，煽动情绪，不少网友纷纷追问和深扒相关事件真相。

6. "赵薇事件"是"阴谋论"，猜测其被陷害抹黑。

虽然网络上充斥着对赵薇的批评和攻击，但仍有部分网友、自媒体人认为"赵薇事件"是"阴谋论"，斥责不实传言，表示继续支持赵薇。

如自媒体公众号"公元1874"发表《你们爱国，我也爱；同时，还爱赵薇》一文写道："赵薇的事件，总结就是三个字'阴谋论'。阴谋论让人亢奋，凭借几个无端猜疑、构不成现实证据的所谓'事实'，就能在一篇又一篇唬人的文章里，描绘出一桩从来不被他人熟知的阴谋。"作者逐条反驳了网络上针对赵薇的指责和猜测，称"很多事情在我看来可笑得一查就明，没有必要这么正经地说出来。但偏偏有人不听不看不信，构建在自己营造的世界里"。不少网友跟帖回复，表示赞同。但大部分网友还是持反对态度，如网友"無風即風"针锋相对地发文《驳@公元1874 的〈你爱国，我也爱；同时，还爱赵薇〉——无知懂不?》，认为原文避重就轻、一知半解、偷换概念。

四　舆情点评

赵薇事件，已越来越复杂。整件事从一开始的娱乐新闻，逐渐发酵上升到政治层面，到最后舆论的矛头直指事件背后所谓的"控制舆论的资本"。传言或许有夸张和捕风捉影的成分，但为何大量网民对此深信不疑？其实，网友们关心的不是"水军"和"大V"为赵薇洗地，而是背后资本控制舆论的惶恐。

二十年间，互联网打造了一个虚拟社会。在这里，每个人似乎都可以通过网络这个公平的平台去表达自己的意见，去寻找自己想要的信息。但现在网民逐渐发现，好像总有一只"看不见的手"去引导你看什么、说什么，甚至做什么，有人认为，那就是资本。

如果说，在互联网的平台端，资本的力量不是那么显眼的话，那么，网络水军、差评师、好评师、刷单师、删帖客服、网络公关……这些熟悉而又陌生的职业可以为资本效力，他们往往伪装得如同质朴网民一般，就像当年的秦火火一样。

公权力不受控，民众惊恐，资本不受控，又何尝不是如此？而且，资本比公权力更容易失控。所以，网民对资本控制舆论的担心，也就不难理解。

而在赵薇事件中，一个平台可以运用相关的规定去对网民甚至官方账号进行删帖，所有的评判权与制裁权都在平台自身，这触动了一直以来网民心中隐隐的担忧，而这担忧，在爱国主义高涨的大背景下，高涨为了舆论烈火。这一次，网民自发地开始反思，到底有多少热点话题是被预先设置好的议程，又有多少"民意"是精心制造甚至伪造的。

不管赵薇是否觉得"委屈"，此事件都给所有艺人上了严肃一课：在国家利益面前，艺人不能丧失政治立场。

"中青在线" 2016 年 7 月 19 日

赵薇事件：口水战里，没有你要的自由

/鲍子投

　　赵薇及其电影《没有别的爱》近日在网络引发极大风波，与此相关的一系列阴谋论也持续发酵。各种故事版本中，尤以一种将赵薇描述为一手遮天的资本女王的故事最为流行。人们由此回望那个纯真可爱的"小燕子"，不由得感叹物是人非。然而，在"小燕子"和如今的赵薇之间，或许并不存在着天翻地覆的变迁。正相反，20世纪90年代末的那一股"小燕子"热潮，已经为今日种种埋下伏笔。

《还珠格格》：塑造对自由的虚空想象

　　让我们回到1998年那个万人空巷观看《还珠格格》的夏天。"外来者"小燕子和夏紫薇在等级森严的清宫里闯荡，虽多遭暗算，却总能得到皇阿玛的宠爱。这似乎正是今日影视作品中"傻白甜"形象的前身，也难怪琼瑶剧成为后来古装剧频频模仿的对象。如果要用一个词概括《还珠格格》的核心精神，那就是"自由"。

　　《还珠格格》的主要矛盾，就是无法在宫中循规蹈矩的小燕子、紫薇、五阿哥、尔康、香妃们和极力维护宫中规矩的太后、皇后、容嬷嬷的矛盾。但是，小燕子和紫薇其实是不同的人，她们代表着对"自由"的两种不同的想象方式。知书达理、弱不禁风的紫薇，是更为典型的琼瑶剧女主角。紫薇能"从诗词歌赋谈到人生哲学",她的"傻"不是智识上的不足,而是面对种种社会关系和人际角力毫无心机,因而成为在权力场中身经百战的男人们内心的桃花源。相比之下,小燕子的"傻",却恰恰是无知和反智的。

1998年上映的第一部《还珠格格》,塑造了小燕子、紫薇两个挑战封建皇权、代表"自由"的形象。但为何这种"无知"如此具有魅力,以至于她那些"化力气为浆糊"和"乐得像老鼠"的歪诗成为一代人的经典记忆?因为在小燕子这里,"无知"和"反智"被与"自由"画上了等号。宫中礼数是束缚,被罚抄的《礼运·大同篇》也是束缚。"自由"在这里被理解为对一切既成准则和价值的反叛,却被抽空了任何内核。

《还珠格格》对皇后和容嬷嬷们的凶恶是穷形尽相的,而小燕子、紫薇一方的处境好坏,其实完全依赖于皇阿玛是否支持,只有等到皇阿玛颁布免死金牌,她们才终于结束了颠沛流离的出逃生活。虽然,这种对于宫廷的回归在电视剧中被说成"忍痛放弃了自我的梦想"(参见百度百科《还珠格格第二部》"分集剧情"第45集)。

《还珠格格》前两部的最高收视率一度达到62.8%,创下中国电视剧有数据统计后的最高收视纪录。对于当时大多是小学生的观众主力而言,这部反复重播的电视剧无意中塑造了一种关于"政治"的情感结构,也即:政治制度和政治家的好坏,并不取决于能否维护国家利益,而在于其是否赞同自由、平等等"现代价值"。

而《还珠格格》第三部难以延续辉煌,则某种程度上因其核心矛盾不再是小燕子们象征着的"自由平等"之善与皇后们象征着的"封建权力"之恶的对立。小燕子和紫薇们的人生幸福无法再靠皇阿玛一劳永逸地解决,她们必须自己面对婚姻家庭中第三者插足等具体问题。这样的琐碎故事,就不如高唱"红尘作伴活得潇潇洒洒"、高举自由大旗反抗"封建政治"的前两部显得诱人。

被调动的情绪:对自由的理解产生两种偏差

据说,这次赵薇风波中,"00后"已经登台成为批判的生力军,而"90后"是销声匿迹的一群人。尽管这样的描述有不负责任的贴标签之嫌,但也能对集体心态反映一二。《还珠格格》第二部上映于1999年，这一年还有重要的政治事件：美国轰炸中国驻南联盟大使馆。在20世纪八九十年代几乎是自由民主政治模板的美国有此行为，使得国人突然惊醒。这一事件引发了国内大规模的游行示威，被视为中国民族主义复兴的开端。

"90后"生长其间，不免感到困惑：什么是好的政治理念？同样，在赵薇事件上，"台独"当然是事关国家原则的重大问题，但围攻赵薇，是否也构成了对言论自由、艺术自由的破坏？赵薇自己可能也是这么理解的，所以她在6月30日的第一份声明中说：要诉诸法律，为个人名誉维权。

从《还珠格格》的风行到今日的赵薇风波，两件事的共同点在于：被"自由"调动起来的情绪如此强烈，以至于人们还没有探问支撑着这种"自由"的价值为何，就忙不迭地被裹挟进去。这种"自由"往往呈现为对某种具体形态的"政治"的反抗，比如小燕子要反抗皇权政治、赵薇们要反抗艺术领域的政治原则，但它有破无立，核心是空虚的。

具体说来，对于"自由平等"的理解偏差体现在两个方面：一方面是将"自由平等"理解为"反智"；另一方面则是用对抽象理念的激情取代了对具体生活实践的体察。而这两点，恰恰对青年人最有感召力。

对"智识"的肯定意味着对文明传统的尊重，这需要一个不断学习的艰苦过程。相比之下，"反智"对青年人而言，不仅省力，也显得"自由"和"先锋"。所以，当年的"小燕子"粉丝、戴立忍支持的"反课纲"运动主力，都是青年人。

作为推手的新媒体则更促进了这一倾向：理智分析的长文是不受待见的，重要的是如何登上热搜榜单。赵薇风波中出现了狂刷关键词与屏蔽关键词的大战，在赵薇一方看来，网络暴力是反"自由"的；在其反对者们看来，关键词上不了热搜正是背后的跨国资本黑手干预"自由"的铁证。

最终，最重要的理念和价值问题反而无人关注，事实真相被种种阴谋论搅成浑水。将"反智"作为自由的内核，最终只不过是将决定权让渡给资本的力量：如何购买水军，或者如何收买微博管理员……

盲动的情绪：败坏了明星，也败坏了观众

当人们以为跳脱于某种民族国家的政治之外时，却落入了另一种世界主义的政治之中。在当代中国的文化语境中，讨论"爱国"和"主权"是"落伍"的和"民粹"的，而最时髦和最高雅的则是信仁波切、不吃狗肉、环境保护、同性议题。

戴立忍要在声明中特别表示，自己关注"工业区抢农民用水、同性平权的困境、台湾发展核电的隐忧、支持环境保护审查"，希望为"世界朝向美好平和"做微小努力，以此证明自己绝非恶人。赵薇则在一开始时就发微博表示，"干吗为了利益话题让世间更复杂与恶俗呢！世界干净不是我们都可以呼吸到清新空气吗？"戴立忍提到的"反核电"，游行的著名标语是"用爱发电，有爱无限"。"爱"看起来是具有普遍意义的、动人心弦的口号，却避开了台湾的能源危机和经济发展的实际问题。

这些议题本意当然不错，但对此的抽象谈论，很容易陷入对具体问题的无视。

各种选秀节目中，选手讲述一段煽情成长故事，已经成为造星运动中的一大惯例。

真不懂也好，装不懂也罢，中国明星们引发政治争议已经不是第一次。说到底，"明星"和"偶像"们的生成机制本身就出了问题。曾经的老艺术家们靠的是"德艺双馨"，"德"意味着政治德行上的坚定和个人品格上的高尚，"艺"则是通过理性研习达到表演技艺的精湛。

而今日的"明星"和"偶像"则不再考虑德行与理性的问题，而是通过调动情绪和欲望来吸引粉丝。正如"中国好声音"等选秀节目中，选手唱歌前要先讲一个煽情的故事来"感动中国"。

情绪和欲望是独立思考的天然敌人，受制于这种非理性逻辑的娱乐产业和新闻产业同时败坏了明星和观众。面对市场需求，赵薇只要摆出特立独行的"自由"姿态即可大赚特赚，而不顾及其"自由"的内核到底为何，其中的反智倾向正如同当年的"小燕子"。而赵薇风波最终膨胀为一个又一个的故事，观众们习惯了活在传奇里的明星，也就自然爱看那些越传越玄的阴谋论。他们被关于"自由""控制""阴谋"的情绪所迷惑，逐渐丧失了清醒判断的能力。"明星"和"偶像"们诞生于非理性的情绪之中，也必将被情绪的洪流所压垮。

面对赵薇风波，朋霍费尔在《狱中书简》中一段名言在这里显得格外有用，我们都需要牢记在心："对于善来说，愚蠢是比恶意更加危险的敌人。"

《新京报·书评周刊》2016年7月20日

捍卫邱少云

——关于英雄邱少云的网络纷争

/高炜

在前几年网络上对解放军英模的诋毁抹黑现象中，邱少云一直是一个"风口浪尖"上的人物。细查起来，邱少云是解放军著名英模在网络上受质疑最早也是最多的一位，梳理围绕他的各种舆论纷争，对我们如何理性地认识历史文化有着重要的价值。

缘起：艺术的夸张与较真的孩子

追究对邱少云烈士的泼污，就不能不追溯为泼污提供弹药的各种质疑，而对这些质疑进行追根溯源，却发现关于邱少云英雄事迹的争论最早并非是由军事或历史爱好者，而是由小学的孩子和老师们开始的。

很久以来，《我的战友邱少云》就是我国小学语文课本的重要课文，早在20世纪60年代，就已经有老师撰文分享关于如何教好这篇课文的经验。1986年7月的一期《小学教学研究》上，浙江金华的一位小学老师裘冠民刊文指出，在讲授这篇课文时，一些学生提出了"既然潜伏必须'纹丝不动'，为什么'我'又可以'扭转头一看'"的问题。此后，类似的问题就不断见于各类小学教学研究的刊物上，也引发了很多小学老师关于这些问题的争论。

《我的战友邱少云》是一篇什么样的作品？抗美援朝战争结束后，志愿军政治部为了记录这一伟大的历史，反映志愿军将士的英雄风貌，以"志愿军一日"为题发出了向全军广大指战员征文的号召。经过两年半的征稿和编辑，于1956年出版了《志愿军一日》一书，其中收录了邱少云的副班长李元兴《我的战友邱少云》一文，该文后经缩写后被列为小学语文课本的同名课文。由于该文运用了一定的修辞手法，加之在收入课本时又经编辑人员的删减，造成很多背景情况无法反映出来，遇上较真的孩子发现其中有问题，其实无可厚非，甚至可以当作一件好事——说明孩子在学习课文时的确是在动脑思考，而不是死读书。

发酵：无良媒体的歪曲与某些部门的不作为

随着互联网对信息传播的增速，对这篇文章的争议从小学师生扩大到了更多的人。2004年3月，《楚天金报》刊登了一篇题为《安陆教师廖忠明质疑课文〈我的战友邱少云〉》的新闻报道。文中对课文三个方面提出质疑：一是有些内容不太符合军事常识。邱少云随身携带的武器（如手榴弹、爆破筒）在燃烧过程中为什么未爆炸？邱少云是如何做到至死不暴露目标？他的武器是怎样处理的？二是课文内容不符合战争逻辑。邱少云埋伏的地点距敌人只有六十多米，烈火在邱少云身上燃烧半个多小时，敌人大白天为什么未发现目标？三是文中数据表达模糊。一个"中午时分"就是几个小时的误差，"整个潜伏部队"究竟是多少人？在一个山坡的草丛中能潜伏一支多大的部队？"歼灭了全部敌人"，也不知道是多少。

需要说明的是，廖老师并非对邱少云的事迹本身产生怀疑，仅仅只是认为小学课本中的这篇课文表达不清楚。报道中也清晰地写明"以上疑问，在抗美援朝随军记者郑大藩当年采写的通讯《伟大的战士邱少云》中都不存在。廖忠明拿出郑大藩的人物通讯复印件，记者看到，繁体字竖排的通讯中，介绍邱少云的事迹十分清楚，没有小学课本中的漏洞"。基于课文容易造成的疑问，廖老师"建议有关部门应对这篇课文进行修改"，目的显然也是在于澄清模糊认识，避免造成误解。

但在网络时代，各媒体为了吸引眼球而无中生有，该文章在转载时被冠以各种带有明显负面指向性的标题。有的网站将标题变为"教师质疑《我的战友邱少云》不符常识"，有的改为"教师质疑《我的战友邱少云》

多处细节不符常识"，进一步恶化了传播效果。面对由一场原本无可厚非的教学建议到对英雄污名化的悄然扭转，一些部门没有进行及时澄清和解释，任由商业媒体大吃英雄的"人血馒头"。随着此后网络日益深入人们的生活，以非官方的身份通过网络对邱少云（同时也包括他的战友们）进行泼污逐步形成了势力。泼污者装模作样地打着"置疑问题，澄清真相"的幌子，开始对英雄事迹的本身进行污化，各类污蔑英雄事迹的帖子在网络上四处流传，其中一篇借口课文中所写与邱少云事迹讲述者叙述的不一致，列出所谓的"十四大疑点"，尽管明里声称"'火烧'之真伪由读者自己判断"，实则立场鲜明地暗指邱少云事迹不实。

虽然官方媒体有个别反驳之作，也往往只停留于简单地采访一下当年的生还者，而由于生还者年事已高，因记忆的错漏或其他原因往往所述各不相同，有时不仅不能说服人反而为攻击者增添新的口实。

爆发：作业本的"烧烤"与爱国网友的反击

2013年4月，新浪微博草根红人"作业本"发布了一条微博，内容为"由于邱少云趴在火堆里一动不动最终食客们拒绝为半面熟买单，他们纷纷表示还是赖宁的烤肉较好"。微博的内容引发了诸多爱国网友的强烈批评，迫于舆论压力，"作业本"很快便删除了该条微博。2015年3月，在媒体公开发表的一篇新闻报道中，讲述军校教员讲授党史军史课面对的一些挑战和思考时，提到有学员提出了网络上对邱少云事迹的质疑。此文迅速被个别无良媒体冠以诸如"军校学生质疑邱少云：违背生理学常识根本不可能"这样的耸人标题予以转发，再次将邱少云及其战友事迹的真实性问题推上了风口浪尖。无良媒体的行为受到了有良知网民的批评，官方媒体也主动发起了舆论反击——3月31日，《人民前线报》微信公众号推出《清明将至，如何告慰那些被恶意抹黑的革命英烈》，对恶意抹黑英烈的行为予以了愤怒地驳斥。随后，由《解放军报》官方微信"军报记者"和"当代海军杂志""冲锋号"等微信公众号发起了有关"军人生理学"现象的讨论，掀起了舆论热点。许多网站进行了转发，截至4月11号晚上9点，百度相关搜索条目达到了二百零七万。

4月16日晚，凉茶生产企业加多宝活动微博声称若"作业本"开烧烤店将赠送其十万罐加多宝，得到"作业本"的高调回复。由于"作业本"并非餐饮从业者，因此加多宝的这一举动被视为缘于两年前"作业本"调侃邱少云与赖宁的微博，因而引发了爱国网友重翻其两年前污辱邱少云及赖宁烈士的"旧账"，在网络上形成了对"作业本"及"加多宝"的讨伐之势。这次对"作业本"和加多宝的讨伐，官方力量也加入其中，不但在舆论上给予了声势浩大的批判，还在法律上采取了支持和帮助邱少云的家人起诉"作业本"和加多宝的行动。加多宝和"作业本"先后公开道歉。官方媒体也趁势组织了大量为英雄正名的文章，极大地扭转网络风气，澄清了很多关于英雄事迹的疑问，收到较为明显的积极效果。

澄清：由历史记录还原邱少云的事迹

尽管在官方与民间的共同努力下，对邱少云烈士的泼污已经得到了极大的制止，非议英雄的行为已不复数年前的嚣张，但纵览各种维护英雄的文章，却仍然在一定程度上存在应景之作多而考据之作少、情感渲染多而叙事论理少的问题，以至于澄清污蔑的各种说法中又有互相矛盾之处，故仍然有必要仔细考证各方记录，还原英雄事迹的真实细节。

目前能够比较方便地查阅到的关于邱少云事迹的材料主要分为两类：一类是邱少云的战友关于当时情况的回忆，几十年来一直引发争论的《我的战友邱少云》便属于这类材料；另一类则是第三方根据对邱少云战友的采访及其他资料撰写的事迹材料，比较典型的有战地记者郑大藩（后改名为郑大凡）撰写并刊登在1952年12月4日《人民日报》上的著名通讯《伟大的战士邱少云》以及由《解放军报》记者曹鹏、涯天撰写，被收录于《志愿军英雄传》（1956年6月出版）中的通讯《在烈火中永生的邱少云》。

综合这些材料，能够基本澄清关于邱少云英雄事迹的模糊认识，回答有关质疑：

（一）邱少云的事迹真的"不合生理学"吗？邱少云的行为都没有超出正常的生理学范畴。泼污者提出，疼痛分为十级，其中烧灼产生的疼痛居于最高级，在这种巨大的痛苦下，人会本能地抽搐、翻滚，这些动作是人的本能反应，不受大脑控制，所以邱少云绝不可能一动不动。其实并非如此：首先，疼痛是一种主观感受，不同的人对疼痛的体感是不一样的。疼痛分级只是统计学上的概念，只能作为疼痛程度的参考，并不能直接用于精确地判定具体个例的疼痛程度。其次，烧伤造成的疼痛由于烧伤严重程度的不同也是不一样的，并不能因为邱少云身受烧伤就得出其疼痛一定是最高级的结论。何况，烧伤造成的疼痛在疼痛分级中是否能达到最高级也是有争论的。既然未必是最高级，自然也就不存在因为是最高级所以肯定忍不了的问题。此外，邱少云的伤痛是逐渐积累而不是突然形成的。在火势不断蔓延的过程中，邱少云经历的是一个痛苦逐步增加的过程，这既给了他极大的煎熬也让他能够在心理上逐步适应，从而最大限度地控制自己。

（二）为什么邱少云的战友没被点燃？关于邱少云事迹的大部分材料上都写着敌方扔的是燃烧弹，有的材料甚至直接写明是凝固汽油弹，燃烧液溅到了邱少云身上引燃了他身上的伪装物，甚至有的材料精确到说燃烧弹落在离邱少云不到两米左右的地方，于是一些对武器装备比较熟悉的人就产生了疑问——燃烧弹是落地后通过弹体内燃烧剂的飞溅造成大面积的火焰来实现破坏和杀伤效果的，无论是白磷弹还是凝固汽油弹，烧起来都是一大片，就算邱少云刚好位于其杀伤范围的边缘，只溅上了少量燃烧剂，但其附近必然已是一片火海，不可能只烧到他一个人，而且大片燃烧必然导致为潜伏部队提供掩蔽的高草被烧光，即使不造成伤亡，在燃烧范围内也等于破坏了他们赖以隐藏的条件，为何没有被守军发现？同时，有材料显示这段时间位于邱少云附近的班长锁德成、战士李士虎都被烧伤，为何威力这么大的燃烧弹却恰到好处地都只是在他们三人身上"点到为止"？

其实，这可能是由于我军官兵不太熟悉美军武器而将"烟幕弹"误认成了"燃烧弹"。在一些关于邱少云事迹的材料中提到，敌人扔下的燃烧弹有着"刺鼻的臭气"，而凝固汽油弹是没有臭味的，可见敌人扔的不会是凝固汽油弹。那么，是不是一定是白磷燃烧弹呢？邱少云所在连的炮排长郭安民给我们提供了不同的说法，按照郭老的回忆，当时敌军并没有发射燃烧弹，发射的是烟幕弹。是因为害怕我军潜伏抵进侦察，所以想给自己穿上一身伪装。而烟幕弹里面也是磷，由于需要长时间施放烟雾，烟幕弹中的磷是缓慢燃烧的，在放出烟雾的过程中会伴有明显的、长时间的臭味。相比于迅速燃烧的白磷弹，它显然更容易给潜伏者留下"臭气"的印象。因为其功能主要是发烟，弹体内的磷自然有限。因此，我们有理由认为，是敌军发射的烟幕弹在触地破裂时迸出的磷飞溅到了邱少云及其战友身上导致了燃烧，这也解释了为什么火焰在邱少云身上熄灭后，身上已经不存在伪装物的他为什么仍然没有暴露——烟幕弹毕竟不是燃烧弹，不会引发大面积燃烧，所以邱少云及其附近的战友仍然得以继续得到高草的遮蔽。

（三）为什么邱少云身上带的弹药没有爆炸？这个问题也是小学生们问的比较多的，不了解武器装备的老师们回答起来也颇费周折，其实只要从邱少云可能携带的武器弹药来具体分析，就会发现答案并不难找到。

首先，邱少云身上最容易发生殉爆的并不是爆破器材，而是枪弹——枪弹中的发射药性质较不稳定，受到高温即会爆燃，所以把子弹扔进火里只要时间够是一定会响的。但是，按照步兵的标准携带方式，子弹是放在胸前的子弹袋里的，潜伏时是压在身下的，不会直接经受火焰的温度。邱少云牺牲后胸前还保留了一片未着过火的棉衣就反映出了这一情况。

其次，作为一名士兵通常都会携带的手榴弹，只有雷管是极易引爆的，而充填弹体的TNT炸药性状极为稳定，稳定到了非专业人士无法想象的地步——在没有雷管引爆的情况下，即使火烧和枪击都无法使其爆炸，而雷管因为位于弹体的中部，也不直接受热。更重要的是，在潜伏时，为了避免弹体被弹片击中而引爆雷管，手榴弹袋也是要移到胸腹部压住的。

第三，作为一名爆破手必须携带的爆破筒或炸药包，既不能压在身下——会硌着，也不能背在背上——容易暴露，所以在潜伏时都是放在身体一侧的。因此，当被点燃时，已经有两年兵龄并相当有战斗经验的邱少云显然知道爆破器材一旦殉爆会导致什么结果，只要将其推开一定距离，不被火直接烧到也就没危险了。有的材料称他将爆破筒推给了离他最近且同属爆破组的李士虎，其实这种可能性不大。因为潜伏时兵与兵的间距是比较大的——通常标准是三至五米（如李元兴就在邱少云后方五米），又有高草的阻挡，想把数公斤重的爆破筒推给对方还不让几十米外的敌人发现并不容易，但推远一点避免火烤则没有问题。

随着广大爱国网民的强势反击以及官方媒体的助推，抹黑英雄的行为在很大程度上得到了抑制，前几年网上那种恶意抹黑英模的嚣张气焰已不复存在。回顾几十年来对邱少云烈士事迹的质疑从普通的思辨到疯狂的抹黑再到肆意的嘲讽，确实有令我们反思的问题。军事上有一句俗语道"没有进攻就没有胜利",用在舆论战场上更是如此。网络上有句俗话叫"造谣动动嘴,辟谣累断腿",已经充分说明等到敌人已经形成了攻势再去反击效费比是很低的。在这个网络连接四通八达的时代,网络造谣常常是无成本或是低成本的,如果无视其存在或任由其传播,网络谣言有可能成几何级增长,等到已形成舆论再去辟谣往往为时已晚。这一场维护英模的网络意识形态斗争值得我们深思。

"风云之声"微信公众号2016年9月23日
原载军事科学院内部刊物《军事百科》2016年第2期(季刊)

评邱少云案胜诉中的一元赔偿金……

/郭松民

必须明白，无论刚刚胜诉的邱少云案，还是不久前结案的两次狼牙山五壮士案，本质都是政治性的。

洪振快也好，孙杰"作业本"也罢，他们同狼牙山五壮士和邱少云都没有个人恩怨，之所以选择他们下手，是因为作为国家英烈，他们是共和国的形象大使，羞辱了他们，也就等于羞辱了共和国，进而也就消解了共和国的尊严，解构了共和国的合法性。

洪振快及《炎黄春秋》的做法，是用历史的碎片冒充历史本身；"作业本"的做法，是直接向历史的脸上甩大便。

这种行为，本质是为推动中国发生苏联式的政治剧变所做的舆论准备的一部分。

理解了这一点，我们就能明白法庭斗争也仅仅是反击历史虚无主义的政治斗争的一部分，或者说仅仅是前哨战。法庭斗争的胜利，为继续进行政治斗争创造了好的条件，但不能取代政治斗争。

实际上，法庭斗争如果不是作为舆论和政治斗争的序幕而存在的话，那么其意义就是极为有限的，甚至法庭胜利所获得的成果也会迅速丧失。

为什么呢？这是因为，只有通过舆论斗争（在今天这是政治斗争的主要形式）的胜利，才能使大多数的社会公众明了政治、历史的大是大非，才不会盲目地追随推墙派、沉船派、改旗易帜派，才能够在历史的紧要关头，不会出现苏联那种"竟无一人是男儿"的悲剧性局面，众志成城站出来保卫中华人民共和国！

从目前的情况看，我们要谨防出现把法庭斗争等同于政治斗争，甚至用法庭斗争取代政治斗争的倾向。

单从法庭斗争的直接效果看，洪、孙以及加多宝所需要承担的代价极其轻微：洪振快无须做出任何经济赔偿；孙杰、加多宝只需赔付一元。

所以，法庭斗争的胜利如果不能转化成舆论／政治斗争的胜利，不能在今后大大压缩洪、孙和加多宝的"市场"，那这样的"胜利"简直等于对他们的奖励——因为这反而扩大了他们的知名度——如此"低成本高收益"，会鼓励更多的追名逐利之徒加入到历史虚无主义阵营中来。

但舆论斗争的形势并不令人乐观，比如孙杰虽然败诉并且道歉，但他的微博人气反而有看涨的趋势。

自由派主导舆论的格局并没有发生根本改变，这甚至影响到了当事人的诉讼行为——狼牙山五壮士后人在起诉洪振快时，没有提出经济赔偿的要求（与此呈鲜明对照的是洪振快在起诉郭松民、梅新育时，反而分别提出了赔偿一万元和五千元的要求）；邱少云的胞弟邱少华在起诉孙杰、加多宝时只提出了一元赔偿的要求。

为什么会这样？恐怕和他们直觉上感到舆论对他们是不友好的，一定会揣测他们起诉是"为了钱"，便只好预先撇清这一点。

考虑到舆论/政治斗争是长期的（历史虚无主义已经搞了三十多年），为今之计，应该首先制定通过《革命英烈荣誉保护法》，类似狼牙山五壮士案、邱少云案应该依法转为国家公诉案件，作为应急之策遏制历史虚无主义的势头；与此同时，党的各级组织应该恢复作为政治组织的活力，尽快投入到反击历史虚无主义的斗争中来，因为软弱涣散是不能战胜历史虚无主义的。

"红歌会网"2016年9月22日

工作无意义：
"被掏空"与"葛优躺"

2016年7月27日，上海彩虹室内合唱团发布了新歌《感觉身体被掏空》，成为又一走红网络的"神曲"。歌曲以身处职场、充满职业疲劳的Office Lady与老板之间围绕"加班"的斗智斗勇为叙事主线，讲述了"上班族"沦为"加班狗"后的苦楚，传达出"加班族"强烈的被剥夺感，混合了失落、自怜、谄媚、暗讽与白日梦的群体呓语。在延续原有风格基础上，歌曲折射出当下上班族在现实生活中无法摆脱的"加班"梦魇，以及现代工业社会中人们充满紧张感和压迫感的生存状态。

王贺新的《"加班狗"的哼唧和白日梦》细致地分析了歌曲内容及其内涵，指出这是一种集体的哀怨和控诉。肖艳平的《〈感觉身体被掏空〉：艺术地调侃与正视现实的无奈》则从歌曲的艺术形式切入，赞赏了歌曲艺术性背后的思想性，指出当下社会的工作制度应该引起人们的思考。也许正是在"加班狗"的极度疲累之后，人们厌倦了工作的疲于奔命，渴望休息，于是"葛优躺"才成为自我治疗的"药膏"。

从"被掏空"到"葛优躺"，人们不仅体力被掏空，"精神活力"也被掏空了，空虚、无聊、缺乏热情、无意义感等在人群中蔓延。劳动的意义变得虚无，人们由"不想动"甚至演进至放弃和堕落。周霖的《"葛优躺"的社会心理学》指出"葛优躺"和"被掏空"勾勒出了工业化成熟期的中国人形象，只有解决好这个问题，社会才会充满活力，未来才值得期许。

"加班狗"的哼唧和白日梦

/王贺新

近日，上海彩虹室内合唱团在官微发布最新作品《感觉身体被掏空》，金承志作词作曲，天王黎明配音。一时间，真是凡有WIFI处，皆闻合唱声。

如果说2016年年初的《张士超你到底把我家钥匙放在哪里了》，是一位男士遭遇忘带钥匙而陷入窘境，被抛弃感爆棚和妒火中烧的责问和赌气，那么，《感觉身体被掏空》（下文简称《感身空》）则是身处职场、始有职业疲劳的office lady，洞悉老板洋洋得意、你奈我何的加班"诡计"，又无力反抗，被剥夺感暗生，混合失落、自怜、谄媚、暗讽与白日梦的群体呓语。

《感身空》虽然是合唱团出品，但传播形式不仅仅是声乐，而是集合了声乐、形象、表演、弹幕等多种形式的多媒体影像作品。从观感上它更像是一部歌剧，塑造形象、设置情节，通过一种更加具象的声情并茂来与受众分享一种体验，一种自我认知。叙事上，它是第一人称的口吻，加上团员们"狗"的装扮，有种自嘲意味，让人会心苦笑，又让人心生爱怜。这只"加班狗"的自言自语并不是狂吠，它更像一种撒娇式的哼哼唧唧。它的风靡，就像深夜中一声狗吠，引起整群狗的嚎叫，是一个群体自我意识的共鸣。

"加班狗"：专业分工中卑微的一环

《感身空》的片头是一组时下流行的"葛优瘫"照。在《我爱我家》中，对这位"二混子"纪春生同志，傅明老人有个中肯的评价："你今天这副样子，社会是没有责任的，全赖你自己。"可反讽的是，就算是放弃自己、"让我尽情虚度人生"的"颓废"，在今天也成了一种奢侈的文艺范儿。你有的选吗？

歌曲开头听起来很像王心凌《睫毛弯弯》的前奏，虽然金承志说那来源于一个功夫游戏的音乐，可还是让我想到《睫毛弯弯》的旋律，那太像下班前夕的激动心情了，"心动的世界变得好好玩"。

可是心还没有动起来，旋律就急转直下了，像泄了气的皮球，尽是失落。看看窗外夜幕笼罩的朝阳公园，广场舞者都开始休闲生活了，可"加班狗"还在公司，"枯藤老树昏鸦"，"夕阳西下，断肠人在天涯"的悲凉油然而生，落魄流浪感阵阵袭来。难道这就是自己的青春吗？答案是："当花瓣离开花朵"。

《暗香》是电视剧《金粉世家》的主题歌，演绎的忧郁、徘徊又唯美到窒息的情感正像"加班狗"的身心矛盾。《金粉世家》讲述的是北洋军阀内阁总理之子金燕西和清贫女子冷清秋之间的爱情悲剧。冷清秋嫁入豪门，对各种礼节却一概不知，更受金公馆内矛盾牵连，但忌惮金家的权势，无力反抗，只能委曲求全。面对金燕西的冷落，冷清秋的选择，要么是把自己软禁空房，与世隔绝，要么就逃离，投入新生活。最终冷清秋选择了逃离，而家道中落、醒悟过来的金燕西再寻冷清秋已不可得，她已远渡重洋告别了伤感之地。

这境况与"加班狗"又何其相似，身处朝阳公园CBD的都是国际化大公司，可这满眼繁华似乎都与自己无关，还要面对专业规则的调适与激烈的内部竞争，自己只是偌大公司专业分工中卑微的一环。同样，要么是限制在工作环节中与世隔绝，要么是逃离。

"无力公开反抗"：使用弱者的武器，假装顺从

《感身空》的第二部分是"加班狗"用"弱者的武器"与老板加班"诡

计"斗智斗勇的重现。

老板是什么样的老板？名字叫大卫，眼神儿像黑背，下午六点正是下班的时间，他却准时出现，手里还端着热腾腾的咖啡，问大家要不要开个会？

大卫这个名字在《圣经》中是以色列联合王国的第二代国王，有"被爱的""蒙爱者"的意思，是个牧羊人，是上帝选中的王，曾建立了统一的以色列王国。这正如国际公司"老板"的身份特征，他们是职业经理人，被公司选中，在公司内部也有着至高的权力。

黑背则类比"老板"的职业特征。黑背出身德国牧羊犬家族，聪明、敏感、精力旺盛，对工作充满渴望和热情，而且感情丰富，不敌对，是世界公认的最优秀的工作犬，能跟训练者有很好的配合。

"加班狗"是什么样的状态？工作上不但是没有空闲，忙到"十八天没有卸妆，月抛戴了两年半"，而且时间不规律，"作息紊乱""越来越胖"。生活上，家住在北京北五环的"回龙观"。这是亚洲最大的社区，常住人口三十万，每天起来面对的第一件事就是人山人海的"早高峰"。回到家中，却是孤孤单单一个人，只能找柔软的沙发来寻求安慰。回龙观的房子在北京的房子中是性价比相对高的，这暗示了这个人群经济基础薄弱，却又对生活质量有要求的矛盾。就算如此，内心还是有"精英意识"的"匠人情怀"。

老板又是怎么控制员工的？除了刚性的KPI这种考核方式之外，还有时间上的控制，下午六点准时拿着热腾腾的咖啡前来，这明明是精确计算好时间的，再有就是软性的职业意识形态层面的控制，"热爱工作""喜欢学习"，甚至不吃饭、不睡觉，永远把工作放在第一位。正如马尔库塞批判发达工业社会指出的一样，在这里，老板就是通过这些刚性、柔性的方式来压制员工内心的否定性、批判性、超越性，压制想象和追求与现实生活不同的另一种生活的可能。

"加班狗"对老板的控制也是心知肚明，但无力公开反抗，只能使用"弱者的武器"——假装顺从、放下匠人情怀、卖萌。

"宝贝，加班吧"这句话，老板一说出口，就万念俱灰，感觉身体被掏空，正在于对于这种日常生活中的控制和反抗，彼此都心知肚明，但我们不敢公开反抗，又无力挣脱，"哈哈哈哈哈哈哈"笑在最后的总是老板。

正如索尔尼琴科所言："我们知道他们在撒谎，他们也知道我们知道他们在撒谎，我们也知道其实他们知道我们知道他们在撒谎，他们也知道我们是假装他们没在撒谎……这是现状。大家彼此靠谎言，而且互相都确知这是谎言来度日。"

"另一种可能"：去"云南"就自由了吗？

挽救崩溃的方式是想象另一种生活的可能。

去云南，离开这个地方，离开回龙观，离开这种拥挤、孤独、焦虑的生活方式，寻求一种快乐至上的生活方式。

"欧嘿呀欧嘿呀"的旋律来源于林志颖的《快乐至上》，这是林志颖主演的首部电视剧《绝代双骄》的主题曲，同时这首歌也是专辑《稻草人》中的歌曲。这三者几乎涵盖了"加班狗"的内心世界。

能到CBD国际公司工作的人，大都也是"天之骄子"的高知人群，也是现实社会的精英。这是他们内心的自我身份认同，可国际化公司的工作分工明确，流程清晰，监督有力，强调工具理性。个人感受压抑到就像没有感觉的"稻草人"，可我不是个"稻草人"——"不能爱不能说"，"没人爱没人懂"，"不做梦不还手"。这正如《绝代双骄》中两个主角的命运交汇在一个人的身上，一面是外表光鲜的"花无缺"，却受人支配，一面是在"恶人谷"长大的"小鱼儿"，调皮捣蛋却快乐自在，二人本是同胞兄弟，却上演一出亦敌亦友的悲喜剧。

"我不想被困在里面"，我要去云南，要过"只要开心就好""快乐至上"的生活。那是一种什么样的生活呢？"一个人悠哉得很哪，管不住的心，想到哪就去哪，感觉乱，有自尊"，而且，"经过的城都有温暖我冰冷的人"，没有那么多心机，没有那么多顾虑，干脆做个"不明真相的吃瓜群众"，挣脱束缚，追求"快意飞马"的自由感。

还要带上我爸爸，体会家的温暖。不过这也暴露了"加班狗"的情感状态，这样快乐的私人旅行，连个"男朋友"都没有，还是只"单身狗"。

整个第三部分，伴随着拍手、跺脚打出的节拍，个人在这种整齐划一中融入集体，获得一种力量感，心中不断重复"不要加班"这个诉求。另外一种生活的可能，似乎是获得了一种自由，可这种自由是想象逃离现实城市和生活环境的自由，却不是改变现实劳动制度和生活秩序的自由。看似有了一种自主权，可逃离这个环境，去云南真的就能获得"快乐至上"的生活方式吗？正如网友的回答："在云南，我们也是要加班的！"

"白领中产的白日梦"：从自言自语到集体意识

整部作品都充满反讽和自嘲的意味。采用合唱这种严肃音乐的形式，如洪钟大吕，歌颂的却是充满剥削和压抑的工作和日常生活方式；即使是老板、员工彼此对日常工作中的剥削和抗争都心知肚明，却依然遵循着老板设定的游戏规则，就算用最私人的亲情理由，也不能对抗公务加班要求；即使是狗的装扮，也是毛茸茸的可爱卖萌狗，不同于威严的黑背；即使是想象另一种生活的可能，也只是选择逃离的自由，而不是改变现实的自由。

与阿多诺批判的具有社会黏合剂效果的美国流行音乐不同——"感伤音乐的实际效用在于，它使人认识到自己理想的破灭并从中获得一时的精神宣泄。""所谓音乐的宣泄作用只是它给听众提供了感知情感的契机，而这种情感只局限于灰心失望的情绪。情感音乐成为念叨'来，哭吧，我的孩子'的母亲的翻版，它是大众宣泄的工具，正是这种宣泄保证了人们思想的整齐划一。流泪的人们不会比坚持前进的人反抗得更持久。让听众承认自己不幸的音乐使人们通过'宣泄'甘心依附于固有的社会秩序。"

《感身空》在网络的风靡，把白领中产人群的自言自语汇流成了一种集体意识的公开表达。它让私人的感伤共鸣成了一种集体的哀怨，形成一种控诉，但又不止于完全把自主权交给他人的哀怨，而是以想象另一种生活方式的可能的集体狂欢来宣示自主，完成一种情感宣泄。如作者金承志所言："我觉得这更像是一首应援歌，而不是吐槽歌。这也是为什么很多人说第一遍听会笑，第二遍听会哭。我相信如果第三遍听，他会有勇气的。"

但这种勇气限定在选择逃离的自由，而不是改变现实规则和秩序的自由，终究还是一场白日梦。

《新京报·书评周刊》2016年8月8日

《感觉身体被掏空》：艺术地调侃与正视现实的无奈

/肖艳平

　　金承志所带领的上海彩虹室内合唱团那一伙年轻人总是善于捕捉身边的寻常事，以幽默的方式调侃人们身边的大事小事，每一首作品推出后都给人带来瞠目的惊讶，被网友称为"神曲"。从《张士超你到底把我家钥匙放到哪里了》到《世界上最难唱的歌》均是如此，大凡歌曲一出，很快被"刷屏"，成为人们街谈巷议的热门话题。7月27日，上海彩虹室内合唱团发布的《感觉身体被掏空》（下文简称《感觉空》）在延续原有风格的基础上，以上海人独有的幽默，艺术地调侃与正视了当下人们现实生活中的无奈，触动了许多人的神经。

　　听过上海彩虹室内合唱团发布的歌后，就风格论，难以说"雅"还是"俗"，或者兼而有之。不过，金承志自己却说，"雅"才是音乐的主体，"要是谁把'雅'这个字拿掉，我就和他拼命！"他坚持的"雅"应该指的是以音乐的方式表达他所要表达的思想。在此基础上，他将所有适合的旋律音调与风格"为我所用"。在他的作品中，有时就像一曲曲不同风格的串烧作品，交响的、通俗的、美声的全揽其中，当然时常也乐于加上一些俏皮的点缀。不过，其实《感觉空》并不是串烧式口水歌，的确有着他个人的独立思考。

　　歌曲发布以后，歌词是人们讨论最多之处，很多人评价其"魔性"。

其实"魔性"是抓住了人们心中的共鸣点，说出了大家想说的话。然而，这是一个很简单却很普遍的现实故事。金承志自己也说："这个感觉特别奇妙。仿佛你站在办公室里，面对着老板，背后是海浪海潮，移形换景，海鸥在天上飞过，海豚在水面上跳跃，后面的景色又是波澜起伏，你却很崩溃。"上次"神曲"《张士超你到底把我家钥匙放到哪里了》的歌词地点在上海，这次歌词瞄准的地点在北京，叙述了一个家住五环外回龙观，下午六点还在朝阳公园附近上班的年轻人，为了追求KPI（关键绩效指标），老板还要召集开会，继续加班。这种无休止的加班，打乱了所有的安排，属于个人适当放松娱乐的时间被取消（欧嗨呀欧嗨呀欧嘿依，我要去云南）、与亲情团聚的时间被剥夺（我要去机场接我年迈的爸爸），甚至影响个人正常的生活与健康（十八天没有卸妆，月抛戴了两年半，作息紊乱我却越来越胖），导致"感觉身体被掏空，我累得像只狗"，最后喊出了三次"不要加班"。

对于金承志，有人评价他的作品是"对一本正经的艺术形式的反叛，对公众社会心理、猎奇心理和鉴赏喜好的迎合"，这样的评价有一定的道理。在《感觉空》里，他以戏谑的音乐语言将渴望不加班的年轻人的心态表达得淋漓尽致。整首歌曲主体旋律正统严整，具有学院派气质，不过他还是延续了自己的一贯风格，包容性地吸纳与穿插了各种音乐元素，或许这也是他追求"雅"的道路上特殊的一个方面。而结合歌词中形式上的通俗，整首歌曲形成了抗拒式的对比性结合，不过倒也融汇成一种特殊的插花式音乐风格。歌曲开头大气磅礴的钢琴前奏、经典合唱《飞来的花瓣》的插句、"欧嗨呀欧嗨呀欧嘿依"的民族风情音调、功夫游戏音乐的主题音调间奏运用，金承志将这些没有实际联系的材料组合在一起，成为作品中的点缀。

当然，这并非作者无意中的设置。以前奏为例，大气磅礴的钢琴震音前奏犹如一个人的雄心壮志，想创造一番伟业或者单纯地想宣泄一下，但是音调很快急转直下，立刻"怂了"，随着几声飘过的乌鸦鸣叫，营造一种不祥且躁动的情绪基调，随之唱词才真正慢条斯理、有气无力地开始。一个前奏把一个忙碌一天"累瘫"的形象塑造得活灵活现。在乐曲后部，为塑造年轻人心中的真实想法与老板希望听到的话语，两种不同态度的歌词纠结碰撞，是极富戏剧性的冲突，作曲用复调的形式将之结合在一起，用男女声音色的对比与混杂，真实地再现了一个人在这种条件下所产生的口是心非的强烈心理撞击。最后，以阳光的音调以及从容的节奏演绎着梦想与现实之间的冲击，让人感觉阳光总在风雨后，生活还是要昂首阔步地过。纵观整首作品，从形式上看，运用了乌鸦叫声、狗吠模仿等一些在严肃作品中很少使用的设定，的确是以调侃的方式进行形式上的构思。然而，从作品的思想性上来看，却与网络中流行的那些毫无意义的"神曲"截然不同，并非无病呻吟，而是用一种独特的艺术眼光关注了不仅是一个人，而是一个群体的无奈，同时也以艺术的方式给这群人以一种激励的力量。

有人说，这首歌曲"第一遍听让人想笑，第二遍听让人想哭，第三遍听让人充满了勇气"。这种渐进的心情是人们看到同病相怜的情形之后所产生的一种直观反映，当然也是这首作品结构发展中有意为之的特质。不过，虽然最终的感觉让人获得一种前行的力量，但这种现实的反映还是让人心里不免有点酸酸的。从理性的角度来看，在《感觉空》艺术调侃的背后，是更为深刻的社会现实。作品中所提及的相应问题，作为管理者是否应该考虑工作的合理安排，摒弃无休止的加班，并且人性化地满足员工的合理诉求？作为相应制度的制定者，是否也应该充分关切当下的现状？我想，这也是《感觉空》这首"神曲"留给我们的另一番思考。

《中国艺术报》2016年8月15日

"葛优躺"的社会心理学

/周霖

如果在若干年后，未来的社会学研究者要选择用一张图片和一首歌来概括反映2016年以及此后若干年中国社会一部分中下层的生存状态，那么我相信当下流行于网络的"葛优躺"和歌曲《感觉身体被掏空》一定会入选：

葛大爷斜靠在沙发上，眼神空洞地望着远方，外表邋遢，肌肉松弛，神情颓废，一副"生无可恋"的样子，最为应景的背景音乐则是《感觉身体被掏空》——"感觉身体被掏空，我累得像只狗"。

代替性表达

"葛优躺"出自于二十多年前的一部情景喜剧《我爱我家》，于今年突然爆红于网络，成为被网友玩坏了的表情包；而《感觉身体被掏空》则是今年出自上海的一个名叫"彩虹合唱团"的音乐团体，该曲首发之后即引起了人们的情感共鸣，在网络上迅速走红。

显而易见，"葛优躺"和《感觉身体被掏空》的爆红网络，是因为其深刻地触碰到了社会痛点：在现代工业社会的都市中，人们疲于奔命，缺乏活力，渴望休息。这就是当下部分中下层的典型面相。

就好像两千年前的《诗经》反映了先民的喜怒哀乐和悲欢离合一样，"葛优躺"和《感觉身体被掏空》勾勒了进入工业化成熟时期中国人的形象。

在这个意义上，"葛优躺"和《感觉身体被掏空》具有了普遍性和时代性，从而获得了比其他网络表情包和流行歌曲更为深刻的历史价值。

有必要首先指出的是，爆红于网络的"葛优躺"里的"葛优"已经不是《我爱我家》那个意义上的"葛优"了，他已经被重新赋予了时代性的内容，那其实是一个疲于奔命的部分中下层的集体形象。

从心理分析的视角考察，"葛优躺"和《感觉身体被掏空》在传播上的成功并不难理解：无数个在当下中国都市生活的中下层在"葛优躺"和《感觉身体被掏空》里看到了他们的那个疲于奔命、缺乏活力的"自我"，他们又无法直接地、毫无障碍地表达他们的情绪，而"葛优躺"和《感觉身体被掏空》具备了代替人们进行自我表达的功能，人们在转发和传唱中以一种隐蔽的形式发泄了他们的情绪。在娱乐和宣泄中，生活的空虚感、无意义感得到缓解和治疗。

从这个角度说，"葛优躺"和《感觉身体被掏空》是人们无声和有声的集体表达，尽管这种表达是无意识和娱乐化的。

说白了，在每个人心里，都住着一个生无可恋的葛大爷和加班到吐的彩虹合唱团，大家无非是在借他人酒杯，浇自家块垒。

工业社会需要娱乐业来治疗

如果我说"葛优躺"和《感觉身体被掏空》反映了一种精神病理现象，千万不要认为这是小题大做，早在20世纪70年代，弗洛姆就在他的《人类破坏性研究》一书中指出："在现代工业社会中，慢性无趣（无论是补偿了的，还是不能补偿的）虽然到最近才受人注意，却早已构成了一个主要的精神病理现象。"

他这样描述"慢性无趣"的精神病人："……在他里面有什么东西死掉了，没有了生气，与人断了关系……"剥开娱乐化的外衣，透过葛优那空洞的眼神，认真地去体会由葛大爷集中表现的部分中下层的内心，会发现这个群体的了无生趣，似乎没有什么能够让他们兴奋和激动，弗洛姆这段写于1973年的文字，简直是为"葛优躺"量身打造的心理描写。

在他们里面，有什么东西死掉了。

《感觉身体被掏空》的歌词浅显直白，几乎属于直抒胸臆，它描写了一个加班族内心的疲惫和呐喊："我累得像只狗"是在说自己生命力的枯竭和活的缺乏尊严，"我要去云南" 显然是在向往"云南"所象征的与工业社会对立的田园牧歌式的自然生活，"我要去接爸爸"则是内心情感生活的需要。

为什么会这样？

让我们先重复一点心理分析+社会学的老生常谈：在一个以社会价值排序为主导的，通过马克斯·韦伯意义上的官僚制组织起来的工业社会，每个原子化的个人都作为社会零件嵌入到这个精密而庞大的社会机器中。每个人的生活内容、生活轨迹、生活节奏都是像程序一样设计好的，人的主体性和创造性被强制性地取消了，他的生活里没有什么能够让他激动和欣喜的东西，他所有的活动与他的内心并没有什么联系，他只是为了他肉体的生存而活动，他被降格成了"物"，并且被"物"所统治。

这正是"感觉身体被掏空，我累得像只狗"背后的深刻隐喻：在一个成熟的工业社会里，人被取消了主体性和创造性之后，他生命的活力被榨干了，他的尊严被降低到"物"的层次，就像一条狗一样。

当然，尽管一个利维坦式的工业社会对人的影响力是如此强大，但是人性并不会善罢甘休，它始终想要逃离这种生存状态，恢复自身的尊严，就像歌里所唱的"我要去云南，告别回龙观"。

所以，"葛优躺"和《感觉身体被掏空》并不是什么娱乐性的话题，它的背后是关于工业社会人们生存状态的严肃问题。不过，在这个时代，人们就是喜欢把一个严肃问题娱乐化，这实际上是人们在心理上耍的一个小聪明，通过将严肃问题娱乐化，那么在心理上就不用认真对待严肃问题了，严肃问题就这样轻巧地被回避过去，不用直面真相的残酷。

这一点，在歌名《感觉身体被掏空》的表述上获得了体现：在事实上，并不是人们身体的"体力"被掏空了，而是生命本身的"活力"被掏空，它表现为缺乏生活的热情，缺乏积极性和创造性等，为什么会把"生命"表述为"身体"呢？因为"生命被掏空"则涉及对生命价值本身的否定，这并不是一般人愿意面对的残酷，将"生命"置换为"身体"，这样就回避了真正的问题，如果只是"身体被掏空"的话，那么好好休息一下就可以恢复了。这是隐藏在语言中的玄机。

这样看来，工业社会真的太需要娱乐产业了，它几乎是治疗工业社会所制造的人类存在困境的一剂良药。工业社会的社会结构、运行方式让人逐渐丧失了生命的活力，这当然是非常残酷的现实，但是通过开动娱乐产业，人们获得了一种"逃避自我"的途径，用一些肤浅的方式来消解空虚和无聊，从而让这部社会机器继续维持下去。

空虚、无聊，缺乏生活的热情等这些症状并不是西方工业社会所独有，它是现代社会的必然产物，是现代社会的"负效应"。

问题和未来

毫无疑问，工业解放了生产力，将人们从田间地头主动或被动地配置到现代化的工厂或写字楼里进行工业生产。对于传统社会的农民来说，他们只需要看天吃饭，根据季节和气候的变化来播种、施肥和收割，并没有"劳动纪律"的说法，农民群体也只在一种极低的组织化程度上存在。这种低组织化的情况，就像马克思说的，他们只是"麻袋中一个个马铃薯"，不过，他们也是相对于工业社会的人们更有主动性和创造性的"马铃薯"。

但是进入工业社会以后，要维持这样一个庞大而复杂的社会及其运转，不得不依赖高度组织化的科层制，这要求人们按照制度、流程以及"劳动纪律"来行动，他的自主活动空间被大大压缩了。

借助经典的弗洛伊德的观点，"文明"建立在对人性的压抑的基础之上，现代工业文明则将这种压抑进一步深化和隐蔽化了。而这，将以牺牲人的内在活力为代价。

弗洛姆曾经提出了一个叫作"社会性格"的概念，他认为，一个社会要维持它的正常运转，就会培养人们适应这种社会需要的特定的性格结构。比如，奴隶制社会会培养人们驯服、顺从的社会性格，现代工业社会则因需要人们消化其强大的工业生产能力而会培养人们喜欢消费和占有、善于自我表现、富有纪律性等社会性格。

他认为，现代工业社会所培养的"重占有"的生存倾向会使得人们内在的情感、理性、想象力等心灵的潜能无法得到充分发展，并且窒息人们生命的活力。

弗洛姆所指出的工业社会存在的问题，我们还需要去解决得更好。

2015年，"世界那么大，我想去看看"走红网络，获得亿万网友的关注和转发，但是到了2016年，人们只想在WIFI和空调房里"感觉身体被掏空"和"葛优躺"了。这种变化的背后，隐藏着社会心理的一个转向：从抱有还想逃离的动力和幻想，对外面的世界感到兴奋，到只想什么也不干地躺在沙发上，失去对生活中其他事情的兴趣。

这种社会活力的透支既带有工业社会的普遍性因素，也与当下的经济下行、房价高企等现实因素有关。从社会发展的角度而言，一个缺乏活力的社会当然并不值得期待。经济发展、科技创新、社会和谐，都有赖于人们自主性和创造性的发展，这代表着一个社会是富有成长性的，它的未来是乐观的。

《南风窗》2016年第18期

声　明

　　本套《北岳年选系列丛书》，收录了本年度众多优秀文学作品及文化时评类文章。在编选过程中，我们及各选本主编已尽力与大多数作者取得了联系，但仍有部分作者因故未能取得联系。见此声明，烦请来电，以便奉送薄酬及样书。

联系人：王朝军

电　话：0351—5628691